资管新征程

吴晓灵
邓寰乐
等著

推动金融高质量发展
与金融强国建设

中信出版集团 | 北京

图书在版编目（CIP）数据

资管新征程 / 吴晓灵等著 . -- 北京：中信出版社，2024.4
ISBN 978-7-5217-6308-9

Ⅰ.①资… Ⅱ.①吴… Ⅲ.①资产管理－研究－中国 Ⅳ.① F832

中国国家版本馆 CIP 数据核字（2024）第 009293 号

资管新征程

著者：吴晓灵　邓寰乐　等
出版发行：中信出版集团股份有限公司
（北京市朝阳区东三环北路 27 号嘉铭中心　邮编　100020）
承印者：北京盛通印刷股份有限公司

开本：787mm×1092mm　1/16　　印张：20.25　　字数：210 千字
版次：2024 年 4 月第 1 版　　　　印次：2024 年 4 月第 1 次印刷
书号：ISBN 978-7-5217-6308-9
定价：78.00 元

版权所有·侵权必究
如有印刷、装订问题，本公司负责调换。
服务热线：400-600-8099
投稿邮箱：author@citicpub.com

目 录

前　言 *005*

第一章　总论篇
　　一、对资管新规实施情况的综合评估　003
　　二、资产管理业务面临的新挑战　013
　　三、资产管理业务风险与问题的成因　022
　　四、对资产管理业务的展望与建议　036

第二章　成果评估篇
　　一、资管新规出台的背景　052
　　二、资管新规出台后的实施效果　056
　　三、资管新规面临的新挑战　065

第三章　法规篇
　　一、当前两大监管条线资产管理业务开展情况　078
　　二、当前资产管理业务各环节监管政策情况　080

第四章　资产配置与投资篇

一、当前各类资产管理业务的资产配置情况　114

二、资产配置业务面临的主要问题　124

三、资产配置业务问题的成因　128

四、解决财富管理市场存在的问题及相关建议　136

第五章　风险评估篇

一、当前资产管理业务风险评价　145

二、资产管理业务面临的主要风险　148

三、对财富管理市场风险外溢的分析　175

四、对推动财富管理市场风险问题的建议　179

第六章　销售篇

一、当前销售端的问题与建议　185

二、当前投资者端的问题与建议　190

第七章　托管篇

一、当前基金托管行业面临的主要问题　195

二、基金托管行业问题的成因　202

三、对推动基金托管行业的建议　208

第八章　投顾篇

一、当前投顾行业面临的问题与建议　217

二、投顾行业信息披露的问题与改进　236

三、投顾行业产品评价的问题与改进　249

四、信息披露和产品评价补充指标的设计建议　256

第九章　境外经验借鉴篇

一、境外资管业发展与立法实践的经验借鉴　271

二、英国公募资产管理产品的统一监管模式　284

三、美国银行信托业务的机构监管模式　290

附　录　293

前　言

　　2018年4月27日，按照2017年第五次全国金融工作会议的要求，经党中央、国务院同意，中国人民银行、中国银保监会[①]、中国证监会和国家外汇管理局联合发布《关于规范金融机构资产管理业务的指导意见》（以下简称资管新规）。2022年，资管新规的过渡期结束，进入全面实施阶段。自资管新规实施5年多来，潜藏在资产管理业务的高风险影子银行业务隐患被"精准拆弹"，资产管理业务开始回归本源，资产管理行业从无序扩张走向有序发展，管理的资产规模超百万亿元，成为仅次于银行信贷业务的第二大金融业态，在中国金融体系现代化建设中的作用越发突出。

　　现代金融体系包含银行主导的间接融资和市场主导的直接融资。在银行主导的间接融资中，投融资活动通过货币的产生和流

---

① 2023年3月，中共中央、国务院印发了《党和国家机构改革方案》，在中国银保监会基础上组建国家金融监督管理总局，不再保留中国银保监会。

通过程完成；在市场主导的直接融资中，投融资活动通过创制和交易证券完成。两者的功能各有侧重，各有所长。与间接融资相比，直接融资最突出的特色是可以通过权益资本的方式支持风险收益特征偏离均值的创新性生产活动，从而能够有效扩大全社会合意融资规模及其覆盖的风险谱系，支持经济活动突破和拓展边界，不断提高生产力和生产效率，提升全社会的财富总量。通过国际比较发现，资本市场的发展程度与经济发展水平呈现正相关关系。提高直接融资特别是权益性融资的比重，是建设现代化金融体系，实施创新驱动发展战略，实现经济高质量发展，增加居民财产性收入，促进共同富裕的普遍规律。

作为直接融资的重要组成部分，资产管理业务一手托两端：一端联结财富所有者，吸收并汇聚资金；另一端通过资本市场联结实体经济，资金通过股票、债券、股权、债权、衍生品等各类金融工具投向企业。资产管理业务的目标和任务就是要发现财富所有者的需求，根据其自身条件（生命周期、收益目标、风险偏好等），为其实现最大投资回报。功能健全的资产管理业务不仅能够加强投资决策的专业度，提高资本市场定价效率，增加投资收益，而且可以提高储蓄向投资转换的比例，扩大资本市场资金供给规模。

按照功能和服务对象，资产管理业务可以进一步分为以下两类（见图0-1）。

一是资管产品的管理业务。资产管理产品通过汇聚资金扩大投资规模，由专业的资产管理机构负责投资管理，能够提高投资效率，降低交易成本，实现分散投资，降低非系统性风险。二是服务财富所有者的投资顾问业务。投资顾问业务既包括为客户提供投资规划和建议，帮助客户形成投资决策，也包括接受客户委托，代客户决策进行投资管理。投资顾问的投资咨询和资产管理范围包括股票、债券和资产管理产品等各类证券以及其他可投资的资产类别。充分发挥资产管理业务的功能必须实现资产管理产品供给和投资顾问服务双轮驱动、双向赋能。

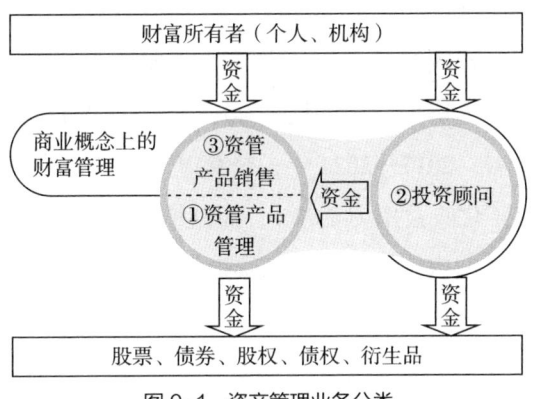

图 0-1 资产管理业务分类

在商业概念上，广义的财富管理业务包括向财富所有者提供财富管理咨询，销售各类金融产品，受托进行投资管理的各类金融业务。资管产品的销售业务和投资顾问业务都可以被纳入商业概念上的财富管理业务范畴，但是两者在业务逻辑和法律责任上界限分明。产品销售业务为卖方服务，产品销售机构与产品发行机构签订委托协议，产品销售机构对产品发行机构负责，从销售产品中获利，对投资者负有销售适当性责任。投资顾问业务为买方服务，投资者与投资顾问机构签订委托协议，投资顾问对投资者负责，向投资者收费，对投资者负有信义义务，必须坚持投资者利益至上原则。鉴于买方投资顾问业务具有资产管理和财富管理的双重属性，本书将使用"财富管理投资顾问"的概念。财富管理投资顾问业务是目前中国资产管理业务和财富管理市场的短板，需要重点研究如何加快发展。

资管新规实施以来，根本性扭转了监管套利导致的影子银行乱象，防范化解金融风险取得了阶段性成果，但资产管理业务的深化转型尚处于攻坚期，资产管理业务的功能还没有充分发挥。从服务实体经济的角度看，2022年社会融资规模达32万亿元，其中，股票融资规模达1.18万亿元，占比约为3.67%，与2017年的3.35%基本持平，但远低于2016年的6.98%；从增加投资回报的角度看，2017—2021年，公募基金投资者实际获得收益的份额加权年化收益率为2.92%，而同期我国CPI（消费价格指数）与GDP（国内生产总值）平减指数年化增速分别为2.0%与2.78%，广大公众投资者未能随公募基金行业的成长而获得超额收益。2022年，公募基金更是出现全面亏损，全年亏损达1.45万亿元，同年所有公募基金的收益率中位数为–8.38%；从防范金融风险的角度看，2022年10月出现的银行理财"破净潮"以及由此引发的"赎回潮"暴露了深层次问题。金融风险治理如逆水行舟，不进则退，资管新规的成果有得而复失的可能。

2023年是新一届政府全面履职的开局之年，金融监管改革有序推进。同时，随着全面注册制的实施，资本市场股票供给侧的市场化改革和结构性变化必然对资金供给侧的资产管理业务提出适配性要求。如何在资管新规全面实施的基础上进一步深化制度改革，从治理资产管理业务风险转向充分发挥资产管理业务功能，成为关系中国金融体系现代化建设和中国特色金融发展之路走向的战略性问题。

鉴于资产管理业务对建设现代化金融体系的重要作用，中国财富管理50人论坛开立了"中国财富管理市场：现状评估与未来展望"这一研究课题，形成了以资管新规的成果、法规、资产配置与投资、风险、销售、托管、投顾、境外经验借鉴为主要内容的研究报告。本书是在该研究成果基础上形成的，以资管新规的全面实施为切入点，兼顾问题导向和目标导向，对资管新规的实施情况进行评估和总结，查找中国资产管理业务的潜在风险和深层次问题，在深入分析问题成因的基础上，提出促进中国资产管理业务健康发展的政策建议，对中国资产管理业务的未来进行展望。希望通过深化制度改革，充分发挥资产管理业务功能，为全面实施注册制，提高直接融资比重，走好中国特色金融发展之路保驾护航，更好地统筹发展和安全，防范化解金融风险；更好地服务实体经济，实现经济高质量发展；更好地增加居民财富，助力共同富裕。

第一章

总论篇

一、对资管新规实施情况的综合评估

(一)资管新规的出台

2008年全球金融危机后,随着4万亿元投资措施实施,中国经济进入新一轮扩张周期,来自实体经济强烈的融资需求和居民财富增长后多元化的投资需求得不到原有金融体系的满足。在需求缺口的拉动下,金融体系与实体经济相互调整适配,各类金融机构纷纷开展所谓的"大资管"业务,金融资源由此进入实体经济的某些领域,反过来为投资者带来了可观收益,经营"大资管"业务的金融机构也从中获利不菲。在实体企业、投资者、经营机构的共同驱动下,"大资管"业务爆发式地发展,在资管新规出台前的2017年规模已经超过100万亿元,在一定程度上弥补了原有金融体系的不足,增加了居民财富管理的资产配置工具,拓宽了储蓄转化投资的渠道,补充了实体经济所需的资金。

然而,由于中国的金融体系和监管制度,特别是资产管理业务的法律制度建设和外部监管尚未及时跟上,"大资管"业务在缺乏外部监管约束的情况下,以整体风险外溢换取个体利益,以长期风险积累为代价追求短期利益,通过刚性兑付、层层嵌套、杠杆叠加、期限错配、表内贷款转表外非标等监管套利手段无序扩张。金融资源向房地产、股票配资等领域快速集中,导致股市出现异常波动,银行间市场出现"钱荒",房地产等领域金融化、泡沫化,实体经济融资成本大幅上升,系统性风险不断积聚。如果持续下去,就很有可能爆发极具破坏性的金融危机。

为治理"大资管"业务乱象,防范和化解金融风险,引导资产管理业务回归本源,更好地服务实体经济,根据2017年召开的第五次全国金融工作会议精神,2018年4月27日,资管新规正式发布。为稳步推进实施工作,资管新规设定了过渡期,该过渡期于2020年底结束。2020年7月31日,考虑到新冠肺炎疫情给经济金融带来一定冲击,金融机构资产管理业务规范转型面临较大压力,为平稳推动资管新规实施和资产管理业务规范转型,经国务院同意,中国人民银行会同国家发展改革委、财政部、中国银保监会、中国证监会、国家外汇管理局等部门审慎研究决定,资管新规过渡期延长至2021年底。从2022年起,资管新规进入全面实施阶段。

(二)资管新规的成果

资管新规实施5年多来,精准拆解了高风险的影子银行业务,逐步构建了统一协调的监管制度体系,资产管理行业从无序扩张走向规范发展,总体实现了预期目标(见表1-1)。

表1-1　2012—2022年资产管理业务规模变化

（单位：万亿元）

年份	银行理财	保险资管	信托计划	公募基金	券商资管	基金专户	基金子公司	期货资管	私募基金	总规模
2012	6.60	6.85	7.00	2.62	1.90	0.98	0.30	0	0	26.25
2013	10.20	7.69	10.30	2.84	5.20	1.36	1.00	0	0.40	38.99
2014	15.00	9.33	13.00	4.32	7.90	2.38	3.70	0	1.50	57.13
2015	23.50	11.18	14.70	8.08	11.90	4.32	8.60	0.10	4.20	86.58
2016	29.10	13.39	17.50	8.61	17.60	6.89	10.50	0.30	7.90	111.79
2017	29.50	14.90	21.90	11.37	16.90	6.63	7.30	0.20	11.10	119.80
2018	22.00	16.40	18.90	12.68	13.40	6.42	5.20	0.10	12.70	107.80
2019	24.20	18.53	17.90	14.15	11.00	7.35	4.30	0.10	13.80	111.33
2020	25.90	21.70	16.30	19.45	8.60	8.45	3.40	0.20	17.00	121.00
2021	29.00	23.23	15.00	24.90	8.20	9.70	2.30	0.40	20.30	133.03
2022	27.65	25.05	15.03	26.03	9.76	11.39	2.19	0.31	20.03	137.44

资料来源：中国理财网，中国保险资产管理业协会，中国信托业协会，中国证券投资基金业协会。

1. 精准拆解影子银行业务等重大风险隐患

资管新规的重点是，治理隐身于"大资管"业务乱象背后的高风险影子银行业务，致力于打破刚性兑付、降低产品杠杆、压缩非标资产、去除层层嵌套。根据中国银保监会披露的情况，截至2022年底，在全面实施资管新规后，压缩"类信贷"高风险影子银行规模近30万亿元，[①] 影子银行风险持续收敛。

在"破刚兑"方面，各类资产管理产品基本实现净值化转

---

① 参见2023年3月3日举行的"权威部门话开局"系列主题新闻发布会上中国人民银行前行长易纲的发言。

型，保本产品和预期收益产品基本归零。截至 2022 年底，银行净值型理财产品存续规模达 26.40 万亿元，占比为 95.47%，较 2021 年同期增加 2.52 个百分点，[①]较 2019 年底提升 52.19 个百分点，产品净值化转型进程显著。

在"降杠杆"方面，资产管理产品本身的杠杆率（总负债/净资产）受到资管新规的严格控制，开放式公募产品不得超过 140%，封闭式公募产品和私募产品不得超过 200%。从银行理财看，产品杠杆率从 2018 年 6 月以来不断下行，从 116% 下降至 2022 年底的 108.2%。同时，公募基金中的分级基金全部按期完成了改造。通过规范和控制资产管理产品的杠杆率，有效防范了股票市场的异常波动，也对宏观杠杆率企稳起到了积极作用。

在"压非标"方面，资管新规及其配套文件《标准化债权类资产认定规则》明确了标准化债权和非标准化债权资产的界限，控制资产管理产品投资非标资产的比重，重点清理并禁止新建期限错配的资金池。2022 年底，作为非标资产前主要的资金来源，银行理财持有非标资产余额约为 1.94 万亿元，占总投资资产的 6.48%，较 2017 年底规模压降近 3 万亿元，比例也下降了 10 个百分点。[②]

在"去嵌套"方面，资管新规只允许投资一层资产管理产品，禁止多层嵌套。截至 2022 年底，银行理财持有各类资产管理产品规模达 12.17 万亿元，占总投资资产的比重为 38.26%，较

---

① 中国理财网. 中国银行业理财市场年度报告（2022 年）[R/OL]. https://xinxipilu.chinawealth.com.cn/, 2022.

② 同上。

资管新规发布时降低 8.92 个百分点。原先主要承担通道作用的证券公司、基金公司及其子公司的私募资产管理业务规模相应大幅萎缩。以通道业务为主的证券期货经营机构私募资产管理业务和事务管理类信托规模显著收缩，前者从 2018 年 4 月底的 27.87 万亿元，下降至 2022 年底的 14.31 万亿元（不含社保基金、企业年金），[①] 后者由 2018 年一季度末的 15.14 万亿元降至 2022 年底的 8.78 万亿元，降幅达 42%，占信托资产余额的比重从 59% 降至 41.53%。[②]

2. 逐步构建统一协调的监管制度体系

资管新规作为资产管理行业共同遵守的基本原则和共同坚守的行业底线，促进了相关监管部门按照统一原则出台配套细则，建立健全了统一的监管和制度体系。在监管协调方面，中国银保监会和中国证监会加强协调，对各自监管范围内的监管对象在机构监管的基础上各负其责，对相同类型的产品加强功能监管、穿透监管，最大限度地消除跨行业、跨市场的监管套利空间。在制度建设方面，按照资管新规的原则，监管部门先后出台 50 余个配套规则，各类资产管理机构的细分行业规则逐步明晰。特别是通过资管新规的执行，提高了对资产管理业务法治建设的重视程度，推动了资产管理业务的立法进程，将资产管理产品写入了新《中华人民共和国证券法》（以下简称《证券法》），在法律层面明

---

① 数据来源于中国证券投资基金业协会。
② 这一部分中的数据除了另有注明，其他均来自中国财富管理 50 人论坛课题组发布的报告《共同富裕时代资产管理行业的新使命和新征程——"资管新规"四周年回顾与展望》。

确了资产管理产品的证券属性，将资产管理业务界定为直接融资业务，实现了上位法层面的突破，为全面完善资产管理制度体系提供了法律依据。

3. 初步形成规范有序的发展格局

自资管新规实施以来，各类资产管理业务在遵循同一业务标准的前提下，从监管套利转向良性竞争，各具特色的有序发展格局初步形成。

银行理财规模稳中有升。2022 年上半年总规模达到 29.15 万亿元的新高，2022 年底回落至 27.65 万亿元。在各类资产管理产品中保持规模第一。

公募基金作为制度最规范、最符合资产管理业务本源的资产管理产品类型，是资管新规的最大受益者。2018—2022 年，公募基金管理规模从 12.68 万亿元增加至 26.03 万亿元，4 年内实现规模翻倍。截至 2023 年 1 月底，公募基金管理规模达 27.25 万亿元，距 27.65 万亿元的银行理财规模仅一步之遥。①

保险资产管理规模稳定增长，从 2018 年的 16.40 万亿元上升至 2022 年底的 25.05 万亿元。② 保险资产管理规模的资金来源主要是保费收入和相关积累，保险性质资金来源占 85% 左右。

资管新规出台前，资金信托和证券期货经营机构私募资产管理业务曾作为银行理财的通道和嵌套工具而快速发展。资管新规实施后，资金信托的规模从 2018 年的 18.9 万亿元压缩到 2022

---

① 数据来源于《中国基金报》。
② 根据中国银保监会统计口径，保险资产管理规模为保险资金运用余额。

年底的 15.03 万亿元。[①] 证券期货经营机构私募资产管理业务从 2018 年 4 月底的 27.87 万亿元，下降至 2022 年底的 14.31 万亿元（不含社保基金、企业年金）。[②]

私募基金规模显著上升。私募基金参照执行资管新规，2022 年底总规模达 20.03 万亿元。[③] 在私募资产管理业务中，其仅次于保险资产管理的规模，已经超过券商资管、基金专户和基金公司子公司专户业务规模。除了规模显著提升，私募基金在促进权益资本形成方面也发挥了巨大作用。目前，对私募基金重要性的认识有待进一步深化。

资管新规实施 5 年多来，百年变局与新冠肺炎疫情相互交织，"黑天鹅"和"灰犀牛"风险事件时有发生，全球经济增长动力不足，国内经济下行压力增大。驻足回望，若不是 2018 年果断出台资管新规，不断积聚的影子银行风险叠加接踵而来的外部冲击，后果将不堪设想。实践充分证明，资管新规的制定和实施是非常及时和必要的，对守住不发生系统性金融风险的底线发挥了不可或缺的关键作用，在防范重大金融风险的攻坚战中功不可没。

（三）资管新规在新形势下面临新挑战

资管新规是 2018 年因"大资管"业务乱象迭出、险象环生

[①] 数据来源于中国信托业协会。
[②] 数据来源于基金业协会发布的证券期货经营机构私募资产管理产品备案月报（2023 年 2 月）。
[③] 数据来源于基金业协会。

而做出的应急性和针对性制度安排，具有阶段性和过渡性的特点。随着 5 年多来外部环境的变化以及资产管理业务的发展，在危急情况下采取的抢救性治理措施，在正常发展阶段必然会存在局限性和不适应之处。资管新规在完成阶段性任务后，需要与时俱进，随着形势的发展而不断完善，否则就难以保障资产管理业务的长远健康发展。

1. 法规层级不够高

资管新规虽然定位为资产管理业务基础性和指导性的纲领性文件，但按照法规层级，其仅属于规范性文件。随着资产管理业务的重心从风险化解转向健康发展，法律依据不足、法规层级不够高已经成为影响资产管理业务制度体系的基础性问题。

一是影响资产管理业务的长远发展。截至 2022 年底，资产管理业务市场的总规模已达 137.44 万亿元，成为中国金融体系中仅次于银行信贷业务的第二大业态。作为整个行业的基础性和纲领性指导文件，资管新规缺乏与其行业地位相符的法规层级，特别是规模最大的银行理财业务没有明确对应的高层级上位法依据，发展前景不确定性高。资管新规的实质作用虽然相当于行政法规，但是在立法依据的充分性、法规内容的周延性、制定程序的完备性上都无法与之相提并论。如果资管新规本身的存续稳定性得不到保障，以其为基础的制度体系就不可能稳固，资产管理业务的长远发展也无从谈起。

二是影响资管新规成果的巩固和延续。资管新规虽然取得了明显成效，但是作为规范性文件，可修改和被替换的不确定性较大。随着金融风险缓释、时间流逝、机构改革和人员更迭，资管新规的执行力度可能会相应出现变化，导致隐患死灰复燃，风险卷土重来，治理成果得而复失。

三是影响资产管理业务监管制度体系的规范性。规范性文件不得设立行政许可和行政处罚，也不得增减部门职责。因此，资管新规及其配套规则的大量治理措施存在法律授权不足的问题。为了落实资管新规，监管部门陆续出台了50多项资管新规的配套规则，其中不少配套规则是较资管新规法规层级高一层级的部门规章，形成了法规层级错配的扭曲情况。进而，层级错配的行政监管制度体系加大了与司法体系有效衔接的难度，增加了司法实践领域的争议事项，影响了市场的稳定预期和监管部门的权威性，不利于维护投资者的合法权益。

2. 风险治理不够彻底

资管新规的首要任务是防范化解影子银行风险，遏制监管套利。根据当时影子银行风险的主要特征，资管新规采取了银行业务与理财业务法人分离、净值化管理、独立托管、信息披露等措施，推动银行理财业务从外在标准向公募基金看齐。

然而，资管新规并没有彻底切断银行业务与理财业务的关联交易，理财子公司法人独立但公司治理不独立，母行仍然对理财子公司的业务开展拥有实质上的控制权。在允许存在关联交易的情况下，母行的利益不可避免地会影响理财业务客户的利益。同时，银行理财业务的监管部门仍然是银行监管部门，其首要职责是保护银行储户和相关消费者的合法权益。在保护理财业务客户合法权益方面，银行监管部门也会面临左右为难的情况和顾此失彼的问题。因此，在银行与理财没有相互独立、银行监管部门独自负责理财业务监管的情况下，难以彻底消除影子银行的风险根源。

3. 适用性有所下降

在资管新规执行 5 年多后，外部环境和资产管理业务相较最初都发生了很大变化，金融风险和监管套利行为不断调整形式，更趋隐蔽，以便对资管新规产生监管逃逸能力。针对当年情况所制定的治理措施在新形势下的适用程度有所打折。

另外，为了及时遏制各种乱象，资管新规相关治理措施主要遵循"从严从紧从快"的要求。随着工作重心从治理风险转向全面发展，相关治理措施的利弊得失需要在新的框架下重新权衡，把握好防范金融风险和促进业务发展的关系。

4. 调整范围不够广泛

资管新规的重点在于资产管理产品的投资和运作环节，基本没有涉及投资顾问业务，也没有过多涉及销售、托管和评价等业务领域。资产管理产品的管理与服务客户的投资顾问是资产管理业务的双支柱。从公募基金市场的情况看，基金销售业务的收入规模已经超过基金管理费的收入规模。如果不将投资顾问业务和产品销售等业务领域纳入调整范围予以统一规范，资产管理业务的功能就不可能得到充分发挥。

此外，资管新规在资产管理业务的法律关系、资产管理产品的组织形式及其治理、资产管理产品的托管、税收中性，以及投资者救济等基础性问题上也缺少制度性的安排。

二、资产管理业务面临的新挑战

资管新规从根本上扭转了监管套利导致的影子银行乱象，取得了阶段性的治理成果。但是，与2018年资管新规颁布时相比，资产管理业务外部环境和自身情况都发生了巨大且深刻的变化，资产管理业务的转型升级仍未到位，历史遗留的深层次问题在下行周期不断暴露，资产管理业务在防范金融风险、服务实体经济、提高投资回报等方面的功能没有得到充分发挥。

（一）从防范金融风险的角度看，资产端和资金端的转型进度落后，部分资产管理产品仍具有杠杆性质

打破刚性兑付是资管新规的首要目标。经过资管新规的系统性治理，资产管理产品端的整改顺利推进，已经实现净值化管理，但是资金端的客户需求改变和资产端的质量提升并不完全取决于金融监管，转型进度落后，转型难度不容忽视。

一是在资金端，银行理财客户群体的风险偏好没有发生结构性改变，仍然普遍存在刚性兑付的预期。为了适应现有客户群体的需求，银行理财保留绝对收益作为业绩基准，进行隐性业绩承诺和黏性兑付。

二是在资产端，银行理财持仓穿透后所对应的实体资产并没有发生重大变化。在资管新规实施前，银行理财等各类资产管理产品是房地产和城投平台的重要资金来源。"大资管"业务的模式成为支撑房地产高周转、高杠杆模式与城投平台债务扩张的适配结果。虽然经过资管新规的治理，银行理财对房地产和地方融

资平台的非标债权资产持仓有所压缩,但不少此类资产实际上通过技术手段转化为标准化债权资产,所对应的发债企业仍然是城投平台和房地产企业,资产端的流动性和资产质量没有发生实质性改变。截至 2022 年底,全部城投债中的债券和非标融资余额合计约为 17.35 万亿元,[①] 主要由各类资产管理产品承接,占比超过我国全部资产管理产品持仓资产的 13%。

为了减少净值波动,银行理财等资产管理产品通过浮动业绩报酬安排,嵌套投资协议存款,委外成本法估值专户,大量持仓 PPN(非公开定向债务融资工具)、ABN(资产支持票据)、私募 ABS(资产支持证券)等低流动性资产等方式,对产品净值波动进行平滑处理,实际上是通过估值技术手段"熨平"市场净值波动。

三是在产品端,通过前述技术性手段实现净值化管理后,相当于将金融机构的隐性负债(产品的刚性兑付)部分转换为地方政府的隐性负债。从宏观上看,杠杆率没有得到明显改善,还更加隐蔽。

资管新规在实施初期就遇到了新冠肺炎疫情和百年变局相互交织的复杂局面,欧美主要国家实行了极度宽松的货币政策,我国也出台了"六稳""六保"等一系列政策稳住经济大盘,无风险利率持续压低,各类资产价格相应上涨。宏观层面的政策宽松结合微观层面的技术手段,银行理财的净值走势一度表现良好,到期收益率虽然有所波动,但都能维持在业绩比较基准的水平之

[①] 数据来源于 Wind,根据 2021 年年报的城投企业数据统计得出。截至 2023 年 4 月 28 日,市场全部城投债余额约为 13.88 万亿元,非标融资余额约为 3.78 万亿元。

上，风险收益特征与净值化管理前高度相似，投资者对刚性兑付仍保持较高的预期。股市的波动调整又导致资金进一步回流银行理财等固定收益产品。随着银行理财规模水涨船高，资金端和资产端的深层次问题被暂时掩盖。银行理财继续深化改革和推进转型的动力不足，甚至对技术性调整手段过度自信，并且利用委外的"甲方"地位，将相关模式传播至货币市场基金、债券基金、保险资管、券商资管等其他资产管理产品，风险随着理财规模的扩大而不断积累。

2022年以来，随着国内外政策环境加速变化，由城投债、房地产债务和资产管理产品三者相互支撑的"不稳定三角"难以为继，底层资产频繁"爆雷"，融资链条迅速转变为风险传递链条。

房地产行业作为"大资管"业务的最终资金使用者，其调整触发了整个融资链条的连锁反应。截至2023年3月，在销售金额排名前50的房地产企业中，已有24家出现境内外债券展期或违约，另有部分民营房企在展期边缘徘徊。房地产企业"违约潮"的到来，使产品流动性最差、持仓最集中的信托行业首当其冲，风险集中爆发，大量信托计划违约，[①]信托公司正在为过去"投资业务融资化"的业务模式买单，部分信托公司因此走向破产。

随着房地产行业加速出清，土地出让不畅，房地产债务压力进一步向城投平台传导，高风险城投公司的短期再融资能力面临

---

① 根据公开资料不完全统计，2022年1—11月已披露的信托产品违约规模总计1163.38亿元，其中房地产信托违约金额为865.56亿元，占比达74.4%。

巨大压力。城投债风险已出现散点多发趋势。城投债短期主要依赖再融资能力，中长期来自地方土地出让和区域经济基本面。2019年以来，欠发达地区的城投非标债务违约已经呈现多发趋势。2021年以来，市场累计披露的城投非标违约事件达214起。截至2023年4月底，存续城投债中估值到期收益率高于10%的城投债数量达608只，数量占当前存续城投债的2.8%，余额占当前存续城投债的2.59%。城投平台公司的风险定价面临系统性重估问题。

  银行理财位居融资链条的顶端，是房地产和城投债的主要资金来源，不可避免地受到底层资产价格重估的风险冲击。2022年10月，受外部条件急剧变化的影响，银行理财持有的资产估值下降幅度冲破了技术性手段的调控空间，银行理财净值真正开始向下波动至存款利率，甚至是投资本金以下，从而出现了"破净潮"。截至2022年11月底，银行理财产品总量为26 766只，其中，破净产品为4 621只，占比达17.26%。[①]"破净潮"使银行理财的风险收益特征发生了突变，无法达到投资者的刚性兑付预期，投资者随即做出反应，引发了"赎回潮"。根据公开资料统计，2022年10—12月银行理财规模最大降幅达3万亿元，全行业净赎回超10%。为了应对"赎回潮"，银行理财被迫变现持有的投资组合，卖出债券或赎回所持有的货币市场基金、债券基金和委外专户。2022年11月和12月，银行理财分别净卖出债券近929亿元和4 524亿元。突然增加的巨量卖单进一步压低了市场价格，又进一步压低了银行理财净值，从而形成"破净—赎

---

① 根据Wind银行理财数据统计得到。

回—变现—净值再降低"的踩踏循环。最终，经过房地产"三支箭"政策①陆续落地以及金融管理部门的干预，市场才走出了负反馈循环。

2022年底的风险事件说明，银行理财的转型仍在途中，真正打破刚性兑付预期，去除银行理财的杠杆性质，需要推进资产端和资金端的转型。资产管理业务的主要功能之一，在于将金融风险通过不同投资策略、不同资金属性的资产管理机构与投资者，借由交易、组合管理、结构化分解、再平衡等方式，在全社会加以分散。如果资金端不能转型，一味迎合客户刚性兑付的预期，资产管理产品投资策略和风险偏好就不可能多元化；如果资产端不能转型，资产管理产品的风险承担就会同向化。缺乏不同方向的交易对手，投资策略同质化、金融风险承担同向化，基础资产的市场波动就会加大风险共振，形成负反馈。

（二）从服务实体经济的角度来看，未能有效促进权益资本形成，支持创新型经济活动的能力不足

金融必须服从和服务于国家整体社会经济发展战略。随着国家发展从主要依靠城镇化、工业化和进出口贸易投资驱动，转变为以创新驱动引领高质量发展，金融体系也需要相应地进行结构性转变，大幅提升直接金融的比重和质量。在确保金融稳定的前提下，为经济高质量发展和科技创新提供强大的金融支持。资产

---

① 经国务院批准，中国人民银行会同有关部门从信贷、债券、股权三个融资渠道采取"三支箭"政策组合，支持房地产企业拓宽融资渠道。

管理业务作为直接融资体系的重要组成部分，是联结居民财富和资本市场的桥梁，应充分发挥风险分散、过手收益、价格发现、多资产跨周期配置资源的作用，使直接融资体系可以通过多层次的资本市场支持处于不同生命周期的企业，助力科技创新成果产业化。但从实际效果来看，资产管理业务促进资本形成的功能还未得到充分发挥。

第一，我国实体经济直接融资规模占比偏低，一直未有实质性改善。截至 2022 年底，非金融企业与居民社会融资余额达 284.02 万亿元，其中企业直接融资余额为 41.65 万亿元，占比不足 15%，与 2018 年前基本持平，实体经济产业债[①]余额占整个信用债市场的比重甚至较 2017 年下降超 7 个百分点。

第二，资产管理业务向实体经济提供的直接融资结构欠佳，资产管理业务满足实体经济合意资金需求的能力不足。

一是融资期限偏短。截至 2022 年 6 月底，我国全部存量信用债平均发行期限为 2.56 年，而美国存量信用债平均发行期限约为 9 年。我国存量信用债平均发行期限偏低，且考虑到我国存量资管产品中现金管理类产品[②]占比较高（截至 2022 年底占比为 13.65%），资产管理产品债券持仓的平均期限还低于市场平均水平。

二是权益融资占比偏低，权益性和长期资本形成能力不足。截至 2022 年底，在全部资产管理产品的资产配置中，权益类投资占比不足 20%，其中作为存量规模最大的两类资产管理产品，

---

① 实体经济产业债是指除城投、地产、金融三个行业的其他产业债券。
② 此处现金管理类产品规模＝理财公司和银行机构现金管理类产品规模＋公募货币市场基金规模。

银行理财投资权益类资产占比仅为3.14%,公募基金投资权益类资产占比虽提升至22.13%,但相较发达国家而言仍然偏低。可以投资权益类资产的产品比例不高,影响了投资股票的资金来源,股票融资占社会融资规模的比重也相应在低位徘徊。资管新规开始实施的2018年,非金融企业股票融资占社会融资规模的比重从2017年的3.35%降至2018年的1.6%,最低降至2019年的1.35%。随着科创板的开板和注册制的全面实施,占比回升至2022年的3.67%,但仍然低于2016年的6.98%(见表1-2)。

表1-2　2016—2022年非金融企业股票融资规模占社会融资规模的比重

年份	社会融资规模（亿元）	非金融企业股票融资规模（亿元）	占比（%）
2016	177 999	12 416	6.98
2017	261 536	8 759	3.35
2018	224 920	3 606	1.60
2019	256 735	3 479	1.35
2020	347 917	8 923	2.56
2021	313 407	12 133	3.87
2022	320 101	11 757	3.67

资料来源：中国人民银行。

第三,资产管理业务对以股权融资为主的创新型企业支持力度不足。在资管新规实施后,银行理财等公募性质的资管产品投向私募股权投资基金的通道基本被切断,国内私募股权(PE)和风险投资(VC)基金募集难度加大,规模增速由2017年的67.4%回落至2022年的36.2%。在资产管理产品资金退出后,政府引导基金和国有企业资金在私募基金来源中的比重越来越大,作用越来越突出。地方政府招商引资和产业发展的职能,以及财政性资金的特殊性质在冲击和改变私募基金风险投资的逻辑和市场化运作方式。

（三）从投资回报的角度来看，投资者缺乏获得感，在提高居民财产性收入和促进共同富裕方面仍有诸多堵点

第一，资产管理产品总量供给不足，难以满足居民财富总量的增长需求。截至 2022 年底，我国居民可投资金融资产规模达 250 万亿元，[①] 但其中资产管理产品（不含保险资产）占比仅为 30%，现金及银行存款占比仍超 50%，储蓄向投资的转换空间很大，资产管理产品供给相对不足。截至 2021 年底，个人金融资产小于 25 万美元的大众客户所持有的金融资产总量近 150 万亿元，[②] 但适合普惠市场的银行理财和公募基金个人客户持有存量总规模不足 40 万亿元，供需缺口亟待弥补。资产管理产品总体期望收益高于银行存款，通过提高普通居民资产管理产品持有占比，有利于提高普通居民财产性收入和缩短收入差距。资产管理业务供给不足，市场竞争秩序不规范，但市场需求广泛存在，因此其他各类违规金融产品和非法金融活动借机侵入，重大金融案件时有发生，例如"原油宝"、河南村镇银行账外经营、民营企业发行的自融型理财产品"爆雷"等风险事件教训深刻，损失惨重。

第二，我国资产管理业务产品品种供给不足、同质化严重，

[①] 数据来源于麦肯锡发布的相关报告。
[②] 根据麦肯锡全球财富数据库统计数据，2015—2020 年个人金融资产小于 25 万美元的大众客户，持有金融资产总量的 60%~65%。

导致投资者资产配置范围被迫收敛，无法满足投资者的多样化风险偏好，也难以对接实体经济多样化的融资需求。销售渠道为了扩大销售规模，过度追求收益高、波动率低、回撤低的风险收益特征，超过80%的公募产品集中于现金管理、固收和"固收+"等品种，大量资产配向同业市场和债券类资产，使资产配置同向化，缺乏交易对手，形成风险共振和金融空转。在私募产品中，量化交易策略由于在风险收益特征上符合相关需求，异军突起，集中了大量资金。截至2021年底，在管理百亿元以上规模的私募中，私募量化基金达25家。在境外以机构为主的交易市场中，量化交易策略的积极意义在于提供流动性，通过捕捉市场套利机会提高市场定价效率，但在交易公平性方面也存有争议。在国内市场存在大量散户投资者直接进场交易的情况下，私募量化基金的资金来源主要是机构资金和高净值客户，公平性问题更加突出，对市场流动性和定价效率的影响以及服务实体经济的作用需要进一步研究。

第三，投资者获得感不强，"管理机构旱涝保收，产品业绩大幅波动"和"基金赚钱，基民不赚钱"的现象长期困扰着资产管理业务。从理论上看，资产管理产品期望收益高于银行存款，但由于投资策略不当和持有周期偏短，我国个人投资者投资资产管理产品的实际收益率大幅低于资产管理产品名义收益率。以公募基金为例，2017—2021年包括货币市场基金在内的公募基金时间加权的净值年化收益率高达9.34%，而投资人实际获得收益的份额加权年化收益率仅为2.92%。同期，我国CPI及GDP平减指数年化增速分别为2.0%、2.78%，公募基金实际收益率较通货膨胀无明显优势，未体现出保值增值的配置价值，广大普通投资者未能跟随公募基金行业的成长而获得相应收益。2022年公募基金更是出现全面亏损，全年亏损达1.45万亿元，其中，主动权益类产品合计亏损近1.3万亿元，2022年所有公募基金的收益率中位数为–8.38%，平均收益率为–8.52%。公募基金行业没有脱离"规模扩大—出现亏损—投资者离场—发展停滞"的周期性规律。

三、资产管理业务风险与问题的成因

资产管理业务发挥功能的起点是投资者利益。通过资产管理产品和财富管理投资顾问业务双轮驱动，使投资者多样化的风险偏好及投资需求与实体经济多样化的融资需求达成最优动态匹配，从而实现增加投资者财产性收入和满足实体经济合理资金需求等核心功能。资产管理业务未能充分发挥其应有的功能，问题和风险周期性反复出现，说明资产管理业务发挥功能的逻辑路径还存在堵点或断点。

（一）监管端：未能构建适应资产管理业务发展的监管制度体系

1. 未能有效区分直接融资和间接融资

资产管理业务是直接融资体系的重要组成部分。直接融资与间接融资在风险类型、风险产生和风险分担上的不同，决定了金融监管对两者要区别对待。由于中国银保监会负责间接融资的监管，不可避免地受间接融资监管理念的影响，对资产管理业务实施类似资本金约束等审慎监管措施，如提高设立资产管理机构的资本金门槛，对资产管理业务的投资范围和投资比例提出监管要求等。理论和实践证明，用间接融资的监管理念和方法监管直接融资业务，既难以防范金融风险，又会阻碍直接融资业务发展。

从理论上看，间接融资监管的首要职责是保护存款人和投保人的利益，为了避免相关金融业务影响存款人和投保人的利益或风险外溢，金融监管部门需要对银行和保险等金融机构提出资本充足率和偿付率等审慎监管要求。直接融资则是投资者直接承担风险，金融监管的要义是行为监管，主要是防范信息不对称的风险。在准入阶段，对从事直接融资的金融机构提出过高的资本金要求会抑制金融机构和金融服务的供给；在业务开展阶段，审慎监管要求会替代客户的风险偏好，系统性压低资产管理业务的风险收益特征。因此，资产管理业务在间接融资的监管框架约束下，业务形态会相应地发生扭曲和变形，展现出与间接融资相似的风险收益特征。

从实践上看，自资管新规实施以来，银行理财业务与母行在同一部门的监管下，保持强关联性，整体风险偏好仍与银行信贷业务高度趋同，权益投资比重较小，没有真正发挥资产管理业务提高直接融资比重特别是促进权益资本形成的功能。2022年10月发生的银行理财踩踏循环风险事件也说明，在保持强关联性的情况下，资产管理业务的风险会穿透法人隔离与银行信贷业务交叉传染，引起更大的风险。同时，监管部门把直接融资的金融机构当作间接融资的金融机构进行管理，不仅容易使市场混淆两类机构的信用差别，而且以资本金约束为核心的审慎监管无法有效防控直接金融的风险点，"牛栏关不住猫"，从而形成监管盲区，隐藏金融风险。例如，一部分违规的结构化发债实际上是运用持牌资产管理机构的通道进入同业市场，通过正回购和不规范的场外协议回购等方式将发债企业信用升级为同业信用，从同业市场募集资金。

2. 财富管理投资顾问业务制度不完善

资产管理业务在中国发展之初，由于市场比较简单，金融产品供应数量少，对财富管理投资顾问制度缺乏足够的认识和重视，相关制度建设不完善。从《中华人民共和国证券投资基金法》（以下简称《证券投资基金法》）到资管新规等重要制度，主要是以规范证券投资基金、银行理财、信托计划、私募基金等各类资产管理产品为中心，并相应建立健全了资产管理产品的托管业务、销售业务和评价业务等监管制度。随着金融市场广度和深度的不断拓展，金融产品的品种不断丰富，广大投资者特别是普通中小投资者已经不再能仅依靠自身的知识和能力进行有效的投资决策。中国资本市场最大的国情就是拥有2亿多个人投资者。金融监管部门需要通过建立财富管理投资顾问制度，建设一支代表投资者的专业队伍，帮助投资者进行财富管理，维护投资者利益。财富管理投资顾问制度的缺失使资产管理业务的功能发挥路径出现了断点。在代表投资者利益的财富管理投资顾问缺位的情况下，资产管理业务长期依靠资产管理产品相关业务单腿走路，资产管理机构、销售机构和托管机构等从业机构利益和投资者利益博弈失衡。这是资产管理机构稳赚不赔、资产管理产品收益大幅波动、投资者基本不赚钱等现象的深层次原因。

3. 监管规则及其执行层面仍有较多差异

资管新规要求不同的金融监管部门在金融监管上加强协调，按照同一标准开展监管工作，但并没有对资产管理业务实行统一监管。银行理财、信托计划、保险资管等资产管理业务由中国银保监会进行监管，而且按照股东的牌照类型，分别由大行部、股份制银行部、城商行部、创新部、信托部、公司治理部、资金运用部等不同的内设部门负责；公募基金、券商资管、基金公司和基金专户子公司、期货资管由中国证监会进行监管，同样分属于不同监管部门或同一部门的不同处室；私募基金由中国证监会指导中国证券投资基金业协会（以下简称基金业协会）实施自律管理。

金融监管可以分为规则制定、准入管理（机构、产品、人员）、监管执法三个环节。从三个环节的比较来看，虽然总体上不同监管部门的监管实现趋同，但规则越是到具体层面，差异越大；监管执法越是到执行层面，差异越大。这些差异使资产管理业务形成了不同的子版本。一方面，这些不同的子版本留下了监管套利空间，使资管新规的执行效果大打折扣，容易潜藏金融风险。例如，银行理财通过委外投资其他资产管理产品，利用规则层面和执行层面的差异，从技术上进行期限错配或平滑估值。[①] 私募证券基金与券商私募资产和基金专户等虽然同属于私募资产管理业务，但是由于监管标准不同，量化交易策略大多通过私募

---

① 周炎炎.独家|银行理财"借道"保险资管配存款受限［EB/OL］.https://baijiahao.baidu.com/s?id=1761704435267333166&wfr=spider&for=pc&searchword, 2023-03-29.

证券基金开展，监管资源投放与风险程度不匹配。在结构化发债的交易模式中，相关机构利用私募基金和私募资产管理业务监管标准的差异，相互结合形成了城投债扩张的"灰色网络"。[①]另一方面，每个子版本的业务形态都有所变形，深受资产管理机构股东的影响。虽然中国资产管理业务的总规模成为中国第二大金融业态，但是分散在各种子版本中，功能不一，没有发挥应有的作用。

（二）机构端：未能构建有效的资产管理机构利益冲突防范机制

资产管理业务"受人之托，代人理财"，存在固有的利益冲突。如果缺乏利益冲突防范机制，资产管理机构就容易从"为投资者赚钱"转向"赚投资者的钱"。投资者利益至上的从业法则是资产管理业务与其他金融业态的根本区别。资产管理机构建立有效的利益冲突防范机制需要以法律规定和监管要求为驱动。由于目前尚未构建针对资产管理业务的有效监管体系，资产管理机构相应未能构建有效的利益冲突防范机制，因此存在股东利益和资产管理机构自身利益侵蚀投资者利益的问题。

为了防范股东利益对投资者利益的影响，资产管理机构应当严格遵循法人治理结构运行，严禁股东对资产管理业务投资活动直接干预，严格限制关联交易。从各类资产管理机构的情况看，除了公募基金管理公司有相关要求，其他各类机构仍然在不同程

---

① 王娟娟，张宇哲.城投债灰色网络[J].财新周刊，2023（28）.

度上存在受股东利益影响，甚至侵蚀投资者利益的情况。

理财子公司虽然作为法人机构单独设立，但与母行难以切割，因此理财子公司是"一个因监管要求而不得不以子公司存在的银行部门"[①]。理财子公司和母行之间在客户开发、资产配置、投贷联动、存款规模和头寸调剂上都存在很强的关联性，理财子公司在很多业务上需要服从母行的需要，导致银行理财的资产配置结构和产品风险收益特征与母行的资产负债表相似。从2022年底的理财"赎回潮"风险事件可以看出，法人隔离如果停留在法律形式上，而不是在实质上实现理财子公司的独立运作，就会倒果为因，一旦理财业务发生重大风险，母行则难逃其责。

保险资产管理机构是保险公司的子公司，所管理的资金业主要来自保险系统内部，因此保险资产管理机构的股东利益和投资者利益存在一定的一致性。保险资产管理机构作为保险公司资金投资运用的平台，资产配置结构主要取决于保险公司的保费收入结构。因此，虽然保险公司权益类资产投资余额的最高上限为45%，[②]但股票和证券投资基金配置比例稳定在12.7%左右。保险资产管理机构只有充分利用管理保险资金的独特资源禀赋和管理过程中积累的投资能力，拓宽资金来源渠道，对保险资金运用和募集资金管理进行适当区分，不断增强资产管理属性，才能发挥资产管理业务的功能。

股东利益对投资者利益侵蚀最显著的案例集中在私募基金行

---

① 武晓蒙，范浅蝉，刘冉. 资管新规等待升级［J］. 财新周刊，2023（26）.
② 参见中国银保监会办公厅发布的《关于优化保险公司权益类资产配置监管有关事项的通知》（2020年7月17日）。

业，截至目前已经发生了多起私募基金管理人实际控制人通过发行私募基金进行自融的非法集资案件。

除了股东利益，资产管理机构以及资产管理产品的销售机构也存在自身利益，会与投资者利益产生冲突。虽然公募基金管理公司从设立之初就严格禁止股东越过股东会和董事会对公募基金管理公司日常经营进行干预，确保公募基金管理人相对于股东的独立运作，但是在防范自身利益对投资者利益影响方面还有待完善。例如，在公募基金投资管理方面存在高管理费率、高换手率等现象，在公募基金销售方面存在高销售费率、"赎旧买新"等现象。中国投资者通过公募基金投资股票的成本在3%左右，[①]长期居高不下，远高于国际发达市场水平。偏股型基金难以系统性跑赢市场，抑制了投资者投资公募基金的意愿。2023年7月，在监管部门的主导下，公募基金管理公司和托管机构开始降低主动权益基金的管理费率和托管费率。降低收费水平是治标之策，只有进一步健全利益冲突防范机制，防范资产管理机构自身利益侵蚀投资者利益，才能标本兼治，从体制机制上解决问题。

财富管理投资顾问机构虽然与投资者利益趋于一致，但由于收费模式、业务逻辑与市场主流业态和现行监管制度不相容，因此没有得到充分的发育。虽然中国证监会于2019年发布了《关于做好公开募集证券投资基金投资顾问业务试点工作的通知》，推出了基金投资顾问业务试点，但截至2022年底仅准入54家机构，业务规模仅为1 200亿元。与发达市场成熟的财富管理投资

[①] 投资成本包括基金管理费率1.5%，基金申购费1.5%和赎回费0.5%或C类份额销售服务费0.4%。每年（中国投资者平均持有期不足一年）基金托管费0.25%，基金交易费0.24%（按照8‰和偏股型基金年度换手率300%左右计算）。

顾问业务，以及 2 亿多个人投资者存在的需求相比，基金投资顾问试点在数量和服务的范围、内容上都远远不足。中国的财富管理投资顾问业务还有非常广阔的发展空间。

（三）产品和服务端：未能构建坚持投资者利益至上的资产管理产品和服务体系

从针对性不足的监管到资产管理机构，再从缺乏利益冲突防范机制的机构到资产管理产品和服务，资产管理业务运行逻辑的偏差逐层扩大，导致资产管理业务的产品和服务变形走样，偏离了为投资者创造最大回报的逻辑目标，一些产品不仅未能实现投资者利益至上，甚至以服务资产管理机构股东利益和销售机构自身利益为主要目的。

截至 2022 年底，银行理财共计 27.65 万亿元，理财产品 3.47 万只，同年银行理财为投资者创造收益达 8 800 亿元，相当于年化收益率 3%。虽然银行理财业务整体上表现稳健良好，但这是建立在与母行强关联基础上的。投资者难以通过信息披露了解清楚 3.47 万只理财产品的投资策略、投资经理、投资组合等相关信息，收益来源和风险特征都不清晰，主要的决策依据就是具有隐性保底承诺性质的业绩比较基准。一旦发生净值向下波动到母行难以"兜底"的程度，就会引发"破净潮"和"赎回潮"，最终还是以牺牲投资者利益为代价。

货币市场基金通过摊余成本法和 1 元定价的运作方式为投资者提供流动性管理工具。在配备"T+0"快速赎回功能后，货币市场基金与互联网电商和移动支付平台的海量用户结合，诞生了余额宝这一产品，不仅改变了中国居民的零钱存放习惯，而且对理财市场、存款业务和支付市场造成了冲击。余额宝的模式在公募基金领域快速复制。2022年底，货币市场基金规模约为10.45万亿元。银行理财借鉴货币市场基金模式推出了现金管理类产品，2022年底规模超8.76万亿元。近20万亿元的货币市场基金和银行理财现金管理类产品规模持续膨胀，驱动因素主要是摊余成本估值法和支持快速赎回的银行垫资，主要目标并不是为投资者创造最大回报，而是与银行存款竞争支付便利性和安全性。在2008年全球金融危机和2020年新冠肺炎疫情暴发等极端情况下，美国的货币市场基金发生了重大风险事件。国内货币市场基金也爆发过多起风险事件，暴露了在流动性管理方面的脆弱环节。美国证监会已经对货币市场基金制度进行了两次重大改革，值得借鉴。

银行理财产品和货币市场基金都定位于分流银行储蓄，作为储蓄存款的替代品，风险收益特征同质化导致资产配置涌向同业和债券市场，向市场供给的产品集中在风险收益曲线的狭窄区域，使投资者资产配置范围被迫相应地收敛，降低了全市场的风险分散程度，未能充分发掘和满足市场的高风险需求偏好，权益投资的产品数量和规模不足。资产管理业务过度发展"类存款"业务和流动性管理工具作为主业会形成"自勒效应"，[①]进一步压缩权益类投资的发展空间。

非货币市场基金类的公募基金虽然是目前国内市场最符合资管属性、规则最健全的资产管理产品，但也在不同程度上存在未

[①] 刘健钧. 提升理财机构投研能力需重构正确的市场定位 [EB/OL]. https://baijiahao.baidu.com/s?id=1761755900527283678&wfr=spider&for=pc, 2023-03-30.

能坚持投资者利益至上的问题。例如,单只产品规模偏小,与集合性投资计划通过扩大规模降低成本的资产配置工具属性不相符,主要原因是新基金销售的申购费是资产管理机构和销售机构扩大规模、增加收入的重要来源。2021年,新基金销售的认购费占基金销售收入的24.21%,在银行渠道和证券公司渠道的占比分别达35.23%和37.65%。[1] 在获取新基金认购费收入的利益牵引下,"赎旧买新"成为行业痼疾。不断新发基金,而老基金却无人问津,随之而来的就是小微基金[2]问题以及为避免清盘而形成的基金保壳市场。再如,公募基金的资产配置结构、持有期限和仓位比例呈现散户化的特点。公募基金本应坚持长期主义和价值投资,但基金管理公司和销售机构在缺乏利益冲突防范机制的情况下,以短期行为吸引投资者,抱团热点股票,押注赛道策略,持仓比例大起大落,制造和炒作明星基金经理,用市场的β来替代产品的α,造成资产配置向高β类股票集中,加剧了市场的波动性。

国内的资产管理产品容易偏离运行逻辑,除了资产管理机构缺乏利益冲突防范机制,在产品层面也缺少相应的治理机制。国内的资产管理产品普遍采用契约型组织形式。然而,《证券投资基金法》所规定的公募基金持有人大会流于形式,持有人大会常设机构始终没有落地。在私募产品中,只有私募基金中存在合伙型和公司型产品,信托计划、保险资管计划、私募证券资产管理计划等私募资产管理产品全部采用契约型,无法直接适用法人治

---

[1] 参见《中国证券投资基金业年报(2022)》。
[2] 根据相关规定,若基金规模不足5 000万元或200人达到60个工作日,则需要进行清盘。

理结构。

同质化严重的资管产品数量日益增加，不仅没有方便投资者，反而加重了普通投资者的"选择困难"。2亿多名个人投资者与3.47万只银行理财产品，1万多只公募基金，3.2万只私募资管计划，15万只私募基金缺少有效的联结纽带。销售机构的获利来源是销售佣金，与投资者利益存在冲突。一些销售机构在过度激励之下，以投资者利益为代价达成自身的利润目标。特别是部分掌握巨大流量的平台型基金销售机构，按照流量制造和分配逻辑销售基金，把投资者当作消费者，甚至利用人性的弱点增加购买量和交易量，把基金投资行为"快消化""饭圈化"。基金评价和评奖机构由于数据、评价方法以及收费来源等问题，未能发挥客观中立的作用。市场迫切需要与投资者利益一致、发现投资者需求、代表投资者利益的财富管理投资顾问队伍。

（四）政策环境端：长期资金、证券供给、税收制度、从业人员、科技应用等外部因素制约资产管理业务的发展

资产管理业务的问题和风险既有自身成因，也受外部政策环境的影响。

1. 长期资金

资产管理业务的资金运用必然受资金来源结构的影响。我国居民储蓄率高，但主要配置在高流动性的银行存款、货币市场基金和现金管理产品上，向投资转化的意愿和比例不高，导致资产管理业务长期资金供给不足，影响了资产管理业务功能的发挥。

截至 2021 年底，在中国居民金融资产配置中，现金及存款占比仍高达 49%，而养老金和保险资产占比为 17%，居民养老预缴占 GDP 的比重不足 10%，与发达国家相比显著偏低。从国际经验来看，居民储蓄向投资转化不足，增加预防性储蓄，这与社会保障覆盖不够广泛、保障水平不高有一定的关系。借鉴发达国家的经验，提高储蓄向投资转化比例，增加长期资金来源供给，从政策层面需要推动社会保障体制改革，提升社会保障水平；从市场层面来看，需要提高商业寿险的渗透率，从而提升代际和同代人的风险互助水平，增强财富所有者整体的风险偏好。为了解决长期资金来源和养老保障问题，个人养老金制度（第三支柱）于 2022 年 11 月正式启动实施。截至 2023 年 3 月，已经有 3 038 万人开立个人养老金账户，其中 900 多万人完成了资金储存，储存总额达 182 亿元，人均储存水平为 2 022 元。[①] 虽然新政策的接受和普及还需要更多时间，但从人均储存水平以及储存总额来看，个人养老金制度的效果不及预期。随着老龄化和少子化问题加速到来，中国养老保障需要更大力度和范围的系统性改革举措。如果政策设计得当，推进有力，那么养老保障体制改革将大幅增加资产管理业务的长期资金，而资产管理业务也会为养老保障提供长期稳定的回报。

2. 证券供给

证券供给决定了资产管理业务可投标的的丰富度。我国债券

---

① 王虎云. 我国个人养老金制度稳步推进 [EB/OL]. http://www.jjckb.cn/2023-06/28/c_1310729857.htm, 2023-06-28.

市场的市场化程度最高，债券供应规模大，供应品种丰富，因此成为资产管理业务投资的主要配置品种。受证券供给方面因素的影响，资产管理业务配置权益类资产比例不高。2023年2月，全面注册制开始实施，市场各方期待股票发行制度由此迈向真正的市场化。资产管理业务配置权益类资产能否随之上升，是检验全面注册制是否成功的重要指标之一。除了发行股票，存量股票的市场化交易也是证券供给的重要来源。根据上海证券交易所（以下简称上交所）2022年的统计，上交所上市公司63%的市值由一般法人机构持有，20%由个人投资者持有，只有17%由境内外机构投资者持有。这个持股结构与发达市场相比，大股东持股较高，机构投资者持股过低，资产管理机构难以发挥作用。提高资产管理机构持股比例和市值，应该成为下一步改革证券发行和市场交易制度的重要目标。

3. 税收制度

税收制度对资产管理业务的资金来源和资金运用都有明显影响。

一是从公平性方面来看，现行税制在不同的资产管理产品间没有保持税收中性原则。出于历史原因，现行税制对公募基金产品买卖股票、债券免征增值税；对投资者（包括个人和企业）从基金分配中取得的收入，暂不征收个人所得税和企业所得税；对个人申购、赎回基金的差价收入暂免征收个人所得税。虽然资管新规已经将资产管理产品从公募基金扩展到银行理财、保险资管计划、信托计划、私募证券期货资管计划等，但是相关税收政策却并未拓展适用范围。同类性质的资产管理产品适用不同的税收政策，扭曲了市场竞争秩序，影响了资源配置效率。例如，公募REITs（房地产投资信托基金）的产品架构之所以叠床架屋，一个重要原因是要适用公募证券投资基金的税收政策。还有一些银行和证券公司金融机构利用公募基金分红免缴企业所得税的政策，结合基金会计按单位净值核算利润的特点，将部分认购基金的本金按单位净值的未分配利润比例"洗"成基金利润，再通过基金分红获得相应免缴企业所得税抵扣额度，事实上造成国家税收漏损。

二是从结构性方面来看，资产管理业务间接税（流转税）和直接税（所得税）的比例失调。一方面，我国对金融业长期征收营业税。在"营改增"实施后，从稳定收入的角度考虑，资产管理业务大部分营业税被简单、直接地转为增值税。我国成为全球少数对金融业，特别是资产管理产品买卖证券征收增值税的国家。对资产管理业务征收增值税，税收收益能否弥补市场的效率损失，理论和实践还没有给出答案。另一方面，我国长期对个人买卖股票、申购赎回公募基金免收个人所得税，使税收政策缺乏鼓励长期投资行为和专业化投资行为的政策空间。综合两方面的情况，完全有可能在稳定税收收入的前提下，推动资产管理业务流转税和所得税的结构性改革，提高市场效率，鼓励长期资金投资，形成税收收入与资产管理业务发展双赢的局面。

4. 从业人员

资产管理行业尤其是财富管理投资顾问行业是以专业立身、以人为本的行业。从业人员的专业水平和职业道德决定了行业的基本面貌。目前从事资产管理业务的人员根据其所在机构属性，分别参加银行业、证券业、信托业、期货业、保险业、基金业的水平评价考试并分散在相关协会管理，既难以体现财富管理投资顾问行业自身的专业性，难以保障财富管理投资顾问行业的职业能力，又缺乏行业归属感和荣誉感，缺少遵从行业纪律和职业道德的自我约束力和文化感召力。

5. 科技应用

科技的创新和应用在不断改变着现代金融体系的结构、业态和功能，资产管理业务也不例外。例如，除了货币市场基金，根据基金业协会公布的销售统计数据，蚂蚁基金和天天基金已经超过银行和证券公司等传统金融机构，占据了全市场非货币市场基金销售保有规模的第一名和第三名，2022 年底的规模分别达 11 545 亿元和 5 845 亿元。与互联网平台相结合是中国资产管理业务在科技应用方面的独到之处，领先全球。但是，这方面的科技应用主要是在市场端，在资产管理业务本身的投资管理、交易、风险管理、运营、托管等业务环节，科技应用的渗透率和科技应用的技术迭代速度与国际水平还有明显差距，拉低了行业的整体效率。这一方面与行业投入不足有关，另一方面也受监管限制的影响。

四、对资产管理业务的展望与建议

中国的资产管理业务发展前景广阔。未来 10 年，我国居民可投资金融资产规模有望实现复合增速 9%，到 2030 年实现居民可投资金融资产规模 486 万亿元。①按照发达市场金融体系的结构，资产管理业务总规模将突破 300 万亿元，其中近 50% 将配向权益类资产。超大规模的资产管理业务一定会产生强大的财富管理投资顾问行业，并与资产管理产品业务、销售业务、托管业务、评价业务等产业集群共同构成丰富的资产管理业务生态圈，为投资者提供公募、私募、卖方销售、买方投顾等百花齐放、品类齐全的产品和服务。资产管理业务的功能将得到充分发挥，在为投资者提供最大回报的同时，为促进资本形成，提高直接融资比重，实施创新驱动发展战略，迈入高质量发展新阶段提供了有力支撑。连接理想目标与现实问题的路径唯有改革。要实现美好未来，就必须针对问题和风险背后的成因，统筹规划，标本兼治，远近结合，协同推进各项制度改革。

（一）完善资产管理业务的监管体系

1. 以资管新规为基础提高立法层级，制定《资产管理业务监督管理条例》

法治建设对中国金融业的发展具有引领和推动的决定性作用。资管新规取得了历史性的成功，终结了大资管乱局，开启了资管大时代。站在新的起点上，为了巩固资管新规的成果，完善资产管理业务监管，规划和引领资产管理业务制度体系的全面建设，建议在资管新规的基础上提高立法层级至行政法规，制定《资产管理业务监督管理条例》（以下简称《资管条例》），与《证

---

① 资料来源于 2022 年中金公司发布的"全球资管系列研究"报告。

券投资基金法》、《私募投资基金监督管理条例》（以下简称《私募条例》）共同组成资产管理业务监管法制框架。

从目前资产管理业务的法规体系看，《证券投资基金法》的位阶最高，主要调整公募和私募的证券投资基金，2022年底规模为30.66万亿元。2023年出台的《私募条例》主要调整各类私募投资基金（包括私募证券投资基金，但不包括私募资产管理业务），2022年底的规模为20.03万亿元。资管新规是银行理财、保险资管、信托计划、券商资管、基金专户、基金子公司、期货资管等91.38万亿元资产管理业务的主要法规依据。资管新规的法律层级与其承担的作用不匹配，与资产管理业务在金融体系中的重要作用不匹配，需要结合修订完善工作，提升立法层级，制定《资管条例》。

2. 有效区分直接融资和间接融资，由证券监管部门负责资产管理业务规则的统一制定，逐步实现资格准入和监管执法的统一

《证券法》明确了资产管理产品的证券属性，根据银证分业经营的法律要求，应当在《资管条例》中规定，将所有资产管理机构（包括由中国银保监会监管的信托公司、理财子公司、保险资管公司等）以及相关的资产管理产品统一交由国务院证券监督管理机构进行监管，从而实现"统一规则、统一发牌、统一监管"的"三统一"，避免间接融资的监管理念和职责影响直接融资业务的发展，推动资产管理业务彻底转型。

中国的资产管理业务由于历史发展路径和现实利益格局等问题交织，"三统一"难以一步到位，直接实施还可能产生意外的风险。在资管新规实现监管规则趋同的基础上，监管部门对统一监管规则的接受程度较高，对统一发牌和统一监管则存在不同看法。因此，可以明确由中国证监会负责梳理现有的各类资产管理产品的业务规则和差异，吸收合并已经制定的监管规则，实现同类资产管理业务统一法定名称、业务标准，以及业务待遇。各类机构和产品都使用"资产管理"或"基金管理"字样，在名称中不再体现各自的背景，不再出现"银行""保险""信托""证券""期货"等字样。中国证监会和国家金融监督管理总局按照统一的规则和条件，根据现有分工各自批设所辖新的资产管理机构，并对所批设的资产管理机构实施监管。统一规则制定可以为后续实现统一发牌和统一监管奠定基础，《资管条例》的出台和实施也就水到渠成。

3. 拓展公募资产管理产品的类型，增加实体经济的资金来源

银行理财和公募基金是仅有的两类公募资产管理产品。公募基金的上位法是《证券投资基金法》，以证券为投资标的。银行理财产品则既可以投资非标资产，又可以投资私募股权基金和创业投资基金。在资管新规实施前，银行理财资金是私募股权基金和创业投资基金的重要资金来源。之前银行理财产品主要采取资产池对接资金池的模式，对投资者实施刚性兑付，金融风险较大。在资管新规治理的基础上，为了畅通公募资产管理产品与实体经济的直接通道，同时做好风险防范工作，《资管条例》可以设置两类公募资产管理产品。一类公募资产管理产品符合《证券投资基金法》的投资范围；二类公募资产管理产品可以投资一定比例的非标准化资产（含非标准化债权及股权），打通资产管理资金与实体经济的直接通道，同时在投资者适当性、产品开放周

期和资产估值等方面提出相应要求，使风险防范措施与非标资产投资比例相匹配。通过二类公募资产管理产品这一制度性安排，增强中国资产管理行业支持实体经济、服务共同富裕、防范新风险发生的能力。

4. 丰富资产管理产品的组织形式

《私募条例》规定，私募基金可以采取契约型、公司型或合伙型。为加强对资产管理产品的治理，明确资产管理产品的商事主体地位，便于资产管理产品直接投资实体经济，建议《资管条例》借鉴《私募条例》以及香港地区的做法，明确资产管理产品可以采取契约型、公司型或合伙型。

5. 对大型私募基金实施提级监管

近年来，随着私募行业的发展，黑石集团等大型 PE，桥水基金、城堡投资集团等大型对冲基金所管理的资产规模越来越大，资金来源中养老金等机构投资者投资的比重不断增加，私募基金与大型金融机构业务和风险的关联越来越紧密，瑞信银行被兼并，硅谷银行被挤兑的风险诱因都与私募基金有关。金融稳定理事会正在研究是否将大型私募基金作为系统性重要金融机构进行监管。国内私募类业务主要分为持牌金融机构（由监管部门批准设立）的私募资产管理业务和在协会登记的私募基金。前者是资管新规的调整范围，监管标准较高。从国内的情况来看，管理规模较大的私募基金管理人的重要程度和风险程度已经超过很多持牌的私募资产管理机构。因此，建议《资管条例》按照风险程度设定条件，统一纳入金融监管部门进行持牌管理。例如，管理规模在百亿元以上的私募基金管理人,或者投资策略对金融系统稳定有重要影响的私募基金管理人。小型私募基金管理人继续由行业协会实施自律管理。

6. 明确财富管理投资顾问业务的法律定位和职责

鉴于财富管理投资顾问业务对于发展资产管理业务的重要作用,建议《资管条例》在资管新规的基础上,将财富管理投资顾问业务一并纳入调整范围,将"财富管理""投资顾问"设为专有名称,为其提供法律地位。从具体内容来说,建议《资管条例》针对财富管理投资顾问业务的核心事项进行规定,包括机构准入、业务范畴、服务品类、展业要求、人员资质等。对于财富管理投资顾问业务的具体规则,则由国务院证券监督管理机构另行制定。

7. 优化托管制度

托管制度是对投资人的保护。《证券投资基金法》要求公募基金应当强制托管。建议《资管条例》在《证券投资基金法》的基础上,对资产管理产品是否进行强制托管进行差异化规定。鉴于公募资产管理产品,以及持牌金融机构的私募资产管理业务对国家金融秩序、投资者利益都可能产生较大影响,新的条例均应强制要求聘请资产托管人进行托管。

(二)推动资产管理业务产业集群实现高质量发展

1. 做强做优做大公募资产管理行业

根据公募资产管理行业的规律,立足中国国情,做大做强做优公募资产管理行业，既要建设公募资产管理机构的"主力军"，打造"百货商店"类型的综合资产管理机构，又要鼓励特色化经营，形成一批专营店，共同为广大公众投资者提供质优价廉的公募产品。在实现统一规则后，各类公募资产管理机构都应按照中国证监会发布的《关于加快推进公募基金行业高质量发展的意见》，注重加强公司治理机制建设，把投资者利益至上的信义义务落实到机构经营的各个环节。无论是持股比例还是所属行业，公募资产管理机构的股东都应遵循公司治理准则，通过股东会行使股东权利，严格限制股东与资产管理机构之间的关联交易，避免资产管理机构成为股东的附属机构。同时，应该强化公募资产管理机构董事会的责任，比照上市公司健全和落实公募资产管理机构的独立董事制度。公募资产管理机构应加强核心投研能力和产品体系建设，充分发挥价值投资、长线持有的功能，真正成为股票市场的"稳定器"和"压舱石"，为广大公众投资者持续创造回报。

2. 鼓励私募资产管理行业百花齐放

包括私募基金在内的私募资产管理机构正在发挥越来越大的作用，在二级市场权益投资和一级市场股权投资方面已经成了资产管理业务的主力。在守住风险底线的情况下，应遵循私募业务的规律，鼓励私募资产管理行业百花齐放。一是营造公平的市场竞争秩序，在基金销售和资金募集方面向其他金融产品看齐，明确各类机构资金可以投资私募基金。二是实施差异化的监管安排，减少对市场行为的干预。把大型私募机构纳入金融监管部门监管。对中小型私募机构以及私募股权和创投机构实施更加灵活的监管安排，登记备案制度要切实发挥统计监测作用，不干预市场行为。三是有序清理不合格的私募机构，优化市场环境。中国私募基金管理人登记数量超 2 万家，而美国只有 4 000 家左右。中国私募机构的登记数量明显超过市场需要，其中大量机构属于"占坑"性质的壳私募，或者以私募为名开展财富管理投资顾问等其他金融业务。随着财富管理投资者顾问制度等的建立，应该将相关机构有序转换为财富管理投资顾问，对壳私募进行系统性清理。

3. 完善资产管理业务的配套产业链

专业化发展是市场经济的一般规律。随着资产管理业务的发展，销售业务、评价业务、托管业务、外包运营和行政服务业务等资产管理业务的配套产业链条会不断走向专业化经营。其中，销售业务在商业概念上往往也被视为财富管理业务。代表投资者利益的财富管理投资顾问缺位，导致销售业务过度发展，销售业务收入超过资产管理业务收入，反客为主，改变了资产管理业务的运行逻辑。评价业务相应异化为评奖活动。随着财富管理投资顾问制度的建立和普及，市场的商业逻辑和激励机制将发生改变，销售业务和评价业务需要回归本源，转换定位，立足专业，规范发展。

托管业务、外包运营和行政服务业务是资产管理业务的中后台业务，在市场运行安全性和运营效率方面发挥着至关重要的基础性作用。从发达市场情况来看，前台机构越多元，中小投顾的数量越会增加，托管和外包机构越会向平台化和集约化发展，出现 PaaS（平台即服务）等科技运营模式，以及大型专业化外包服务机构。随着国内资产管理业务的发展，以及相关监管制度体系的完善，我们应该鼓励国内相关产业走向专业化发展。

（三）构建为投资者创造可持续回报的产品和服务体系

1. 建立健全琳琅满目的资产管理产品体系

公募资产管理产品的意义在于汇聚资金，通过专业化管理，分散风险，降低成本，使普通投资者获得优于直接投资的回报。从国际上看，随着公募资产管理产品规模的扩大以及 ETF（交易所交易基金）的出现，公募资产管理产品组合投资、风险分散、低成本、高流动性的优势成为市场各类资金的基础性资产配置工具，全球公募资产管理产品总体规模和单只产品规模都在不断创造新高。目前，中国的公募资产管理产品主要是公募证券投资基金和银行理财。根据《关于加快推进公募基金行业高质量发展的意见》，应沿着风险收益曲线加大具有不同风险收益特征的公募基金产品的供给，坚持普惠性定位，通过降低管理费率、销售费率和换手率，增加对投资者的回报，扩大规模，向市场提供更多的资产配置工具。银行理财产品在明确为公募基金的同时应扬长避短，一方面发挥渠道和客户资源优势，通过发行被动指数产品和 FOF（基金中的基金）等产品，提高权益类资产的配置比例；另一方面发挥项目资源和风控能力优势，通过发行二类公募资产管理产品，为风险承受能力高的投资者提供低流动性和低波动率的产品。私募产品要在坚持合格投资者定位、坚守风险底线的前提下，鼓励个性化、特色化发展，让各种投资策略在市场竞争中实现优胜劣汰。

2. 建设以投资者利益为中心的财富管理投资顾问服务体系

财富管理投资顾问行业要以投资者利益为核心，建立全方位、全周期的服务体系。

一是要尽快推出凝聚不同监管体系共识的财富管理投资顾问的制度体系，在《资管条例》中明确财富管理投资顾问业务的概念、业务范围，明确申请牌照的条件和程序。要把财富管理投资顾问行业为投资者服务、向投资者收费、与投资者利益绑定的商业逻辑，通过监管法规予以规制和保障。

二是要鼓励各类符合条件的金融机构和股东，包括银行、证券公司、资产管理机构、基金销售公司、保险公司、互联网平台、私募机构、专门机构等，申请财富管理投资顾问牌照，充分利用各自的优势开展业务，迅速填补市场空白。

三是要加大产品和服务的多元供给，增加财富管理投资顾问为投资者家庭资产所能配置的标准金融产品品类和服务。

四是要遵循财富管理投资顾问行业以人为本的规律，建立从业人员的水平认证、后续培训和注册管理制度，相关执业规范可在全国金融标准化技术委员会制定的《金融从业规范财富管理》（JR/T 0238.3—2021）、《公司金融顾问》（JR/T 0139—2016）的基础上持续完善，并根据人员发展情况组建专门的行业自律组织。

五是要重视科技应用，在加快建设财富管理投资顾问行业的同时，推进数字化转型，鼓励满足条件的机构发展TAMPs（全托资产管理）平台，为中小机构提供全财富管理服务的中后台服务，既有效降低中小机构的运营成本，又有利于防范中小机构的风险，从而提高资产管理业务的整体效率。

3. 建设为投资者服务的资产管理产品的行业数据基础设施

资管产品的历史业绩、规模、投资策略和投资组合等各类信息是投资者决策的重要依据。信息不对称是投资者决策时面临的主要风险。从历史情况来看，在利益的驱动下，资产管理机构、销售机构有可能放大而不是解决信息不对称问题。在数字经济的时代背景下，建议由行业协会或产品登记机构建设统一的资产管理产品数据系统，收集包括投资者、资产组合、申购赎回、净值在内的资产管理产品的相关信息。同时，由监管部门和行业协会制定资产管理产品的信息披露格式、数据报送标准，以及资产管理产品的评价规范和评级指引。行业协会根据数据情况，定期发布资产管理产品的投资者教育报告。评价机构和评级机构对外的数据来源应来自行业统一数据系统或保持一致，对外提供的评价、评级应遵循行业协会制定的标准，从而提升整个行业的数据可信度和透明度，提升投资者的服务水平。

（四）协同推进相关改革，为资产管理业务发展创造良好环境

1. 落实税收中性原则，推进税收结构改革

在各类资产管理业务实现统一监管及统一标准后，按照税收中性原则，同类资产管理产品的税收政策应保持一致。在明确银行理财产品的公募基金性质后，银行理财产品应享有公募基金的税收政策。采用合伙制、公司制的资产管理产品应享有契约型资产管理产品的税收政策。为了保证税收征管的可操作性，可以将市场监督管理部门的工商登记信息和基金业协会的登记备案信息

（包括投资者名单和投资者收益）与税务部门的征管系统进行共享。同时，统筹规划税收结构调整，适时将流转税收入转为所得税收入，提高市场运行效率，增加利用税收政策调控投资行为的空间。

2. 修订相关法律制度以支持公司型和合伙型资产管理产品

契约型的资产管理产品运作方便，但在治理结构、商事登记等方面存在一系列问题，可能影响投资者利益，不利于促进资本的形成。英国、日本、中国香港等在传统上采用契约型资产管理产品的国家和地区，为了竞争国际资金在当地注册成立资产管理产品，已经纷纷借鉴国际通行规则，制定或修改了相关法律和条例，推出了针对资产管理产品的特定商事主体。一是建议在《中华人民共和国公司法》（以下简称《公司法》）修订时，为公司型开放式资产管理产品（资本可变动的公司）制定专门章节或条款，为公司型开放式资产管理产品的推出提供法律依据。二是将《公司法》《中华人民共和国合伙企业法》与《资管条例》进行有效衔接。凡是符合条件（不从事经营，只进行投资）的公司和合伙企业适用《资管条例》，由金融监管部门负责登记。三是与工商登记和税务登记进行有效衔接。资产管理产品凭金融监管部门的产品备案证明到市场监管部门和税务部门进行特殊的工商登记和税务登记。资产管理机构的份额登记系统、金融监管部门的产品备案系统、市场监管部门的工商登记系统和税务部门的税收申报系统互联互通，信息共享，以保证资产管理产品运作、分配的信息完整和可验证。各类组织形式的资产管理产品作为"投资管道"在产品端不作为税收主体，在投资和分配时按规定纳税。

3. 多措并举增加资产管理业务长期资金来源

要解决长期资金来源，一方面可以设置二类公募产品，另一方面需要深化社会保障体制改革，提高社会保障水平，提升商业养老保险产品的渗透率，从而改变个体投资者和社会整体的风险偏好。推进社会保障体制改革是一个比发展资产管理业务更重要的命题，但两者之间的改革和发展存在很强的关联性，可以相互促进，相辅相成。

4. 全面推进证券发行和交易的市场化改革

供给影响需求，也可以创造需求。资产管理业务的发达程度与证券的发行和交易规模具有很强的对偶关系。目前，我国已经全面实施股票发行注册制，债券发行也相对较早地实现了注册制，证券发行市场化进程显著加快，但需要进一步适时完善。股票市场交易机制已经多年没有进行改革，还有优化空间。随着资产管理业务发展，财富管理投资顾问制度推出和投资顾问业务普及，应随之推进交易机制的改革，最大限度地减少对交易数量和价格的限制，让市场机制真正发挥作用。

第二章

成果评估篇

随着经济社会的发展，财富形态、规模和结构不断演化。财富形态从基本生活资料扩展到如今的银行存款、股票、保险、信托、基金等多种财富形式。源源不断的财富创造驱动财富规模的迅速扩张，财富结构正在经历从储蓄到非储蓄、从实物资产到金融资产的转型。随着现代货币体系的建立和普及，财富管理的需求主要体现为资金受托管理。资金受托管理包括受托管理单个客户资金和管理集合资金（面向社会公众的公募和面向合格投资者的私募）。为聚焦我国资产管理行业的发展评估与展望，本章所研究的资产管理业务聚焦于资金受托管理业务。

财富管理机构作为中介机构连接着资金和资产，资产管理业务在现代金融体系中具有重要地位。财富管理机构的一端汇聚社会财富，影响着财富分配秩序和积累机制。财富管理机构为投资者管理财富、提供回报，提高财产性收入，促进共同富裕。财富管理机构的另一端通过投资管理和资产配置，优化提高资源配置效率，服务实体经济。

2021年底，资管新规的过渡期正式结束，资管新规从2022

年开始进入全面实施阶段。资产管理业务从"破"到"立",进入了承上启下的关键发展阶段。未来的资产管理业务应该在中国金融体系中占据什么位置,发挥什么作用?如何建设和发展好中国的资产管理业务,更好地防范化解金融风险,更好地提高资源配置效率,服务实体经济,更好地增加投资者回报,促进共同富裕?这一系列关系资产管理业务发展前途的重大问题都需要深入研究。本章以金融机构资产管理为切入点,以发现和解决问题为导向,对中国资产管理业务的现状进行评估,以推动行业高质量发展、为居民增加财产性收入、有效优化资源配置为目标,对未来的发展进行展望,并通过研究提出促进中国资产管理业务健康发展的政策建议。

一、资管新规出台的背景

随着社会经济的发展和居民财富的积累,资产管理业务呈现爆发式增长。截至 2017 年底,不考虑交叉持有因素,我国金融机构资产管理业务总规模已达百万亿元。其中,银行表外理财产品资金余额为 22.2 万亿元,信托公司受托管理的资金信托余额为 21.9 万亿元,公募基金、私募基金、证券公司资管计划、基金及其子公司资管计划、保险资管计划余额分别为 11.6 万亿元、11.1 万亿元、16.8 万亿元、13.9 万亿元、2.5 万亿元。在以机构监管为主的管理体系下,资产管理机构之间的展业合作存在部分空白区域,以影子银行、监管套利、刚性兑付等为代表的"灰犀牛"式金融风险隐患不断积累。2017 年,第五次全国金融工作会议后,影子银行作为中共中央指出的八个突出风险之一,成为金融体系必须规避的"灰犀牛"风险。特别是其中隐含的较严重的期限错配、通道嵌套等问题,进一步加剧了金融体系的内部风险,使金融风险成为经济体系的风险来源之一。

(一)随着资产管理业务的扩张和跨行业发展,影子银行规模快速增长

影子银行对经济金融的稳定发展构成了重大威胁。从2012年开始的五年内,以影子银行为特点的"大资管"行业呈现爆发式增长。原因有三点:一是实体经济强劲融资需求的拉动;二是金融机构自身谋求发展、修复资产负债表和获取利润的推动;三是监管部门缺乏协调,相关监管制度没有及时跟上,监管套利空间大。在这五年间,资产管理业务偏离本源严重异化,通过刚性兑付、层层嵌套加杠杆、期限错配、表内贷款转表外非标等手段,出现了直接融资间接化、投资业务融资化、私募产品公募化、市场主体行政化等现象,导致影子银行规模快速扩张、股市出现异常波动、债市出现"钱荒"、实体经济融资成本大幅上升,涉众非法集资案件时有发生,金融风险隐患不断积累。根据中国银保监会的《中国影子银行报告》,到2016年底,我国影子银行规模已经相当庞大,广义影子银行[①]超90万亿元,狭义影子银

---

① 广义影子银行包括同业理财及其他银行理财、银行同业特定目的载体投资、委托贷款、资金信托、信托贷款、非股票公募基金、证券业资管、保险资管、资产证券化、非股权私募基金、网络借贷P2P(个人对个人)机构、融资租赁公司、小额贷款公司提供的贷款,商业保理公司保理、融资担保公司在保业务、非持牌机构发放的消费贷款、地方交易所提供的债权融资计划和结构化融资产品。

行①也高达 51 万亿元。影子银行存在较大的金融风险，对实体经济具有一定的破坏性。

一是不断推高宏观杠杆率水平。在影子银行的影响下，我国宏观杠杆率在 2013 年 6 月突破 200% 后，2016 年底达 239%。影子银行加重了社会经济活动的债息负担，同时降低了资金周转与使用效率。二是推动资金脱实向虚。以套利为目的的影子银行经营模式不断涌现，虚增资产负债，资金只是在金融体系内部流动，并未真正流向实体经济。即使部分资金最终流向了实体经济，但由于链条拉长，资金成本也大幅提高。三是严重掩盖资产质量真实性。基础资产经过影子银行的包装，商业银行在会计科目上把贷款转为投资，或者完全转移至表外，逃避贷款风险分类和拨备计提要求，造成银行体系资产质量不实，资本和拨备虚高。

（二）由于监管制度不一致，资产管理业务存在监管套利行为

监管套利现象为行业发展埋下了潜在的风险隐患。2012 年以来，我国快速膨胀的资产管理业务规模在很大程度上是互借通道、监管套利的结果。根据基金业协会和中国信托业协会（以下简称信托业协会）的数据，截至 2016 年底，中国资产管理市场规模为 104.24 万亿元，其中归属中国证监会和基金业协会、中国银保监会监管的资产规模分别为 51.52 万亿元、52.72 万亿元，因通道交叉业务重复计算的部分约为 31.54 万亿元。银行、保险、

---

① 狭义影子银行包括同业特定目的载体投资和同业理财、理财投非标债权等部分银行理财、委托贷款、信托贷款、网络借贷 P2P 贷款和非股权私募基金等业务。

券商、基金分属于中国银保监会、中国证监会等不同机构监管，同类资产管理业务的投资范围、门槛、杠杆水平等方面都不相同，导致监管套利十分活跃。以监管套利为目的的通道业务影响了金融服务实体经济的质效，加剧了风险跨行业、跨市场传递。

一是刚性兑付问题严重，未实现净值化管理，不透明运营模式扭曲了金融产品定价体系，通道业务使资金在金融体系内空转，增加了融资环节和成本，降低了资金使用效率。二是为了规避监管、增加收益，大量通道业务采用了结构化产品设计，层层嵌套、期限错配，高杠杆、信息透明度低的通道结构化产品加剧了整个资产管理业务链条的风险积聚，容易引发连锁反应。三是在分业监管模式下，各监管主体间存在严重的信息不对称问题，监管漏洞和监管缺失现象严重，由此加剧了金融市场的风险叠加。

总体而言，以机构监管为主的分业监管模式为通道业务提供了监管套利空间，监管部门难以掌握银行体系的真实风险水平，监管套利扭曲了监管效果，不利于资产管理业务长期健康地发展。

（三）大部分资产管理产品具有刚性兑付特征，影响要素市场配置效率

占资产管理市场规模比重较大的银行理财产品、信托产品等资管产品具有典型的刚性兑付特征，影响市场风险定价。资产管理业务属于金融机构的表外业务，应由投资者独立承担投资风险。但从实际情况来看，银行理财和信托产品等刚性兑付现象比

较严重。一方面，银行工作人员在操作过程中常常会对资产管理产品做出一些非理性宣传，夸大资产管理产品的收益和好处，回避资产管理产品的风险和损失，误导投资者的投资行为；另一方面，一些金融机构在管理资产时，会参与资产管理产品的收益分配，而不是只收取管理费，使投资者无法实现收益最大化。一旦资产管理产品发生风险，银行就不可避免地要承担赔付责任。在收益没有完全由投资者享受、购买资产管理产品没有享受到完全公开透明信息的情况下，完全由投资者承担可能出现的风险，打破所谓的刚性兑付，显然是不公平的，也很难得到投资者的认可和接受。打破刚性兑付的前提就是信息完全公开透明，让投资者享受最充足的投资收益。刚性兑付现象扭曲了金融行业最基本的风险收益匹配原则，不利于资产管理行业回归"卖者尽责，买者自负"的受托理财本质。

在此背景下，为了能在资产管理业务上实现统一监管、防范化解金融风险，2018年4月27日，资管新规正式出台。

二、资管新规出台后的实施效果

防范化解重大风险是决胜全面建成小康社会的三大攻坚战之一。党的十八大以来，习近平总书记多次强调要把防控金融风险放到更加重要的位置。党的十九大报告提出，"健全金融监管体系，守住不发生系统性金融风险的底线"，并把防范化解重大风险作为决胜全面建成小康社会三大攻坚战的首要战役。针对资管领域存在的问题，包括法律使用混乱、监管标准不统一、缺乏统一的监测监控、存在隐性刚兑等，资管新规的出台成为防范化解金融风险的重要改革举措。

总体来说，资管新规在防范化解金融风险方面取得了明显成效，同时推动资产管理业务和金融体系的格局发生深刻变革。资管新规的核心原则可以概括为"净值化、破刚兑、去通道、压非标、降杠杆"，同时明确资产管理市场行为应是直接融资行为，而不是间接融资行为，[①]按照"卖者尽责，买者自负"的审慎投资理念，实现风险充分向投资者分散。资管新规施行后，各监管机构按照同类业务统一监管[②]的思路，明确资产管理业务属性，统一产品标准，强化监管协同配合，陆续制定了各项资产管理业务的配套监管政策。经过几年的专项集中整治，成效显著，影子银行规模大幅压缩，[③]加通道、加杠杆和加嵌套的高风险业务得到重点清理，"无照经营"等非法金融活动受到严厉打击，脱实向虚、层层嵌套的交叉业务显著减少，净值化转型初见成效，刚性兑付预期逐步被打破，监管政策逐渐统一，监管套利空间减少，有效避免了宏观杠杆率的快速上升，积极防范化解了系统性金融风险。

（一）资管新规推动资产管理行业稳健发展，提升服务实体经济质效

资管新规过渡期内，行业管理资产结构优化调整，总规模相

---

① 人民网.资管新规实施半年：净值化转型加速，投资者适当性管理有待强化［EB/OL］. http://finance.people.com.cn/n1/2022/0805/c1004-32495778.html, 2022-08-05.

② 经济参考报.尚福林建议：运用不同方式逐步实现同类业务统一监管［EB/OL］. http://jjckb.xinhuanet.com/, 2020-07-09.

③ 中国银保监会.中国影子银行报告［J］.金融监管研究，2020（11）.

对平稳。从2008年到2009年（全球金融危机期间）再到2017年的近10年间，我国资产管理行业规模高速增长，自2018年4月资管新规发布以来，资产管理行业规模经历了先下降后平稳攀升的阶段。2018年和2019年我国资产管理行业规模分别收缩11%和4%，而2020年和2021年分别回升9%和11%，截至2021年底我国资产管理行业总规模达132万亿元，较2018年初增长4%，过渡期内资产管理行业总资产整体平稳。

资产管理行业整改未对宏观经济造成冲击，在风险收敛的基础上加大对实体经济的支持力度。据金融管理部门统计，截至2021年底，资产管理产品通过投资非金融企业债券、股票等直接配置到实体经济的资产余额合计38.6万亿元，较2018年底增加1.4万亿元。同时，资产管理产品继续加大金融债券和同业存款、存单等资产投资，截至2021年底余额合计31.4万亿元，较2018年底增加12.6万亿元，对表内资金运用形成支撑，最终通过表内信贷和债券投资等投向实体经济。

（二）资管新规推动整治金融乱象，防控系统性风险

金融监管部门持续深化市场乱象整治，组织影子银行和交叉金融专项检查，保持对影子银行领域违法违规行为的高压态势。

资管新规过渡期内，行业多层嵌套、资金空转、规避监管等乱象得到遏制，影子银行风险趋于收敛，逐步缓释存量资产风险，稳定实体经济融资。

一是产品嵌套和通道业务规模大幅压降。去多层嵌套、去通道是资管新规的核心目标之一，将显著提升监管穿透有效性，有

利于提高结构性产品的透明度，维护市场公平。在银行理财方面，在资管新规发布前，理财产品持有各类资产管理产品的规模为12.02万亿元；2020年底，理财产品投向信托、券商资管、基金资管的资金规模显著下降，持有各类资产管理产品的规模为8.93万亿元，较资管新规发布前大幅减少25.71%。在信托产品方面，以通道业务居多的事务管理类信托余额显著收缩，资管新规发布之初的2018年3月底，余额为15.14万亿元，到2020年底降至9.19万亿元，不到3年间降幅达39.3%，占信托资产余额的比重从59%降至45%。在证券期货资管方面，2018年3月通道业务所在的定向资产管理产品余额为23.98万亿元，2020年底该数值降幅达49.5%。[1]此外，非标资产规模大幅压降。以银行理财为例，截至2021年，银行理财投向债券的比重提高了逾20个百分点，投向非标资产的比重下降了近6个百分点。[2]目前，随着理财业务向标准化、规范化的不断转型，理财产品持有各类资产管理产品的规模及占比归于平稳。[3]

二是行业发展呈现产品净值化趋势。在资管新规推行净值化管理前，银行、信托等金融机构通过滚动发行、混合运作、分离定价等具有资金池特征的业务模式对投资者进行刚性兑付，导致产品收益和风险在不同投资者之间转移，同时刚兑压力使金融机构投资风险累积，错配风险激增，易引发系统性金融风险。为打

---

[1] 资料来源于中国财富管理50人论坛发布的《共同富裕时代资产管理行业的新使命和新征程——"资管新规"四周年回顾与展望》。
[2] 同上。
[3] 中信建投证券研究.资管新规正式实施对资产管理行业的影响分析：从"此消彼长"到"共同成长"[EB/OL]．https://new.qq.com/rain/a/20220210A01KO500，2022-02-10。

破刚性兑付，资管新规要求资产管理产品实行净值化管理，产品净值的生成与变动应符合公允价值计量标准，及时反映并传递基础资产的收益和风险，避免基础资产风险积聚无法释放。资管新规实施后，包括公募基金、银行理财产品在内的净值型资产管理产品的比重不断上升，供给资金占全部资产管理产品的70%，较整改初期上升近30个百分点。① 银行业、保险业的资产管理产品净值化水平已超95%。② 在银行理财方面，传统保本理财基本整改完毕，全面净值化时代已经到来。在券商资管方面，传统占据主导地位的通道业务规模大幅萎缩，很多券商申请了公募牌照，全面向主动管理转型。在信托方面，与券商资管类似，传统通道业务大幅缩表，非标转标成为业内发展主流。③ 截至2022年6月底，银行净值型理财产品存续规模达27.72万亿元，占比为95.09%，较2021年同期增加16.06个百分点，较2019年底提升51.81个百分点，产品净值化转型进程显著。④ 随着理财产品向净值化转型程度的持续提升，银行将重新回归代客理财的本源业务。

三是影子银行规模持续压降，宏观杠杆率不断下降。金融去

---

① 于晗.央行陈雨露：资管产品净值化转型已取得显著成效［EB/OL］. http://xw.cbimc.cn/2021-07/24/content_403679.htm, 2021-07-24.
② 市场资讯.银保监会副主席梁涛在2022青岛·中国财富论坛发表演讲［EB/OL］. https://finance.sina.com.cn/hy/hyjz/2022-07-30/doc-imizirav6032797.shtml, 2022-07-30.
③ 人民网.资管新规实施半年：净值化转型加速，投资者适当性管理有待强化［EB/OL］. http://finance.people.com.cn/n1/2022/0805/c1004-32495778.html, 2022-08-05.
④ 资料来源于中国财富管理50人论坛发布的《共同富裕时代资产管理行业的新使命和新征程——"资管新规"四周年回顾与展望》。

杠杆以来，主要从压降影子银行规模入手，通过打破刚兑、净值化转型等方式，实现市场主体充分承担风险收益。2017—2021年，拆解高风险影子银行规模达25万亿元，2020年、2021年合计压降11.5万亿元。① 截至2022年6月底，高风险、不合规的影子银行规模较历史峰值压降超29万亿元，② 资产方的金融杠杆率回落幅度较大，金融杠杆率下降明显。根据2022年国家金融与发展实验室发布的《2021年度中国杠杆率报告》，宏观杠杆率从2020年底的270.1%下降至2021年的263.8%，全年下降6.3个百分点。从杠杆率的结构来看，2021年非金融企业部门在去杠杆的过程中贡献最大，全年共下降7.5个百分点，非金融企业部门去杠杆主要依赖金融去杠杆，尤其是清理影子银行、控制金融体系内部过多中间环节等工作。影子银行规模的不断压降，极大地降低了宏观杠杆率，缓释了宏观金融风险。

四是通过加快设立理财子公司以强化风险隔离。截至2022年11月底，已有31家银行理财子公司获批筹建（包含开业），其中包括6家国有大行、11家股份制银行、8家城商行、1家农商行以及5家合资银行，已经获准开业的有30家。

五是行业风险指标持续改善。截至2021年底，资产管理产品平均杠杆率（总资产/权益合计）为106.9%，分级杠杆率（总实收本金/劣后级实收本金）为100.7%，分别较2018年12月

---

① 中国网财经.郭树清：2017至2021年拆解高风险影子银行25万亿元［EB/OL］.https://finance.china.com.cn/news/20220302/5755430.shtml, 2022-03-02.
② 市场资讯.银保监会副主席梁涛在2022青岛·中国财富论坛发表演讲［EB/OL］.https://finance.sina.com.cn/hy/hyjz/2022-07-30/doc-imizirav6032797.shtml, 2022-07-30.

底下降 1.3 个百分点和 2.3 个百分点；按剩余期限计算的资产管理产品短期负债与短期资产之比为 153.7%，较 2018 年 12 月底下降 14.3 个百分点，期限错配风险持续降低。

（三）资产管理行业发展制度框架体系初步建立

资管新规过渡期内持续推出配套制度，资产管理业务监管体系不断完善。

一是资产管理产品写入新《证券法》，在基础法律制度上实现了上位法层面的突破。二是资管新规本身不断完善，为平稳过渡加强了保障。例如，2018 年 7 月 20 日，中国人民银行发布了《关于进一步明确规范金融机构资产管理业务指导意见有关事项的通知》；2020 年 7 月 3 日，中国人民银行等四部门发布了《标准化债权类资产认定规则》；2020 年 7 月 31 日，资管新规过渡期延长至 2021 年底。三是细分行业的规则逐步明晰，六大类资产管理机构配套细则相继出台。针对银行理财，中国银保监会发布销售管理、流动性风险管理办法，合理界定理财产品的销售界限与范围，要求理财公司设立专门岗位负责理财公司流动性管理，推动产品净值化；监管机构将严格限制理财产品成本法估值，要求部分理财子公司压降现金管理类理财产品及占比，以银行理财子公司为核心的监管架构日益完善，准入、净资本管理、产品销售等环节更加规范。针对信托产品，定位更加清晰，监管得到加强。针对保险资管，中国银保监会出台保险资产、理财销售、养老理财等多个方面的监管细则，完善监管配套制度体系；在保险资管投资范围、投资者、注册流程、业务管理模式四个方面实现重要突破；修订《保险资产管理公司管理规定》，新增公司治理、风险管理专门章节，优化股权结构设计要求，明确保险资管公司发展方向；推出监管评级办法，明确对保险资产管理公司的机构监管和分类监管规则。证券资产管理业务在转型道路上的前进方向越发清晰，通道业务大幅压降；通过集合产品的公募化改造，证券资管子公司可开展公募业务；基金投资顾问试点也有序进行。针对公募基金，基金公司防风险和促发展并重，前者有"侧袋机制"估值指引出台，后者有基金投资顾问试点开启。针对私募基金，加强全方位的监管，有效促进私募基金行业的健康发展。另外，中国银保监会与中国证监会分别发布《关于开展养老理财产品试点的通知》与《重要货币市场基金监管暂行规定》，在对养老理财产品的推出、重要货币市场基金的评估监管做出明确规定的同时，更加注重规范健康发展。

（四）金融基础设施建设逐步完善

资管新规及其配套措施强调独立托管原则，强调资产管理产品、托管人、产品管理人之间的风险隔离，通过隔离资金、业务、管理、人员、系统、营业场所和信息等措施，防范风险传染、内幕交易、利益冲突和利益输送，防止利用未公开信息交易，同时加强对投资集中度的管控。

中国人民银行、国家发展改革委等六部门于2020年联合印发《统筹监管金融基础设施工作方案》，加强金融基础设施建设，统筹监管重要金融基础设施，提高服务实体经济水平和防控金融风险能力，如加强银行业理财登记托管中心的中央数据交换平台建设，不断完善中国人民银行的理财与资金信托系统、金融机构资产管理产品报告系统，中国银保监会非现场监管报表等。

（五）资管新规及细则基本统一监管标准，消除监管套利

资管新规是我国探索功能监管的良好开端。资管新规是机构监管与功能监管的结合，按照产品类型而不是机构类型实施功能监管，同一类型的资产管理产品适用同一监管标准，减少监管真空和套利。资产管理业务的监管部门从"只扫门前雪"转为加强协调，监管规则从各不相同走向趋同。各实施细则基本在投资范围、投资者适当性、投资集中度、打破刚性兑付、禁止期限错配、净值化管理等方面实现了一致，削弱了原有的监管套利空间，有利于各类资产管理机构公平竞争。资管新规及其后续发布的针对各个资管子行业规范性文件，始终坚持宏观审慎管理和微观审慎监管相结合、机构监管和功能监管相结合的原则，按照资产管理产品的不同类型严格统一监管标准，同步实行公平的市场准入和监管，促进资产管理行业、财富管理业务规范发展。从出台的监管政策来看，具体效果包括三方面。一是统一监管标准，加强监管，各负其责，最大限度地消除跨行业、跨市场的监管套利空间；二是对同类机构实行机构和功能分别监管，既要根据机构类型实施审慎监管，又要根据业务种类通过穿透底层资产，在功能、产品上强化监管；三是逐步实现对同类机构统一监管，没有资产管理业务的金融机构通过设立子公司的方式参

与资产管理业务，隔离风险，提高专业水平。①目前来看，我国资产管理行业已进入统一监管的第二阶段，也就是资产管理业务的统一监管，各类资产管理业务的监管标准逐步缩小差距，同类资产管理业务接受类似的监管要求，实现资产管理机构的公平竞争。

虽然监管规则已从不同转为趋同，但与完全统一监管还有差距。出于理念认知和分业监管等原因，当前在完全统一监管上还面临一些挑战。一是配套细则依然是按照机构主体制定，总体要求虽然基本趋同，但是具体标准仍然存在差异，容易产生新的套利空间。二是资管新规的法规层级不够，无法赋予不同资产管理机构和资产管理产品统一的法律身份，从而在税收、民事纠纷、养老金管理人资格、外汇资格等方面存在差异，依然存在部分市场扭曲。三是对投资业务融资化等资产管理业务异化问题解决得还不够彻底等。

三、资管新规面临的新挑战

2021年资管新规过渡期结束，2022年全面实施，与2018年资管新规刚颁布时相比，如今境内外市场环境都发生了较大变化。目前世界正处于百年未有之大变局，全球治理规则、科技革命和产业革命正在发生剧烈变化。

国际方面，发达经济体自2021年以来相继深陷滞胀泥潭，

---

① 经济参考报.尚福林建议：运用不同方式逐步实现同类业务统一监管［EB/OL］. https://news.yunnan.cn/system/2020/07/09/030780414.shtml，2020-07-09.

主要国家通胀加剧，货币政策大幅转向。逆全球化趋势抬头，单边主义、保护主义、霸权主义对世界和平与发展构成威胁。地缘冲突加剧，俄乌冲突所带来的全球原油供给紧张局面加剧了供给恢复的难度和不确定性。国内方面，我国经济发展仍面临三重压力，金融风险防范压力加大。新冠肺炎疫情发生以来实体经济下行可能带来的违约风险推动银行不良资产规模增加。同时，随着资管新规过渡期结束，理财回表，部分非标产品存在风险点，或对银行业整体不良率造成影响，房地产市场存量风险及潜在信用风险仍不可小觑。当前我国亟须重新审视资产管理行业的发展，要进一步从制度建设和机制完善的角度为行业发展创造更好的外部环境，更好地发挥资产管理行业在优化资源配置及提升直接融资比重上的重要作用。具体来看，当前行业发展仍面临六个方面的挑战。

（一）资产管理业务监管仍以机构监管为主，统一的功能监管尚未实现

资产管理业务配套细则仍由各监管机构分别制定，具体执行以机构监管为主，统一的功能监管尚未实现。监管套利未完全消除，甚至可能形成新的风险隐患。资管新规提出"按照产品类型而不是机构类型实施功能监管"，但目前对于资管领域的监管虽然在规制上基本实现了统一，但配套细则仍由各监管机构分别制定，具体执行仍以机构监管为主，因而对不同行业主体的监管尺度和细则还存在差异，监管套利未完全消除。例如，银行理财子公司所依据的银行理财产品监管规定与公募基金面临的制度仍是

两套规则体系，双方在同类产品上的注册、报备流程、审核标准不完全一致，投资范围、审慎监管指标和税收规定也不完全一致。

部分资产管理机构的转型还不彻底，叠加复杂的市场环境可能形成新的风险隐患。例如，银行理财产品虽然基本实现净值化，但仍缺乏全行业具备操作性的产品会计及估值细则，大部分产品仍以绝对收益作为业绩比较基准，形成事实上的黏性兑付，若市场发生反向变化，可能引发挤兑效应。此外，银行理财子公司与母行的隔离仍不够彻底，主要依赖母行渠道发行，并被纳入母行统一风险管理体系。

（二）资管新规监管范围尚不完整，仍存在监管盲区

资管新规着重于资产管理业务的规范，而没有将财富管理顾问纳入规范，也没有将私募投资基金纳入调整范围，仍然存在监管盲区。一方面，资管新规重在规范资产管理业务板块，基本没有涉足财富管理业务板块的内容。随着市场发展和专业化分工进一步深化，财富管理业务越发独立，在财富管理市场中的重要作用日益凸显。资管新规如果长期不能覆盖财富管理业务，难免成为"跛脚鸭"。另一方面，资管新规没有将私募基金纳入调整范围。当前，私募基金的规模和重要性已经超过部分持牌金融机构的资产管理业务。将私募基金排除在资管新规的政策之外，既不利于私募基金发挥功能作用，也可能导致私募基金长期游离在监管之外，形成新的风险爆发点。

（三）资管新规的法律层级较低，执法与立法相对不严格

由于资管新规的立法层级为部门规范性文件，监管立法和执法的随意性空间较大。

虽然资管新规的政策规格高，但法规层级就是部门规范性文件。根据《中华人民共和国立法法》，资管新规无法设立行政许可，行政处罚的最大金额受到限制，监管立法和执法的随意性空间较大，实施效果难以得到有效和长久的法制保障。目前，新《证券法》和《证券投资基金法》是直接融资体系和资产管理业务的制度基石。在资产管理业务的规则体系以两部法律和资管新规为基础进行整合后，亟须不断总结资管新规在实践中的经验，夯实资产管理业务的法制基础，从而彻底走出"由乱而治，由治再乱"的负循环，推动资产管理行业持续健康发展。

（四）国际国内面临的挑战需要资产管理行业提升竞争力

当前国内外金融环境持续变化，受经济全球化和国内市场一体化影响，资本市场面临更庞大的市场布局、更激烈的市场竞争和更多元的市场风险，亟须提高资产管理行业在全球"大资管"中的竞争力。

一方面，资产管理机构要主动顺应"大资管"时代的发展趋势，融合经济运行周期、行业发展前景，找准自身定位，更好地抵御经济下行风险。当前全球经济政治格局加速动荡，极端事件频发，外围世界变化剧烈，对我国资本市场形成较大冲击，投资者投资谨慎性加强。在当前的市场不确定性面前，资产管理机构

更应当加强投资风险管理，平衡产品创新和风险防范，进一步丰富稳健收益理财产品种类。

另一方面，新时代的大市场、大格局意味着资产管理机构必然走向专业化、细分化，塑造核心竞争力。资产管理机构应该在掌握投融资基础业务能力的同时，主动进行模式创新，谋求差异化发展，塑造自身核心竞争力。资产管理机构要继续做好主动识别新金融业态和商业模式，积极拓展优质资产的功课，在激烈的市场竞争中不断提升专业能力和竞争力。

（五）中国式现代化建设对资产管理行业提出更高要求

中国式现代化是全体人民共同富裕的现代化，资产管理行业、财富管理行业作为联结实体经济与居民财富的重要桥梁，是提升居民财产性收入、优化社会资源配置的重要主体。从服务国家战略的要求出发，当前资产管理行业的发展还存在一系列不足之处。

第一，从资产管理产品体系来看，发展模式存在同质化、产品体系单一等问题。[1] 在资管新规实施后，资产管理机构普遍更加注重加强产品的竞争力，但各类机构无论是在组合投资产品的选择方面，还是在组合期限的选择等方面都存在明显的扎堆现象，过分受市场热点影响，如近年来公募基金出现的抱团投资、量化私募基金交易策略雷同带来的交易拥挤等现象频现。资产管

---

[1] 资料来源于中国财富管理50人论坛发布的《共同富裕时代资产管理行业的新使命和新征程——"资管新规"四周年回顾与展望》。

理机构根据客户的个性化需求提供服务的能力仍相对不足。

第二，从产品总量来看，普惠金融产品总量供给仍难以满足居民财富总量的增长需求。[①] 截至 2021 年，中国居民财富总量近 700 万亿元，位居全球第二。2006—2020 年，中国个人持有的可投资资产总规模由 25.6 万亿元增长至 241 万亿元，年复合增速达 17.4%。在共同富裕的背景下，大众客群基数庞大，对财富总量的贡献不容忽视。根据麦肯锡财富数据库，2015—2020 年个人金融资产小于 25 万美元的大众客户，持有金融资产总量的 60%~65%，但适合普惠市场的银行理财和公募基金仅占居民财富总量的 6.24%，资产管理行业亟须进一步提升产品创设及金融服务供给能力，更好地满足居民日渐增长的理财需求。

第三，从产品收益率来看，资产管理机构的稳定创利能力有待进一步提升。2018—2022 年，银行理财与公募基金年均向投资人贡献收益分别为 10 322 亿元、7 292 亿元，平均年化投资收益率分别为 4.01%、4.56%，成为推进社会共同富裕的重要力量。但从整体来看，当前资产管理行业的发展仍存在"基金赚钱，基民不赚钱"、持续稳健收益产品较少等现象。以公募基金为例，全市场以及各类型基金投资人实现的收益率都显著低于公募基金名义收益率。2017—2021 年，包含货币市场基金在内的公募基金时间加权的净值年化收益率高达 9.34%，而投资人实际获得收益的份额加权年化收益率仅为 2.92%，甚至低于同时期银行理财 1.09 个百分点。2018—2022 年，我国 CPI 及 GDP 平减指数年化增速分别为 2.0%、2.78%，公募基金实际收益率基本与通货膨胀

---

① 参见普益标准《中国财富管理市场报告（2022）》。

率持平，未体现出保值增值的配置价值。该现象导致广大投资者未能跟随公募基金行业的成长而获得相应收益，从而影响共同富裕目标的实现。

一是从市场微观结构的角度来看，公募基金及销售机构的规模驱动型发展模式产生不恰当的激励，导致投资者频繁交易，助推投资者追涨杀跌的投机行为。二是投资人需要时间来消化资管新规的净值化效应，净值波动常态化需要更加专业的买方投顾去引导和培育投资人的价值投资理念。三是不同类型资产管理产品之间的风险一致性偏高，市场容易出现在较好年份各类资产管理产品都盈利、在较差年份各类资产管理产品都亏损的情况，资产管理机构为投资者稳定创利的能力还相对较弱，投资者的获得感还有待进一步提升。

第四，从产品投向来看，资产管理机构、财富管理机构对于以股权融资为主的创新型企业支持力度不足。中小企业普遍具有"轻资产，高风险"的特点，与传统信贷业务的风险收益模式要求不匹配。而在初创型科技企业中这一问题尤其突出，其产品研发所面临的技术、市场不确定性更加复杂，在融资过程中也面临更多的知识产权评估难、质押难等问题，实践中股权融资基本成为其主要的融资渠道。但在资管新规实施后，主要资产管理机构对企业的股权融资占比均明显下降。公募基金受资管新规的影响较小，过去几年管理规模年化增速保持在 15% 以上，但作为传统以股票投研为主的资产管理机构，权益型基金占比基本不变，债券型基金占比由 13.53% 快速提升至 27.23%，年化规模增速超 30%。随着资管新规的逐步推进，银行及银行理财体系向股权投资市场注入的资金逐渐减少，国内 PE 基金及 VC 基金规模增速开始回落。我国 PE 基金、VC 基金管理规模增速由 2017 年的 67.4%一路回落至 2021 年的 13.7%，资管新规在起到治理金融乱象问题的同时，也使 VC 等创投机构过去潜在金融风险较大的募资方式面临转型，创新型企业的融资便利性受到结构性冲击。

（六）缓释金融机构系统性风险方面仍须进一步发挥积极作用

一方面，资产管理行业存在投资策略同质化、风险承担同向化等问题。资产管理、财富管理行业的核心功能之一，在于将风险通过不同投资策略、不同资金属性的资产管理机构与投资者，借由交易、组合管理、结构化分解、再平衡等方式，在全社会加以分散。但目前中国资本市场仍缺乏不同方向的交易对手方，存在投资策略同质化、风险承担同向化等问题，风险并没有通过不同交易方向的对手予以对冲，基础资产的市场波动反而会加大风险共振，形成风险正反馈，在某种程度上并没有起到缓释金融机构系统性风险的作用，因此资产管理机构、财富管理机构的投资策略丰富度、投资标的多样性、投资偏好等须进一步提升。

另一方面，高杠杆是宏观金融脆弱性的总根源，[1]部分高杠杆资产管理产品仍面临隐患。近年来，虽然影子银行治理成效显著，但是部分资产管理产品结构复杂，杠杆率水平高，隐藏的风险依然较大，资产管理机构、财富管理机构仍应在防范和处置系统性金融风险中积极努力。商业银行应进一步加强对表内非标资

---

[1] 人民日报.易纲：建设现代中央银行制度［EB/OL］. https://www.gov.cn/xinwen/2020-12/24/content_5572899.htm, 2020-12-24.

产投资风险的管理，以不低于表内贷款的标准进行资产分类和计提拨备，防止部分高杠杆企业借助非持牌机构登记发行所谓的"融资计划"获得资金，穿透后实质为企业的自融安排。资产管理机构也应避免借助各种名为金融创新、实为逃避监管的金融活动，衍生出影子银行的新变种，严格控制杠杆率水平，避免影子银行风险反弹回潮。①

---

① 市场资讯.银保监会副主席梁涛在2022青岛·中国财富论坛发表演讲［EB/OL］. https://finance.sina.com.cn/hy/hyjz/2022-07-30/doc-imizirav6032797.shtml, 2022-07-30.

第三章

法规篇

《中华人民共和国信托法》(以下简称《信托法》)、《证券法》、《证券投资基金法》、《私募条例》和资管新规，共同构成了我国资产管理行业的顶层规则框架。在此基础上，中国银保监会、中国证监会等金融监管部门以及基金业协会等自律组织进一步制定了部门规章、规范性文件以及自律规则，从而形成了我国资产管理行业完整的规则体系。

　　资产管理业务是指资产管理机构接受投资者委托，对受托的投资者财产进行投资和管理的金融服务。从资产管理业务的展业来看，资产管理业务可分为管理、托管、销售、登记结算等多个业务板块，共同构成资产管理的完整业务链条。资产管理机构、托管机构、销售机构以及其他行政外包服务机构依托各自资源禀赋，从事资产管理业务全链条中的一个或多个业务类型，共同构成资产管理行业的完整生态。

　　当前我国资产管理行业已经形成百花齐放、百家争鸣的大市场，市场参与主体非常丰富，并发行和管理了各类产品，满足了市场不同主体的投融资需求。但由于我国金融监管领域长期以来是以机构监管为主的监管实践，资产管理行业也分属不同的监管条线，因此条线间的监管理念和监管标准存在差异。自2018年资管新规发布以来，整个资产管理行业朝着"受人之托，代客理财"的大方向演进，相关监管标准也逐渐靠拢和统一，为资产管理行业的长远发展筑牢了地基。

一、当前两大监管条线资产管理业务开展情况

第一，证监体系资产管理业务：一是证券公司、基金管理公司、期货公司及前述机构依法设立的从事私募资产管理业务的子公司管理的资产管理计划（私募）；二是公募基金管理人管理的公募基金（公募）；三是在基金业协会登记的私募基金管理人管理的私募基金（私募）。

第二，中国银保监会体系资产管理业务：一是商业银行及其理财子公司管理的理财产品（公募和私募）；二是保险资产管理公司管理的保险资产管理产品（私募）；三是信托公司管理的资金信托计划（私募）。

这些机构在开展资产管理业务时，需要遵循相关法律法规及监管规则，受限于我国目前资产管理业务尚未实现完全的功能监管，因此基于监管部门的不同，不同类型资产管理业务受到的监管政策存在一定的差异。

在证监体系内，公募基金是唯一的公募资产管理业务，当前公募基金业务以基金公司为主，但包括证券公司资产管理子公司、保险资产管理公司等在内的资产管理机构在取得公募基金管理业务资格后，同样可以发行和管理公募基金。各类资产管理计

划为私募产品，总体而言，证券公司、基金管理公司、期货公司及前述机构依法设立的从事私募资产管理业务的子公司开展的资产管理计划，由于受中国证监会的直接和统一监管，因此各环节的监管政策和标准基本上都是相同的。

相较于前述业务类型，对于在基金业协会登记的私募基金管理人及其所管理的私募基金而言，虽然受中国证监会的监督管理，但更加依托基金业协会的自律管理。当前私募基金根据投资对象的不同，可以分为私募证券投资基金、私募股权投资基金（含创业投资基金）、私募资产配置类投资基金和其他私募投资基金，并以私募证券投资基金和私募股权投资基金为发展主线。而从规则趋势来看，私募证券投资基金的监管政策在不断向中国证监会监管体系下的私募资产管理计划靠拢。例如，2023年4月基金业协会发布了《私募证券投资基金运作指引（征求意见稿）》，已经呈现出私募证券投资基金向私募资产管理计划的监管规则进一步趋同的趋势。相比而言，私募股权投资基金，尤其是创业投资基金，直接投向实体企业增量股权，较好地支持了实体经济，因此可以享受差异化监管政策，与私募证券投资基金的监管政策之间存在较大差异。国务院于2023年7月9日发布的《私募条例》，设置了专章对创业投资基金进行了特别规定。

在中国银保监会体系内，公募理财产品是唯一的公募资产管理业务，适用较为独立的监管政策体系。而出于历史原因，私募产品中的私募理财产品、保险资产管理产品、资金信托计划具有各自的监管政策，且政策差异相对较大。

为了更好地对我国资产管理业务的监管体系进行分析，本章以理财产品、资金信托计划、公募基金、资产管理计划、保险资产管理产品、私募投资基金为研究对象，按照开展资产管理业务所需要遵循的一般规律拆分为若干环节，对同一环节上跨监管部门、跨资产管理产品的主要监管政策进行横向对比，以更好地揭示其中的异同，为后续统一监管提供参考。考虑到实际情况，我们将监管环节分为主体监管和业务监管两部分，对于托管等既涉及主体也涉及业务的环节，合并在主体环节中进行梳理。

二、当前资产管理业务各环节监管政策情况

（一）主体监管法规

1. 管理人

（1）理财产品

截至 2023 年 6 月，理财产品的管理人共分为三类，包括商业银行、商业银行理财子公司、合资理财公司（以下简称合资理财公司，与商业银行理财子公司合称为理财公司）。根据银行业理财登记托管中心发布的《中国银行业理财市场年度报告（2022年）》，截至 2022 年底，全国共有 278 家银行机构和 29 家理财公司有存续的理财产品，共存续产品达 3.47 万只，存续规模为 27.65 万亿元。

在主体监管规则方面，为进一步落实资管新规资产管理业务公司制改革要求，2018 年中国银保监会发布《商业银行理财子公司管理办法》，明确规定理财公司的组织形式、命名规则、准入条件、审批程序、变更和终止事项等；2020 年中国银保监会发布《关于推动银行业和保险业高质量发展的指导意见》，明确提出允

许境外资产管理机构与中资银行或保险公司的子公司合资设立由外方控股的理财公司。在净资本管理方面，2019年中国银保监会发布《商业银行理财子公司净资本管理办法（试行）》，从监管指标等方面对理财公司净资本管理进行规范。在内部控制管理方面，2022年中国银保监会发布《理财公司内部控制管理办法》，推动理财公司依法合规经营和持续稳健运行。

（2）资金信托计划

2007年中国银监会颁布新的《信托公司治理指引》《信托公司管理办法》，明确信托公司注册资本最低限额为3亿元，不得开展同业拆借业务以外的其他负债业务。2017年以来中国银保监会相继开展信托公司"三三四十"专项治理和现场检查、推动信托登记系统上线运行、加大重点业务领域窗口指导和风险防控力度并通过现场检查、监管评级、政策引导等方式强化信托公司转型等，同时还发布《信托公司监管评级办法》《信托登记管理办法》《信托公司受托责任尽职指引》《信托公司股权管理暂行办法》等监管规则，规范信托行业运行。

（3）公募基金

除了公募基金管理公司，可以担任公募基金管理人的机构，还包括获得公募基金管理业务资格的其他资产管理机构，如证券公司资产管理子公司、保险资产管理公司、商业银行理财子公司等。中国证监会在2022年5月发布的《公开募集证券投资基金管理人监督管理办法》通过"准入—内控—经营—治理—退出—监管"全链条完善了公募基金管理人监管要求，突出了放管结合的推进原则，建立了完善的风险管控、制衡监督和激励约束机制。同时，在基金管理公司的内控治理、人员管理、风险控制、合规管理等方面，也有相应的规范政策，包括《证券投资基金管理公司治理准则（试行）》《证券基金经营机构董事、监事、高级管理人员及从业人员监督管理办法》《基金管理公司风险管理指引（试行）》《证券公司和证券投资基金管理公司合规管理办法》等。

（4）私募资产管理计划

证券期货经营机构私募资产管理计划的管理人，包括证券公司、基金管理公司、期货公司及前述机构依法设立的从事私募资产管理业务的子公司。中国证监会在2018年10月发布的《证券期货经营机构私募资产管理业务管理办法》《证券期货经营机构私募资产管理计划运作管理规定》对证券期货经营机构私募资产管理业务进行了全链条的监管覆盖，包括但不限于对业务资格取得、业务形式、销售募集、投资运作、风险管理、估值核算、信息披露、产品变更终止与清算，以及证券期货经营机构私募资产管理业务风险管理与内部控制等事项进行了全面规范。

（5）保险资产管理产品

中国银保监会于2022年7月28日发布了修订后的《保险资产管理公司管理规定》，《保险资产管理公司管理规定》是保险资产管理公司开展业务的主要制度依据。《保险资产管理公司管理规定》取消外资股东股比限制，调整保险集团（控股）公司、保险公司持股比例要求至50%，不再对外资股东做出单独限制，统一了内外资股东的法律适用。同时，《保险资产管理公司管理规定》新设公司治理专章对保险资产管理公司的公司治理做出了详细规定，包括股东及实际控制人的禁止行为，建立与股东之间有效的风险隔离机制以及业务和客户关键信息隔离制度，董事会、监事（会）制度，董事会对经营管理人员的考核，专门委员会的设置，独立董事制度，首席风险管理执行官的设立、更换和职责，董监高的兼职管理，长效激励约束机制和薪酬递延机制等。此外，《保险资产管理公司管理规定》进一步允许保险资管公司设立理财、公募基金、私募基金、不动产、基础设施等从事资产管理业务或与资产管理业务相关的子公司。

（6）私募投资基金

基金业协会备案的私募投资基金的管理人须是在基金业协会登记的私募基金管理人。私募基金管理人须遵循专业化经营原则，主营业务清晰，基金投资活动与私募基金管理人登记类型须保持一致，除另有规定外，不得兼营或者变相兼营多种类型的私募基金管理业务。私募基金管理人的类型主要包括，私募证券投资基金管理人、私募股权/创业投资基金管理人、其他私募投资基金管理人，以及私募资产配置类管理人。与之对应，除了基金业协会另行允许，前述私募基金管理人须分别对应专营私募证券投资基金、私募股权/创业投资基金、其他私募投资基金，以及私募资产配置基金。私募投资基金的主要监管规则体系包括：国务院于2023年7月9日发布的《私募投资基金监督管理条例》；证监会于2014年8月发布的《私募投资基金监督管理暂行办法》，2020年12月发布的《关于加强私募投资基金监管的若干规定》；基金业协会于2023年2月发布的《私募投资基金登记备案办法》《私募基金管理人登记指引》。在此基础上，基金业协会从私募基金管理人登记、私募基金备案、私募基金募集、运作与管理、信息披露、从业人员管理、会员管理等多方面分别出台了配套自律规则。

2. 托管人

（1）理财产品

根据《商业银行理财业务监督管理办法》的规定，理财产品的托管机构应为具有证券投资基金托管业务资格的金融机构、银行业理财登记托管机构或者国务院银行业监督管理机构认可的其他机构。理财产品的托管人，是指获得证监体系的证券投资基金托管业务资格的机构，目前主要由商业银行和证券公司组成，但从实际情况来看，当前绝大部分的理财产品都托管在商业银行，且托管银行一般为本行（如为商业银行管理的理财产品）或关联方银行（如为理财公司管理的理财产品）。例如，由商业银行担任理财产品的托管人，还须遵守中国银保监会发布的《商业银行表外业务风险管理办法》以及中国银行业协会发布的《商业银行资产托管业务指引》。此外，中国银保监会于2022年12月29日发布《商业银行托管业务监督管理办法（征求意见稿）》，但目前尚未公布正式稿。

（2）资金信托计划

根据《信托公司集合资金信托计划管理办法》第十九条规定，集合资金信托计划的资金实行保管制。对非现金类的信托财产，信托当事人可约定实行第三方保管，但中国银保监会另有规定的除外。在信托计划存续期间，信托公司应当选择经营稳健的商业银行担任保管人；对于单一资金信托计划的托管要求，目前暂无明确监管规定要求。

（3）公募基金

《证券投资基金法》明确了双受托制，即基金托管人与基金管理人同为受托人，依照《证券投资基金法》和基金合同的约定，履行受托职责。基金托管人的受托职责包括投资运作的监督、基金财产的安全保管及账户管理，并覆盖清算交割、资料保管、信息披露、净值审查等方面。2020年7月，中国证监会和中国银保监会联合修订发布《证券投资基金托管业务管理办法》，统一了商业银行与其他金融机构准入标准与监管要求，并对托管机构的准入资质要求、托管职责的履行规范、托管业务内部控制等进行了规定。为加大风险防控力度，目前的监管规则要求申请基金托管资格机构的净资产不低于200亿元以确保其抗风险能力，同时强调了基金托管业务的集中统一管理要求，禁止以承包、转委托等方式开展基金托管业务。

（4）私募资产管理计划

私募资产管理计划主要遵循2018年10月中国证监会发布的《证券期货经营机构私募资产管理业务管理办法》进行管理，该办法规定，证券期货经营机构应将受托财产交由依法取得基金托管资格的托管机构实施独立托管，即私募资产管理计划的托管人要求与公募基金托管人要求相同。此外，《证券期货经营机构私募资产管理计划运作管理规定》规定，不进行非标资产投资的单一资产管理计划可以不聘请托管机构进行托管，但应在资产管理合同中明确保障资产管理计划资产安全的制度措施和纠纷解决机制。

（5）保险资产管理产品

根据《保险资产管理公司管理规定》的规定，保险资产管理公司开展资产管理业务应建立资产托管机制，并由委托人或保险资产管理公司聘任符合中国银保监会监管规定的商业银行或者其他专业机构作为托管人，但目前暂无明确的监管规定。

（6）私募投资基金

《私募投资基金监督管理暂行办法》规定，私募投资基金可以不托管，但"应当在基金合同中明确保障私募基金财产安全的制度措施和纠纷解决机制"。具体到私募投资基金备案实践中，基金业协会通过发布《私募投资基金备案须知》等方式，对特定类型的私募投资基金要求强制进行托管，主要包括：一是契约型私募投资基金应当托管，基金合同约定设置能够切实履行安全保管基金财产职责的基金份额持有人大会日常机构或基金受托人委员会等制度安排的除外；二是私募资产配置基金托管；三是私募投资基金通过公司、合伙企业等特殊目的载体间接投资底层资产的，应当托管。私募投资基金的基金托管人应当由依法设立并取得基金托管资格的托管人担任，并严格履行《证券投资基金法》第三章规定的法定职责，不得通过合同约定免除其法定职责。

3. 销售机构

（1）理财产品

2021年5月27日，中国银保监会发布《理财公司理财产品销售管理暂行办法》（以下简称《销售管理办法》），在《销售管理办法》落地前，理财公司主要沿用商业银行关于理财、代销的相关监管规则。《销售管理办法》落地，进一步明确了适用机构范围、增加年度报告机制、完善禁止性规定、实施销售专区并实现产品隔离、区分理财信息登记时间和材料要求、设置《销售管理办法》实施过渡期等。《销售管理办法》更详尽地规范了理财公司销售或代销理财产品业务，解决了此前理财产品销售规定和监管规则的全面性、适用性不完备问题。《销售管理办法》明确了理财产品销售机构的持牌要求，并在《商业银行理财子公司管理办法》列举的代理销售机构范围的基础上，增加了其他理财公司作为代理销售机构。此外，理财产品销售机构不得以理财名义或使用"理财"字样开展其他金融产品销售业务活动。理财产品销售机构从事理财产品销售业务应至少符合《销售管理办法》的八项条件，如财务状况、自有渠道（营业网点或电子渠道）、系统设施、制度机制、监管指标等。

（2）资金信托计划

根据《信托公司集合资金信托计划管理办法》第十六条规定，信托公司可委托商业银行代为向合格投资者推介信托计划。2008年12月4日，中国银监会发布《银行与信托公司业务合作指引》，该指引集中规范了银信合作的各类业务，要求银行及信托公司遵照执行，其中明确了信托公司委托商业银行代为推介信托计划的相关要求以及双方的风险界限；该指引指出商业银行的推介内容不应超过信托文件约定，不得夸大宣传，应充分揭示风险，提示信托投资风险自担原则；商业银行受信托公司委托代为推介信托计划，不承担信托计划的投资风险。

（3）公募基金

除了基金管理人直销渠道，《证券投资基金法》将其他基金销售机构归入基金服务机构的范畴，要求从事基金服务业务的机构应当按照中国证监会的规定进行注册或者备案，并在提供基金服务的过程中恪尽职守，履行诚实信用、谨慎勤勉的义务。2020年8月，中国证监会发布的《公开募集证券投资基金销售机构监督管理办法》明确规定，基金销售机构须经中国证监会或者其派出机构注册，除了商业银行、证券公司、期货公司、保险公司、保险经纪公司、保险代理公司、证券投资咨询机构可申请基金销售业务资格，还可设立专门的独立基金销售机构，专业从事公募基金及私募证券投资基金销售业务。《公开募集证券投资基金销售机构监督管理办法》对销售机构的资质准入、业务规范、内部控制与风险管理等进行了规范。同时，在基金销售所涉适当性管理、宣传推介、费用收取、资金结算等方面也有专门的规范文件，包括《证券期货投资者适当性管理办法》《公开募集证券投资基金宣传推介材料管理暂行规定》《开放式证券投资基金销售费用管理规定》《证券投资基金销售结算资金管理暂行规定》等。

（4）私募资产管理计划

《证券期货经营机构私募资产管理业务管理办法》规定，证券期货经营机构既可以自行销售私募资产管理计划，也可以委托具有公募基金销售资格的机构销售或者推介私募资产管理计划。在此基础上，基于私募资产管理计划的私募属性，证券期货经营机构私募资产管理计划应以非公开方式向合格投资者募集，并严格遵守销售适当性，严格禁止销售错配。

（5）保险资产管理产品

目前，监管部门暂未发布适用于保险资产管理产品销售的专项监管规定，保险资产管理产品的销售要求主要适用《保险资产管理产品管理暂行办法》（以下简称《产品办法》）。根据《产品办法》第二十六条规定，保险资产管理机构可以自行销售保险资产管理产品，也可以委托符合条件的金融机构以及中国银保监会认可的其他机构代理销售保险资产管理产品。《产品办法》就销售机构需要承担的义务和责任也做出明确的规定，包括销售机构应当履行说明义务、反洗钱义务等；应当承担投资者适当性审查、产品推介和合格投资者确认等相关责任。从实践情况来看，目前保险资产管理产品主要采用自行销售的方式，基本上不存在委托第三方机构代理销售的情况。

（6）私募投资基金

除自行募集外，2016年2月基金业协会发布的《私募投资基金管理人内部控制指引》规定，私募基金管理人可以委托获得中国证监会基金销售业务资格，且成为基金业协会会员的机构募集私募投资基金。基于私募投资基金的私募属性，私募投资基金同样应当以非公开方式向合格投资者募集，并遵守销售适当性的相关要求。此外，基金业协会对于私募投资基金的销售流程进行了更加细致的规定，除了证券期货经营机构私募资产管理计划也需要履行的特定对象确定、投资者适当性匹配、基金风险揭示、合格投资者确认，还特别要求设置投资冷静期程序，规定需要给投资者设置不少于24小时的投资冷静期，募集机构在投资冷静期内不得主动联系投资者。此外，私募投资基金还规定了投资前回访确认程序，虽然目前该程序尚未要求必须执行，但如果私募基金募集机构在基金合同中设置了回访确认程序，募集机构则应当在投资冷静期满后，指令本机构从事基金销售推介业务以外的人员以录音电话、电邮、信函等适当方式进行投资回访，投资者在募集机构回访确认成功前有权解除基金合同。

4. 投资顾问业务

资产管理行业存在两种不同含义的投资顾问业务：一种是服务于资产管理产品、为资产管理产品的管理人提供投资建议的投资顾问业务；另一种则是服务于投资者、为客户购买资产管理产品提供投资建议的财富管理业务。

（1）服务于资产管理产品管理人的投资顾问业务

根据《商业银行理财业务监督管理办法》《商业银行理财子公司管理办法》的规定，商业银行或理财公司既可以为理财产品委托相关持牌金融机构作为理财产品的投资顾问，理财公司还可以为理财产品委托符合条件的私募基金管理人作为投资顾问。在持牌金融机构或私募基金管理人作为理财产品投资顾问的情况下，《商业银行理财业务监督管理办法》第四十八条强调，理财产品管理人聘请理财产品投资顾问的，应当审查投资顾问的投资建议，不得由投资顾问直接执行投资指令。

《信托公司证券投资信托业务操作指引》第二十一条规定，"信托文件事先另有约定的，信托公司可以聘请第三方为证券投资信托业务提供投资顾问服务，但投资顾问不得代为实施投资决策"。根据前述规定，信托公司在发行证券投资类信托产品时可以聘请投资顾问，虽然未明确就投资顾问可提供的服务做出界定，但该等规定明确要求投资顾问不得代为实施投资决策。

根据《产品办法》的规定，保险资产管理机构开展保险资产管理产品业务，可以依照有关法律、行政法规以及中国银保监会的规定，聘请符合监管要求的专业服务机构为产品提供投资顾问等专业服务。同时，投资顾问不得承担投资决策职责，不得直接执行投资指令，不得以任何方式承诺保本保收益。

根据《证券期货经营机构私募资产管理业务管理办法》的规定，证券期货经营机构开展私募资产管理业务，为更好地满足资产管理计划投资配置需求，可以聘请符合中国证监会规定条件并接受国务院金融监督管理机构监管的机构为其提供投资顾问服务。证券期货经营机构依法应当承担的责任不因聘请投资顾问而免除。根据《证券期货经营机构私募资产管理计划运作管理规定》的规定，资产管理计划的投资顾问应当为依法可以从事资产管理业务的证券期货经营机构、商业银行资产管理机构、保险资产管理机构以及中国证监会认可的其他金融机构，或者满足一定条件的私募证券投资基金管理人。

（2）服务于资产管理产品投资者的投资顾问业务

2019年10月，中国证监会下发《关于做好公开募集证券投资基金投资顾问业务试点工作的通知》，正式开启了公募基金投资顾问业务试点，截至2023年3月底，共有60家机构被纳入试点，主要包括基金公司、证券公司、基金销售机构、商业银行等（但截至目前，获得试点资格的商业银行均未实质开展投资顾问业务）。2020年4月，中国证监会发布《证券基金投资咨询业务管理办法（征求意见稿）》，要求从事基金投资顾问业务的机构依法经中国证监会注册，同时明确申请相关资格的机构自身须满足净资产不低于1亿元等条件，股东须满足包括财务状况、合规情况在内的一定条件，高级管理人员及从业人员须符合一定的专业工作经验及人数条件。2023年6月，中国证监会发布《公开募集证券投资基金投资顾问业务管理规定（征求意见稿）》，对基金投资顾问业务全周期进行了细致规范，该征求意见稿的落地将预示着基金投资顾问业务从试点转为常态化。

值得注意的是，无论是面向个人投资者的投资顾问，还是面向机构的投资顾问，现行的政策通常都要求投资顾问的服务提供方（即投顾机构）向投资者承担信义义务。即面向金融机构提供投资顾问业务的机构，除了要遵循投顾机构和金融机构之间的合同约定，还要向金融机构的投资者（以个人投资者为主）承担信义义务。

建议应当厘清和区分相关概念，只在面向个人提供的投资顾问业务中，投顾机构才需要向投资者履行信义义务；而面向机构的投资顾问业务中，投顾机构和金融机构是商事合同关系，投顾机构只需要遵守合同约定向金融机构负责即可，而无须向金融机构的投资者履行信义义务。《证券投资基金法》（2015年修正）第一百零一条明确规定，"基金管理人可以委托基金服务机构代为办理基金的份额登记、核算、估值、投资顾问等事项，基金托管人可以委托基金服务机构代为办理基金的核算、估值、复核等事项，但基金管理人、基金托管人依法应当承担的责任不因委托而免除"，即基金管理人将投资顾问业务委托给了第三方投顾机构，信义义务只能是基金管理人和托管人向投资者履行，而不能是第三方的投顾机构。

5. 自律组织和从业人员

目前，除了理财业务，其他细分资产管理行业的自律组织主要根据监管体系进行分类，相关从业人员也按照行业属性，加入各自行业协会或遵守相关自律组织发布的自律规范。

（1）中国银行业协会

区别于《证券法》《证券投资基金法》设专章分别对应当加入中国证券业协会和证券投资基金行业协会的机构类型，以及该等行业协会的职责等事项进行明确规定，现行法律并未对中国银行业协会的会员单位、协会职责等进行明确规定。2022年12

月 30 日，中国银行业协会发布《中国银行业理财业务自律规范》《理财产品业绩比较基准展示行为准则》，前者除了适用于中国银行业协会和地方银行业协会（同业公会）的全体会员单位，还适用于经过监管部门批准开展理财业务或销售理财产品的银行业金融机构，包括但不限于商业银行和理财公司。在从业人员管理方面，中国银行业协会组织了银行业专业人员职业资格考试，资产管理和财富管理领域开展高级财富管理师等培训考试工作。

（2）基金业协会

根据《证券投资基金法》关于"基金行业协会是证券投资基金行业的自律性组织，是社会团体法人。基金管理人、基金托管人应当加入基金行业协会，基金服务机构可以加入基金行业协会"的规定，基金业协会于 2012 年 6 月成立。作为一个基金行业相关机构自愿结成的全国性、行业性、非营利性社会组织，基金业协会的会员包括公募基金管理人、私募基金管理人、基金托管人、基金销售机构、基金评价机构及其他资产管理机构、相关服务机构等。基金业协会负责制定公募基金、私募资产管理计划、私募投资基金等相关的行业自律规则，负责组织基金从业人员资格考试、资质管理和业务培训，负责私募证券投资基金的登记备案程序等。

（3）中国保险资产管理业协会、上海保险交易所股份有限公司、中保保险资产登记交易系统有限公司

《产品办法》第九条规定，中国保险资产管理业协会、上海保险交易所股份有限公司、中保保险资产登记交易系统有限公司依照法律、行政法规以及中国银保监会的规定，对保险资产管理机构开展保险资产管理产品业务实施自律管理。相对于其他非保

险市场的金融监管框架,《产品办法》明确了针对保险资产管理产品进行自律管理的机构。在实践中,前述三个机构已经实际承担保险资产管理行业监督管理的自律管理职责,如中国保险资产管理业协会承担着债权投资计划和股权投资计划的注册审核职能;而上海保险交易所股份有限公司和中保保险资产登记交易系统有限公司,作为保险资产管理产品的资产登记交易平台,对保险资产管理产品的交易登记和信息披露等事项进行自律管理。

(二)业务监管法规

1. 产品登记注册或备案

(1)理财产品

根据《销售管理办法》,理财产品相关情况应及时在全国银行业理财信息登记系统进行登记和更新。根据《商业银行理财子公司管理办法》第三十五条规定,理财公司发行理财产品的,应当在全国银行业理财信息登记系统对理财产品进行集中登记。银行理财子公司不得发行未在全国银行业理财信息登记系统进行登记并获得登记编码的理财产品。根据中国银监会发布的《关于进一步做好全国银行业理财信息登记系统运行工作有关事项的通知》,未经电子化登记的理财产品不得发售。目前,该系统主要由银行业理财登记托管中心负责运营,除了登记,该中心还负责理财托管结算、风险监测与分析等工作。

(2)资金信托计划

根据《信托登记管理办法》的规定,中国信托登记有限责任公司接受信托机构提出的信托登记申请,依法办理信托登记业务。信托机构应当在集合资金信托计划发行日5个工作日前，或者在单一资金信托和财产权信托成立日2个工作日前申请办理信托产品预登记，并在中国信托登记有限责任公司取得唯一产品编码；信托机构应当在信托成立或者生效后10个工作日内申请办理信托产品及其受益权初始登记。

（3）公募基金

公募基金须由基金管理人向中国证监会申请注册，经准予注册后，方可发售基金份额；基金募集前，原注册事项发生实质变化的，需要重新提交注册申请。如果基金没有在收到准予注册文件之日起六个月内进行募集的，则需要向证监会进行延期募集备案。基金募集达到基金备案条件的，在基金管理人办理完毕基金备案手续并取得证监会书面确认之日起，基金合同生效。基金份额登记机构通常由基金管理人担任，部分场内基金如ETF、LOF（上市开放式基金）等则由中国证券登记结算有限责任公司受基金管理人委托担任登记机构。所有基金的登记数据，包括基金份额持有人名称、身份信息及基金份额明细等在内的数据，均须在中国证券登记结算有限责任公司进行备份。

（4）私募资产管理计划

根据基金业协会《证券期货经营机构私募资产管理计划备案管理办法》的规定，证券期货经营机构私募基金管理计划应当在基金业协会进行备案，但基金业协会接受备案不代表基金业协会对产品的合规性、投资价值及投资风险做出保证和判断。值得关注的是，证券期货经营机构私募资产管理计划在完成基金业协会备案前，不得开展投资活动，以现金管理为目的，投资于银行活期存款、国债、中央银行票据、政策性金融债券、地方政府债券、货币市场基金等中国证监会认可的投资品种除外。

（5）保险资产管理产品

根据《产品办法》，保险资产管理机构开展保险资产管理产品业务，应当在上海保险交易所股份有限公司、中保保险资产登记交易系统有限公司等中国银保监会认可的资产登记交易平台进行发行、登记、托管、交易、结算、信息披露等。

（6）私募投资基金

按照《私募投资基金登记备案办法》的规定，私募基金管理人应当自私募基金募集完毕之日起20个工作日内办理备案手续，同时申明基金业协会办理登记备案不表明对私募基金管理人的投资能力、风控合规和持续经营情况做出实质性判断，不作为对私募基金财产安全和投资者收益的保证，也不表明协会对登记备案材料的真实性、准确性、完整性做出保证。值得关注的是，在私募基金完成备案前，也仅可以现金管理为目的，投资于银行活期存款、国债、中央银行票据、货币市场基金等中国证监会认可的现金管理工具。

2. 产品投资运作

（1）理财产品

根据《商业银行理财业务监督管理办法》《商业银行理财子公司管理办法》的规定，公募理财产品面向全部投资者公开发行，可以投资于国债、地方政府债券、中央银行票据、政府机构债券、金融债券、银行存款、大额存单、同业存单、公司信用类债券、在银行间市场和证券交易所市场发行的资产支持证券、公募证券投资基金、其他债权类资产、权益类资产以及国务院银行业监督管理机构认可的其他资产。其中,理财公司发行公募理财产品的,应当主要投资于标准化债权类资产以及上市交易的股票。

需要注意的是,现金管理类理财产品仅可投资货币市场工具;理财产品存在多项投资限制或禁止方面的监管要求,包括但不限于面向非机构投资者发行的理财产品不得直接或间接投资不良资产、不良资产支持证券;不得直接或间接投资未经金融监管部门许可设立、不持有金融牌照机构发行的产品或管理的资产;所投资的资产管理产品不得再投资公募基金之外的其他资产管理产品;理财公司发行的公募理财产品不得投资未上市企业股权。在集中度方面,每只公募理财产品持有单只证券或单只公募证券投资基金的市值不得超过该理财产品净资产的10%;全部公募理财产品持有单只股票证券或单只公募证券投资基金的市值,不得超过该证券市值或该公募证券投资基金市值的30%;全部理财产品持有单一上市公司发行的股票,不得超过该上市公司可流通股票的30%。在杠杆率水平方面,开放式公募理财产品不得超过140%,封闭式公募理财产品和私募理财产品不得超过200%,每只现金管理类产品的杠杆率水平不得超过120%(发生巨额赎回、连续3个交易日累计赎回20%以上或者连续5个交易日累计赎回30%以上的情形除外)。在流动性方面,中国银保监会于2021年12月10日发布《理财公司理财产品流动性风险管理办法》,对理财产品流动性管控重点进行了明确与规范。

(2)资金信托计划

根据《信托公司集合资金信托计划管理办法》的规定,信托资金可以进行组合运用,组合运用应有明确的运用范围和投资比例。信托公司运用信托资金进行证券投资，应当采用资产组合的方式，事先制定投资比例和投资策略，采取有效措施防范风险。信托公司可以运用债权、股权、物权及其他可行方式运用信托资金。信托公司运用信托资金，应当与信托计划文件约定的投资方向和投资策略相一致。信托公司集合信托业务可以套期保值和套利为目的参与股指期货交易。信托公司单一信托业务可以套期保值、套利和投机为目的开展股指期货交易。在投资限制或禁止方面，资金信托计划不得直接投资商业银行信贷资产，结构化集合资金信托计划不得参与股指期货交易。

（3）公募基金

根据《证券投资基金法》的规定，公募基金投资范围限于上市交易的股票、债券以及中国证监会规定的其他证券及其衍生品种。除了上市交易的股票、债券，中国证监会陆续通过各类规范性文件允许公募基金投资股指期货、国债期货、股票期权、港股通标的股票、信用衍生品等。根据《公开募集证券投资基金运作管理办法》，按照股票、债券、货币市场工具的投资比例，公募基金被分为股票型基金、债券型基金、货币市场基金等类别。同时，还有FOF、QDII（合格境内机构投资者）、LOF、ETF、MOM（管理人中管理人）等根据投资安排、运作方式等被进行特殊规范的品种。公募基金的"双十规定"意味着严格的投资集中度限制，以及公募基金分散投资风险的内核，同时避免了大量持有而操纵市场的潜在风险。除了140%的红线控制开放式基金杠杆水平、5%的头寸以确保应对赎回流动性，包括股指期货、国债期货在内的特殊投资品种的投资比例、投资策略等均有相应的限制。2017年，中国证监会发布了《公开募集开放式证券投资基金流动性风险管理规定》，从内部控制、产品设计、投资交易限制、申赎管理、信息披露等角度对公募基金流动性风险的管控进行了严格约束。

（4）私募资产管理计划

按照《证券期货经营机构私募资产管理业务管理办法》《证券期货经营机构私募资产管理计划运作管理规定》的规定，证券期货经营机构私募资产管理计划的投资范围，包括银行存款、同业存单、标准化债权类资产、标准化股权类资产、标准化期货和衍生品类资产、非标准化资产以及资产管理产品等。其中，基金管理公司管理的私募资产管理计划不得投资非标准化资产（底层投资标准化资产的资产管理产品除外）。除了最近两期分类评价为A类AA级的期货公司及其子公司，其他期货公司及其子公司管理的私募资产管理计划也不得投资非标准化资产。证券公司从事私募资产管理业务投资未上市企业股权的，应当通过设立专门的私募投资基金管理子公司等进行。

在杠杆比例方面，除了中国证监会认可情形，私募资产管理计划的总资产不得超过该计划净资产的200%，分级资产管理计划的总资产不得超过该计划净资产的140%；私募资产管理计划投资同一发行人及其关联方发行债券的比例超过其净资产50%的，该资产管理计划的总资产不得超过其净资产的120%。

在集中度方面，除了中国证监会认可情形，证券期货经营机构私募资产管理计划须遵循三个集中度要求。一是，集合私募资产管理计划须遵循"双25%"的集中度限制，即一个集合资产管理计划投资于同一资产的资金不得超过该计划资产净值的25%，同一证券期货经营机构管理的全部集合资产管理计划投资于同一资产的资金不得超过该资产的25%；二是，同一证券期货经营机构管理的全部资产管理计划及公募基金合计持有单一上市公司发行的股票不得超过该上市公司可流通股票的30%；三是，同一证券期货经营机构管理的全部资产管理计划投资于非标准化债权类资产的资金不得超过其管理的全部资产管理计划净资产的35%。

（5）保险资产管理产品

根据《产品办法》的规定，保险资产管理产品可以投资国债、地方政府债券、中央银行票据、政府机构债券、金融债券、银行存款、大额存单、同业存单、公司信用类债券，在银行间债券市场或者证券交易所市场等经国务院同意设立的、交易市场发行的证券化产品，公募证券投资基金、其他债权类资产、权益类资产和中国银保监会认可的其他资产。

值得注意的是，基于保险资金运用监管政策和风险管控要求考虑，《产品办法》要求保险资金投资的保险资产管理产品，其投资范围应当严格遵守保险资金运用的监管规定，在一定程度上避免了保险资金通过保险资产管理产品进行监管套利。在限制方面，保险资产管理产品不得直接投资商业银行信贷资产，同一保险资产管理机构管理的全部组合类产品投资非标准化债权类资产的余额，在任何时点不得超过其管理的全部组合类产品净资产的35%。

（6）私募投资基金

根据《私募投资基金监督管理暂行办法》的规定，私募投资基金的投资范围包括股票、股权、债券、期货、期权、基金份额及基金合同约定的其他投资标的。基于私募基金管理人专业化经营原则，除基金业协会另有许可外，私募基金管理人只可备案与其自身已登记业务类型相符的私募基金。即私募证券投资基金须主要投资证券及其衍生品种，私募股权/创业投资基金须主要投资未上市企业股权以及基金业协会认可的其他品种，其他类私募投资基金须主要投资除证券及其衍生品和股权以外的其他领域资产，私募资产配置基金主要采用FOF的投资方式，将80%以上的已投基金资产投资其他资产管理产品。在杠杆比例方面，每只私募投资基金的总资产不得超过该基金净资产的200%，分级私募投资基金的总资产不得超过该基金净资产的140%。

3. 产品估值

（1）理财产品

根据《商业银行理财业务监督管理办法》的规定，商业银行和理财公司开展理财业务，应当按照《企业会计准则》和资管新规等关于金融工具估值核算的相关规定，确认和计量理财产品的净值。在现金管理类理财产品资产净值能够公允地反映投资组合价值的前提下，可采用摊余成本法对持有的投资组合进行会计核算。截至目前，理财业务暂无体系化的估值监管规则，中国银行业协会于2019年8月发布《商业银行理财产品核算估值指引（征求意见稿）》，明确了理财产品估值的整体原则、程序及估值技术，该征求意见稿将金融资产分为三类，分别是标准化投资品（包含标准化债权类资产、上市股票等）、非标准化债权类资产及非上市企业股权。截至2024年2月，中国银行业协会暂未发布该征求意见稿的正式稿。2020年12月30日，中国银保监会和财政部联合发布《关于进一步贯彻落实新金融工具相关会计准则的通知》，明确理财产品于2022年1月1日起执行新金融工具准则。

（2）资金信托计划

截至目前，资金信托业务暂无体系化的估值监管规则。在遵循资管新规、《企业会计准则》及相关监管规定的前提下，监管部门对资金信托计划估值的原则和方法暂无明确的要求或指引。

（3）公募基金

基金管理人在确定相关金融资产和金融负债的公允价值时，应符合《企业会计准则》，以及2017年9月中国证监会发布的《关于证券投资基金估值业务的指导意见》、2022年12月基金业协会发布的《关于固定收益品种的估值处理标准》等规范性文件。公募基金在进行估值的过程中，对于存在活跃市场且能够获取相同资产或负债报价的投资品种，原则上使用该等报价进行估值；对于不存在活跃市场的投资品种，则采用具有足够信息支持的适当估值技术确定公允价值。2020年7月，中国证监会发布了《公开募集证券投资基金侧袋机制指引（试行）》，侧袋机制是一种流动性风险管理工具，目的是避免开放式基金持有风险资产期间因申赎公平性等问题损害投资者利益的情况；侧袋机制的启动设置了严格的程序，一旦启动，侧袋账户的份额权利将受限制，而基金管理人也不得就侧袋中的特定资产收取管理人报酬。

（4）私募资产管理计划

《证券期货经营机构私募资产管理计划运作管理规定》规定，资产管理计划应当按照《企业会计准则》、资管新规，以及中国证监会关于资产管理计划对金融工具进行核算与估值的规定、资产管理计划净值计价及风险控制要求，确认和计量资产管理计划净值。此外，公募基金的估值规范，在证券期货经营机构私募资产管理计划的估值实践也会相应参照。

（5）保险资产管理产品

根据《产品办法》的规定，保险资产管理产品应当按照《企业会计准则》和资管新规等关于金融工具核算与估值的相关规定，确认和计量产品净值。2020年4月，中国保险资产管理业协会发布《保险资产管理产品估值指引（试行）》，并于2020年7月1日正式实施。该指引从细则角度落实资管新规、《产品办法》等文件对保险资产管理产品实行净值化管理的要求，提升产品估值和净值计量规范。具体来看，保险资产管理产品主要是指，保险资产管理机构设立的债权投资计划、股权投资计划、组合类保险资产管理产品，该指引分别就上述三类产品的估值规范做出了详细说明。

（6）私募股权投资基金

2018年3月，基金业协会发布了《私募投资基金非上市股权投资估值指引（试行）》，该指引对估值原则和估值方法进行了明确，其中，估值方法包括市场法、收益法、成本法等。此外，公募基金的估值规范，在私募投资基金的估值实践也会相应参照。

4. 流动性管理

（1）理财产品

根据2021年12月中国银保监会发布的《理财公司理财产品流动性风险管理办法》的规定，在管理责任端，理财公司承担理财产品流动性风险管理的主体责任。具体而言，在组织架构方面，理财公司应建立组织健全、职责清晰、有效制衡、激励约束合理的理财产品流动性风险管理治理结构；在制度建设方面，理财公司应建立健全投资者集中度管理等方面的理财产品流动性风险管理制度并进行定期评估；在人员责任方面，理财公司应明确流动性风险管理的相关责任承担机制；在合作机构管理方面，理财公司应采取有效措施加强理财投资合作机构、理财产品代销机构等合作机构的管理，确保各方合作行为持续满足理财产品流动性风险管理需要。

在理财产品设计端，《理财公司理财产品流动性风险管理办法》要求理财公司在产品设计阶段，综合评估投资策略、投资范围、投资资产流动性、投资限制、销售渠道、投资者类型与风险偏好、投资者结构，审慎确定开放式、封闭式等产品运作方式，合理设计认购和赎回安排，制定相应的流动性风险应对措施。

在理财产品投资端，《理财公司理财产品流动性风险管理办法》要求理财产品持续做好低流动性资产、流动性受限资产和高流动性资产的投资管理，提高资产流动性与产品运作方式的匹配程度；要求理财公司持续监测理财产品流动性风险，审慎评估产品所投资各类资产的估值计价和变现能力，充分考虑声誉风险、信用风险、市场风险、交易对手风险等的可能影响，并提前做出应对安排。

在理财产品运营端，《理财公司理财产品流动性风险管理办法》要求理财公司加强理财产品认购、赎回管理，合理控制投资者集中度，审慎分析评估大额认购申请，依照法律法规及理财产品合同的约定，合理运用理财产品流动性管理措施。

（2）资金信托计划

截至目前，监管部门暂未发布对于资金信托计划流动性风险管理的专项监管规定。根据资管新规的规定，金融机构应合理确定资产管理产品所投资资产的期限，加强对期限错配的流动性风险管理，金融监督管理部门应制定流动性风险管理规定。在中国银保监会于 2020 年 5 月 8 日发布的《信托公司资金信托管理暂行办法（征求意见稿）》中，开放式资金信托所投资资产的流动性应与投资者赎回需求相匹配，确保持有足够的现金、活期存款、国债、中央银行票据、政策性金融债券等具有良好流动性的资产，并要求信托公司制定和实施各类资金信托业务的风险管理政策和程序，有效识别、监测和控制资金信托的流动性风险等各类风险。截至目前，监管部门暂未发布《信托公司资金信托管理暂行办法（征求意见稿）》的正式稿。

（3）公募基金

2017 年 8 月，中国证监会发布了《公开募集开放式证券投资基金流动性风险管理规定》，首次系统地以部门规范性文件的形式对开放式公募基金的流动性风险管理提出底线性要求。在基金管理人层面，要求建立覆盖所有开放式基金的压力测试体系，保证流动性风险管理部门、岗位与人员的独立性，落实流动性风险管理的具体责任主体；在基金投资交易层面，强调组合投资、分散风险的基本要求，完善基金持股集中度限制，规范流动性受限资产的投资比例限制，同时强化了逆回购交易的风险管理；在基金运营管理层面，要求进行投资者集中度管理，根据可变现资产评估情况进行赎回管控。公募基金的流动性风险管控工具包括延期办理巨额赎回申请、暂停接受赎回申请、延缓支付赎回款项、暂停基金估值、收取短期赎回费、摆动定价等，可由基金管理人经与基金托管人协商后进行运用。

（4）私募资产管理计划

在《证券期货经营机构私募资产管理计划运作管理规定》中，视私募资产管理计划的不同开放期频率而提出不同的流动性要求，对于全部资产投资标准化资产的集合私募资产管理计划和中国证监会认可的其他私募资产管理计划，可以按照合同约定每季度多次开放，但其主动投资流动性受限资产的市值在开放退出期内合计不得超过该私募资产管理计划资产净值的20%；对于前述私募资产管理计划且每个交易日开放的，其投资范围、投资比例、投资限制、参与和退出管理应当比照适用公募基金投资运作有关规则；证券期货经营机构应当确保集合私募资产管理计划开放退出期内，其资产组合中7个工作日可变现资产的价值，不低于该计划资产净值的10%。此外，在确保投资者得到公平对待的前提下，管理人可以依照法律、行政法规、中国证监会规定以及合同约定，采取延期办理巨额退出申请、暂停接受退出申请、延缓支付退出款项、收取短期赎回费，或者采取中国证监会认可的其他流动性管理措施。

（5）保险资产管理产品

根据《产品办法》的规定，保险资产管理机构应当建立全面覆盖、全程监控、全员参与的风险管理组织体系和运行机制，通过管理系统和稽核审计等手段，分类、识别、量化和评估保险资产管理产品的流动性风险、市场风险和信用风险等，有效管控和应对风险。保险资产管理机构董事会负责定期审查和评价业务管理情况。

（6）私募投资基金

相较于公募基金、私募资产管理计划，私募投资基金流动性的相关规定较简略。《私募投资基金登记备案办法》规定，私募投资基金触发巨额赎回且不能满足赎回要求的，或者投资金额占基金净资产50%以上的项目不能正常退出，私募基金管理人应当在10个工作日内向基金业协会报告。

5. 信息披露

（1）理财产品

在信息披露方面，理财产品信息披露主要遵循资管新规、《商业银行理财业务监督管理办法》《商业银行理财子公司管理办法》等监管规则。其中，《商业银行理财业务监督管理办法》重新规范了理财产品的信息披露规则，对于信息披露的信息类型、披露方式、披露时间都进行了规定，通过及时、准确、完整的信息披露，对理财产品管理人进行有效约束。但截至目前，尚未有专门针对理财行业的信息披露制度规范。由于理财公司成立时间较晚，行业内缺少统一披露标准，目前各理财产品管理人的报告披露形式、格式尚不统一，存在披露口径不统一、披露途径不统一、披露内容过于宽泛、披露表述专业性强等问题。

（2）资金信托计划

根据《信托公司集合资金信托计划管理办法》的规定，信托公司应按季度制作《信托资金管理报告》，并在信托计划终止后向委托人和受益人汇报。保管人一般应在信托计划成立至信托计划终止期间，在每一个自然年度结束后的1个月内向受托人出具当年的《信托财产保管报告》，主要报告内容包括但不限于保管人履行保管和监督资金运用的情况。但截至目前，尚未有专门针对资金信托行业的信息披露制度规范。

（3）公募基金

《证券投资基金法》将基金管理人、基金托管人明确为基金信息披露义务人，并对信息披露的时间、方式、内容、禁止行为进行了重点规定。2019年7月，中国证监会发布了《公开募集证券投资基金信息披露管理办法》，强调了公募基金信息披露的真实性、准确性、完整性、及时性、简明性和易得性原则，在对包括基金募集信息披露、基金运作信息披露、基金临时信息披露进行规范的同时，建立了基金产品资料概要制度、对投资决策有重大影响信息的提示告知机制等。披露基金信息的规定网站包括基金管理人网站、基金托管人网站、证监会电子化信息披露平台，证监会电子化信息披露平台集中展示基金的募集信息、运作信息及临时信息等，无偿向投资者提供基金信息披露服务。为统一规范公募基金信息披露电子化数据规范及过程，中国证监会和中国人民银行于2023年1月发布了《公开募集证券投资基金信息披露电子化规范》，在相关方之间搭建了规范高效的数据桥梁。

（4）私募资产管理计划

《证券期货经营机构私募资产管理业务管理办法》《证券期货经营机构私募资产管理计划运作管理规定》对证券期货经营机构私募资产管理业务的信息披露事项进行了相应规范，明确管理人、托管人、销售机构和其他信息披露义务人的信息披露职责，要求应当依法披露私募资产管理计划信息，保证所披露信息的真实性、准确性、完整性、及时性，确保投资者能够按照资产管理合同约定的时间和方式查阅或者复制所披露的信息资料，包括但不限于应当披露的信息类型、信息披露的禁止行为、管理人的信息披露管理要求等。

（5）保险资产管理产品

根据《产品办法》的规定，保险资产管理机构应当按照中国银保监会的有关规定，向投资者主动、真实、准确、完整、及时地披露产品募集情况、资金投向、收益分配、托管安排、投资账户信息和主要投资风险等内容。在披露频率上，至少每季度向投资者披露产品净值和其他重要信息。此外，在发生可能对投资者决策或者利益产生实质性影响的重大事项时，保险资产管理机构应及时向投资者披露，并向中国银保监会及其指定机构报告。根据《组合类保险资产管理产品实施细则》的规定，在组合类保险资产管理产品运作期间，保险资产管理机构应当按照以下要求，向投资者充分披露产品相关信息，具体要求包括封闭式产品的净值披露频率不低于每周一次，开放式产品的净值披露频率不低于产品开放频率；按照产品合同约定披露销售文件、发行公告、到期公告和清算结果；定期披露组合类产品的季度、半年度和年度报告等；根据《债权投资计划实施细则》的规定，保险资产管理机构管理债权投资计划，除按照《保险资金间接投资基础设施项目管理办法》第八章规定披露信息外，还应当定期披露经审计的融资主体和担保人年度财务报告、债权投资计划涉及的关联交易和专业服务机构履行职责等情况。在债权投资计划存续期间发生异常、重大或突发等风险事件或可能影响债权投资计划安全的其他事件，保险资产管理机构应当立即采取有效措施，启动风险处置预案，并在5个工作日内向受益人、独立监督人等相关当事人和中国银保监会、注册机构履行信息披露或报告义务；根据《股权投资计划实施细则》的规定，在股权投资计划运作期间，保险资产管理机构应当按照监管规定以及合同约定向投资者及时、充分披露股权投资计划发行设立、投资、管理、估值、收益分配、重大事项和风险事件等情况，以及可能影响投资者权益的其他信息。

（6）私募投资基金

2016年2月，基金业协会发布的《私募投资基金信息披露管理办法》对私募投资基金信息披露相关事项进行了全面规范，明确了私募基金管理人、私募基金托管人以及其他信息披露义务人的信息披露职责，要求依法披露私募资产管理计划信息，保证披露信息的真实性、准确性、完整性，包括但不限于明确信息披露义务人应向投资者披露的信息类型、信息披露的禁止行为、私募基金募集及运作期的信息披露，以及信息披露的事务管理等事项。

第四章

资产配置与投资篇

如何在保持我国宏观杠杆率水平基本稳定，甚至略有下降的前提下，满足我国实体经济在高质量发展阶段的合意融资需求，是我国金融体系需要承担的重要历史使命。所谓合意融资就是融资的期限要求（流动性要求）和资金用途限制与实体经济的需求相匹配。近年来，随着我国人口结构和财富状况的变化、城镇化速度和空间的下降、传统制造业产能的饱和，以及环境保护要求的日益迫切等，我国经济正在从过去投资驱动型的粗放发展模式，向创新和技术驱动的先进制造业和高端服务业转型。在高质量发展阶段，企业创新过程中技术及商业模式的迭代和淘汰频率高，融资企业在短期内往往难以形成符合银行授信管理要求的稳健财务结构或高效抵质押资产，因此，需要金融体系通过风险投资、PE投资等多层次股权融资和长期高收益债券等，向实体企业提供长期资本和与项目生命周期相匹配的合意资金。财富管理市场在破除影子银行风险、真正实现净值化转型后，投资者和资产管理产品所提供的债务融资和股权融资在本质上是直接融资。直接融资的特点是不派生新的货币，且可以通过融资工具在一、二级市场的交易互动，通过市场快速形成合理价格水平和识别投资价值。并且，通过直接匹配投资者的多样化风险偏好与企业融资的流动性要求和资金用途需求，有助于弥补因商业银行的风险偏好与股权、高收益债融资等不兼容而形成的融资缺口。此外，通过发展 REITs 等资产化产品与财富管理市场相对接，还可释放银行存量信贷资源，调整银行信贷结构向符合条件的新经济主体倾斜。

因此，财富管理市场在我国高质量发展阶段，应承担起向创新型经济主体提供股权融资和长期债券等合意资金，加速存量资产证券化的历史使命。

一、当前各类资产管理业务的资产配置情况

资产配置情况能够直观地反映各类资产管理业务的运行逻辑和功能属性。通过对各类资产管理业务的资产配置情况进行比较和分析，可以比较客观、真实地检查各类资产管理业务在落实资管新规、回归资产管理本源的情况，以及在提高直接融资比重、促进资本形成方面的作用。

（一）银行理财

资管新规实施以来，银行理财在规模上稳中有升，2022 年总规模达 27.65 万亿元，在"大资管"的各类型中始终保持规模第一。同时，在银行理财资产配置结构上出现相应变化。一是非标债权的配置比例不断压降，从 2018 年的 23.2% 一路下降至 2022 年的 6.5%；二是债券配置比例相应提升，从 2018 年的

49%提高至2022年的63.68%;三是存款和同业市场配置比例提升,从2018年的11.2%提高至2022年的23.2%;四是权益类资产配置比例反而不断下降,从2018年的12.3%一路下降至2022年的3.10%(见表4-1)。

表4-1 银行理财资产配置情况

(单位:%)

类别	2018年	2019年	2020年	2021年	2022年
固收类资产	72.20	77.30	79.30	76.80	70.18
其中:债券	49.00	59.80	64.30	68.40	63.68
非标债权	23.20	17.50	15.00	8.40	6.50
存款及拆放同业	11.20	12.30	12.70	15.30	23.20
公募基金	3.60	2.30	2.80	4.00	2.70
权益类资产	12.30	7.40	4.80	3.30	3.10
其他	0.01	0.01	0.40	0.60	0.70

资料来源:《中国银行业理财市场年度报告》历年数据。

从表4-1的数据可以看出,在资管新规实施四年后,银行理财的资产配置结构仍然以债权类资产为主,虽然非标债权类资产得到压缩,但固收类资产和同业类资产配置比例一直在90%左右。此外,银行理财在2022年6月底持有各类资产管理产品规模为12.17万亿元,[①]占总投资资产的比例为38.26%,虽然较资管新规发布时降低8.92个百分点,但从绝对金额上来看并没有明显下降。仅从资产配置情况来看,银行理财业务的资产管理业

---

① 参见《中国银行业理财市场半年报告(2022年上)》,统计口径为公募之外的各类资产管理产品;不含私募基金、协议委外类资产。

务属性并不突出,促进权益资本(股本)形成的功能较薄弱,反而与银行的表内资产结构和银行信贷功能高度相似。

(二)公募基金

2018—2022年,公募基金的管理规模从12.68万亿元增长至26.03万亿元,[①]四年间规模翻倍,是资管新规的最大受益者。在资管新规打破刚性兑付后,资产管理产品的扭曲的风险收益曲线向收益与风险相匹配的市场回归。公募基金作为制度最规范、最符合资产管理业务本源的资产管理产品类型,在公平的竞争中不断扩大市场份额。

从资产配置结构来看,公募基金股票配置比例大幅提升(见表4-2),从2018年的11.38%提高到2022年的22.13%,增加4.63万亿元,总规模达6.20万亿元。公募基金债券配置比例相对保持稳定,2018年底的比例为49.4%,2022年为50.79%,规模从6.8万亿元增长到14.23万亿元。公募基金配置债券的增速与公募基金规模的增速保持同步。公募基金配置现金类资产的比例则有所下降,从2018年的26.14%下降到2022年的16.49%,但资产配置规模保持稳中有升,从3.6万亿元增长至4.62万亿元。现金类资产在配置结构中下降比例与权益类增加的比例相当。

公募基金整体资产配置结构的风险偏好明显上升,这一方面说明打破刚性兑付后,有较高风险偏好的投资资金选择了股票基金和混合基金;另一方面说明注册制改革释放了资本市场证券供

---

① 参见《中国基金报》。

表 4-2 公募基金资产配置情况

类别	2018年 规模(万亿元)	2018年 占比(%)	2019年 规模(万亿元)	2019年 占比(%)	2020年 规模(万亿元)	2020年 占比(%)	2021年 规模(万亿元)	2021年 占比(%)	2022年 规模(万亿元)	2022年 占比(%)
股票	1.57	11.38	2.58	16.78	5.30	24.94	7.03	25.64	6.20	22.13
其中：A股	1.47	10.69	2.44	15.91	4.86	22.86	6.44	23.49	5.98	20.63
债券	6.80	49.40	7.39	48.12	9.51	44.74	12.86	46.94	14.23	50.79
基金	0.01	0.09	0.03	0.20	0.08	0.38	0.18	0.66	0.18	0.65
权证	0	0	0	0	0	0	0	0	0	0
现金	3.60	26.14	3.51	22.86	3.79	17.82	4.77	17.40	4.62	16.49
其他资产	1.79	13.00	1.85	12.04	2.58	12.12	2.56	9.36	2.78	9.94
资产净值	12.68	92.19	14.15	92.12	19.45	91.51	24.90	90.88	25.37	90.59
资产总值	13.76	100.00	15.36	100.00	21.26	100.00	27.40	100.00	28.01	100.00

资料来源：Wind。

给端的活力，大量创新、创业企业成为上市公司。资管新规和注册制改革两大政策效果形成共振，使公募基金股票配置规模的增长与上市公司数量增加形成了良好互动，改革达到了预期目标。

同时，也要看到无论是在绝对规模和相对比例上，还是在公募基金持股市值占股市市值的比例上，公募基金的权益资产配置都低于发达资本市场。近年来，公募股票基金在发展过程中，还出现了炒作"明星基金经理""赛道轮换"等现象，股票交易换手率相对较高，距离成为股市"压舱石""定盘星"还有较大差距。

2018—2022 年，债券在公募基金资产配置中维持高位，债券基金和货币市场基金的占比也一直超过 50%（2022 年底，7.66 万亿元债券基金和 10.45 万亿元货币市场基金占公募基金总规模 25.75 万亿元的 70.33%）。债券基金和货币市场基金相对权益基金形成规模优势，既有市场需求的因素，也有政策套利的因素。定开债券基金和货币市场基金可以使用摊余成本法，同业存单基金和混合估值基金受投资范围和估值技术等因素影响净值表现稳定，同时结合公募基金的分红免缴企业所得税等优惠政策，银行资金、证券公司自营等套利资金相对集中在这个领域。

（三）证券期货经营机构私募资产管理业务

证券期货经营机构私募资产管理业务主要是指，中国证监会监管的证券公司及其子公司、基金公司及其子公司、期货公司及其子公司发行的私募资产管理计划。这类资产管理产品在资管新规实施前是银行资金出表的重要通道，是资产管理产品层层嵌套的主要工具。2012 年，证券期货经营机构私募资产管理业务几乎从零起步，到2016年，管理规模发展到33.46万亿元的峰值。

在资管新规实施后，证券期货经营机构私募资产管理业务是中国证监会的重点整改对象，规模从2018年底的23.10万亿元逐年下降。2019年底为19.51万亿元，2020年底为16.83万亿元，2021年底为15.98万亿元，2022年底为14.31万亿元。

从资产配置结构来看，虽然私募资产管理业务的规模不断压降，但对各类资产的配置比例总体保持稳定，债权和收益权类资产的配置比例始终保持在60%以上（见表4-3）。

表4-3 证券期货经营机构私募资产管理计划资产配置情况

（单位：%）

类别	2019年	2020年	2021年
债权和收益权类资产	63.72	60.24	63.72
股权类资产	8.73	11.91	11.74
公募基金	2.36	3.92	5.00
各类资产管理产品	15.00	12.45	6.94
货币类资产	6.14	8.00	10.00
其他	4.00	3.00	2.00

资料来源：《中国证券投资基金业年报》历年数据。

从证券期货经营机构私募资产管理业务的资金来源来看，2021年底，在私募资产管理业务来源中，银行理财资金占比为49.07%，银行自有资金为18.51%，企业出资为15.51%，各类资管计划（不含银行理财）出资为7.73%。《中国证券投资基金业年报》中资金来源的数据与《中国银行业理财市场年度报告》资产配置的数据基本吻合。证券期货经营机构私募资产管理业务的资产配置与银行理财的资产配置有重复，而且配置结构与银行理财基本一致。

结合资金来源和资产配置结构，证券期货经营机构私募资产管理业务仍然是银行理财和银行资金重要的配置工具。从实践的情况来看，证券期货经营机构私募资产管理业务的主体部分没有完全摆脱"通道"性质，资产管理业务的主动性不突出，银行理财和银行在资金投向和资产估值等方面占据主导话语权。

（四）保险资金

资管新规实施以来，保险资金运用规模呈稳步上升态势，2018年底为16.40万亿元，2019年底为18.53万亿元，2020年底为21.70万亿元，2021年底为23.23万亿元，2022年底为25.05万亿元（见表4-4）。

表4-4 保险资金运用资产配置情况

类别	2021年 规模（万亿元）	2021年 占比（%）	2022年 规模（万亿元）	2022年 占比（%）
银行存款	2.62	11.28	2.83	11.32
债券	9.07	39.04	10.25	40.93
股票和证券投资基金	2.95	12.70	3.18	12.71
其他	8.59	36.98	8.78	35.05
合计	23.23	100.00	25.05	100.00

资料来源：中国保险资产管理业协会。

资金来源决定资金运用。保险的功能是风险互助，资金运用需要根据精算进行大类资产配置。"保险姓保"，保险回归风险保障功能是近年来保险监管部门的主要任务。在保险行业保费收入结构和险种类型保持稳定的情况下，除非风险情况和精算模型出现变化，保险资金运用必须根据精算结果保持相应配置比例，保险公司主动大幅调整资产配置结构的空间不大。要提高保险资金的权益资金配置比例，需要保险公司不断丰富保险品种，提升对各类风险的保险覆盖率。同时，保险资产管理机构应该利用管理保险资金积累的投资经验和能力，积极向保险系统外部拓展客户，成为更加独立运作的资产管理机构。

（五）资金信托

根据信托业协会的统计分类，按照委托物区分，信托分为财产信托和资金信托。资金信托是银信合作的工具，大量银行资金通过资金信托出表，投向银行表内信贷资金受限的领域。资管新规实施后，资金信托是重点整改对象，规模不断压降，从2018年的18.94万亿元减少至2022年的15.03万亿元（见表4-5）。[①]

在资产配置结构方面，2018—2020年，资金信托直接以信托贷款等非标债权方式投向非金融业企业（基础产业、房地产、工商企业）的比例一直维持在60%左右，2021—2022年分别下降到50.72%和44.74%；规模从2018年的11.12万亿元减少至2022年的6.72万亿元。资金信托是基建和房地产业的重要资金来源。这类业务普遍属于先确定融资项目、再募集资金的融资类信托，具有投资业务融资化的特征。2021年起，在"房住不炒"等宏观政策的调控下，资产规模压降幅度增加，2022年配置比例降至18.74%。资金信托不断压降，这不仅使依靠资金信托的

---

① 数据来源于信托业协会。

房地产业的主要资金链条难以维系，还导致资金信托本身不断发生"违约爆雷"等风险事件。

资金信托中投向标准化证券的比重不断提升，从 2018 年的 2.2 万亿元、占比 11.59%，提高到 2022 年的 4.36 万亿元、占比 28.99%。但证券投资类的资金信托，大部分只是为"阳光私募"提供产品通道，而不是制定投资策略并实施投资管理的主体（见表 4-5）。

（六）私募投资基金

私募投资基金并不直接执行资管新规，而是参照执行。从私募投资基金规模的变化情况来看，资管新规执行以来，私募投资基金规模显著上升，总规模超 20 万亿元，与保险资产管理行业相当，超过了中国证监会监管的证券期货经营机构私募资产管理业务的规模。私募投资基金的重要性越发突出。

从资产配置情况来看，私募投资基金在促进权益资本形成方面发挥了较大的作用（见表 4-6）。截至 2022 年第三季度末，私募基金持有股票市值达 3.26 万亿元，占 A 股流通市值的 5.1%。新增股权投资为 8 219 亿元，相当于公开市场股权融资总量的 76%、同期社会融资规模增量的 3%；在投股权项目本金为 8.05 万亿元，同比增长 9.5%。在创业投资基金新增投资中，前五大投资行业均为战略新兴行业，合计项目数量和本金占比均超过 70%，半导体投资增长尤为突出。实行注册制以来，在科创板、创业板、北交所新上市公司中，私募基金支持率分别为 89%、57%、100%。[①]

---

① 参见基金业协会《2022 年私募基金登记备案综述》。

表 4-5 资金信托资产配置情况

类别	2018 年 规模（万亿元）	2018 年 占比（%）	2019 年 规模（万亿元）	2019 年 占比（%）	2020 年 规模（万亿元）	2020 年 占比（%）	2021 年 规模（万亿元）	2021 年 占比（%）	2022 年 规模（万亿元）	2022 年 占比（%）
基础产业	2.76	14.59	2.82	15.72	2.47	15.13	1.69	11.25	1.59	10.60
房地产	2.69	14.18	2.70	15.07	2.28	13.97	1.76	11.74	1.22	8.14
股票	0.53	2.79	0.50	2.81	0.54	3.28	0.72	4.82	0.67	4.43
基金	0.25	1.30	0.22	1.23	0.23	1.44	0.28	1.86	0.26	1.73
债券	1.42	7.50	1.23	6.88	1.49	9.15	2.35	15.68	3.43	22.83
金融机构	3.03	15.99	2.50	13.96	1.98	12.17	1.87	12.44	2.01	13.39
工商企业	5.67	29.90	5.49	30.60	4.96	30.41	4.16	27.73	3.91	26.00
其他	2.60	13.74	2.46	13.72	2.36	14.45	2.17	14.47	1.94	12.88
合计	18.94	100.00	17.94	100.00	16.31	100.00	15.01	100.00	15.03	100.00

资料来源：信托业协会。

表 4-6　私募投资基金规模和资产配置情况

（单位：万亿元）

类别	2018年	2019年	2020年	2021年	2022年
	2.24	2.45	3.77	6.12	5.56
其中：持有股票	0.58	1.03	1.97	2.84	—
私募股权投资基金	8.60	9.74	11.06	12.78	13.77
其中：未上市股权	—	—	4.83	5.44	—
私募其他类投资基金	1.94	1.55	1.15	0.85	0.70
私募投资基金合计	12.78	13.74	15.97	19.76	20.03

资料来源：《中国证券投资基金业年报》历年数据。

二、资产配置业务面临的主要问题

长期以来，我国财富管理市场的资产配置存在实物资产占比高、存款类资产占比高、权益类资产占比低等突出问题，且此类问题自资管新规施行以来没有取得根本性的改善。

（一）从居民资产配置情况来看，存在实物资产占比过高、证券化程度低、权益资产占比偏低和养老金积累不足等问题

在中国居民资产配置中，房地产等实物资产的比重过高，资产组合证券化程度低，流动性差。截至2021年底，中国居民实物资产占总财富的比重高达69.3%，其中房地产所占比重尤为突出，全国住房市值达476万亿元。金融资产占比达30.7%，随着金融创新深化和直接融资比重提升，2005—2021年居民持有的金融资产占比上升了5个百分点，但仍偏低，2020年全球、北美、西欧、亚洲（不包括日本）的金融资产在总资产中的比重分

别为 48%、28%、55% 和 64%。[①] 这表明中国居民持有资产的证券化程度低，流动性差。

在中国居民持有的金融资产中，现金及存款等高活性资产的占比近半，而养老金和保险等长期资产的占比偏低。截至 2021 年底，在中国居民金融资产配置中，现金及存款的占比仍高达 49%，高于主要发达国家平均水平，而养老金和保险资产的占比为 15%，大幅低于主要发达国家平均水平，这表明居民资产配置证券化程度偏低，养老金储备不足。居民存款平均期限约为 3 个月，且活期存款占比近半，导致资金活性过高，难以对接形成长期资本。

在中国居民所持有的证券资产中，权益类资产占比较低，而固收类资产占比较高。截至 2021 年底，在中国居民金融资产配置中，股票类资产配置比例为 13%，投资基金比例为 6%，直接和间接持有的权益类资产占比不足 19%，低于主要发达国家平均水平，这说明居民财富对接形成长期资本的程度较低。

（二）从资产管理产品的资产配置来看，存在权益类资产占比偏低、固收类资产平均期限较短、信用类资产扎堆和嵌套投资等问题

截至 2022 年底，在全部资产管理产品的资产配置中，权益类投资占比不足 20%，整体权益类资产配置偏低。其中，作为

[①] 新湖财富，任泽平. 中国财富报告 2022 [R/OL]. https://www.p5w.net/weyt/202205/t20220527_5552460.htm, 2022.

存量规模最大的两类资产管理产品，银行理财投资权益类资产占比仅为 3.1%，公募基金投资权益类资产占比虽提升至 22.13%，但相比欧美国家仍然偏低。私募基金对接权益投资的比重最高，其中，私募证券基金中股票类和混合类合计占比超过 90%，私募股权基金 90% 以上的资金投向企业股权。

2022 年，我国信用债加权平均发行期限为 2.46 年，美国存量信用债平均发行期限为 9.16 年，我国存量信用债平均期限偏低，考虑到我国存量资产管理产品中现金型管理产品[①]占比偏高（截至 2022 年底占比达 13.65%），资产管理产品持有债券的平均期限可能低于市场存量债券平均期限。

截至 2022 年底，在全部银行理财产品所投资债券中，信用占比为 45.66%，信用债中金融机构、央企和城投企业发行债券占比分别为 49.64%、17.35% 和 26.94%，信用投向扎堆，没有体现出投资者多样化的风险偏好，而在企业总量中占比达 92.06% 的民营企业的债券余额发行量仅为 1.86 万亿元，占比为 7.77%。

嵌套投资和通道问题依然存在。截至 2022 年 6 月底，银行理财持有各类资产管理产品余额为 12.17 万亿元，虽然较资管新规发布前下降了 8.92 个百分点，但绝对规模依然较大。2021 年末，公募基金存量规模中，来自包括资产管理产品在内的金融同业资金占比达 39.06%。

[①] 此处现金管理产品规模 = 理财公司和银行机构现金管理类产品规模 + 公募货币市场基金规模。

（三）从风险角度来看，资产管理产品的底层资产在部分风险领域的持仓较重，显性风险和隐性风险并存

资管新规实施前的"大资管"业态，是金融体系与当时城镇化带动的经济发展模式相适配的结果，因此银行理财等各类资产管理产品是房地产和城投平台的重要资金来源。虽然经过资管新规的治理，银行理财对房地产和地方融资平台的非标债权资产持仓有所压缩，但不少此类资产实际上通过技术手段转化为标准化债权资产，所对应的发债企业仍然是城投平台和房地产企业，资产端的流动性和资产质量没有发生实质性改变。截至 2022 年底，全部城投债中债券和非标融资余额合计约为 17.35 万亿元，[①] 主要由各类资产管理产品承接，占比超过我国全部资产管理产品持仓资产的 13%。

2022 年以来，随着国内外政策环境加速变化，由城投债、房地产债务和资产管理产品三者相互支撑的不稳定三角难以为继，底层资产频繁"爆雷"。房地产行业的风险已显性化，截至 2023 年 3 月，在销量排名前 50 的房地产企业中，已有 24 家出现境内外债券展期或违约，另有部分民营房企在展期边缘徘徊。房地产行业的大面积违约给资产管理行业特别是信托行业带来了巨大的兑付压力。随着房地产行业加速出清，土地出让不畅，房地产债务压力向城投平台进一步传导，高风险城投公司的短期再融资能力面临巨大压力。城投债风险已出现散点多发趋势。2021 年以来，市场累计披露的城投非标违约事件达 214 起。

[①] 数据来源为 Wind。截至 2023 年 4 月 28 日，市场全部城投债余额约为 13.88 万亿元，非标融资余额约为 3.78 万亿元（根据 2021 年年报的城投企业数据统计得出）。

因此，财富管理市场在满足我国实体经济发展新阶段所需的权益资本和长期资金需求方面，依然存在显著的短板。财富管理市场在权益类资产配置等方面的不足，也导致财富管理市场无法充分分享经济发展在权益增长方面的成果，降低了广大投资者的潜在投资收益。此外，资产管理产品在部分风险领域的持仓风险，造成了资产管理产品的资金使用率下降，影响了资产管理产品对国家战略性新兴领域的支持。

三、资产配置业务问题的成因

资产配置的实质是配置风险。财富管理市场的核心任务在于将投资者的既定风险预算通过组合化的方式进行最高效的分配，在长期坚持战略配置的情况下，通过适度的择时战术调整实现风险和收益的动态最优配比。然而，我国财富管理市场尚存在不少问题和障碍，导致投资者的长期合意资产配置无法落实，以及财富管理市场的资金提供方和需求方之间尚未达成合意的平衡。

（一）财富管理市场依然存在"银行的影子"，直接融资间接化的现象没有得到根治

货币是现代金融体系的核心和基础。根据企业取得的货币是否为增量货币，可以将金融分为银行主导的融资（间接融资）和市场主导的融资（直接融资）。在银行主导的融资中，银行在放出贷款的同时，为企业增加相应存款（货币），企业取得的资金为新增货币。在市场主导的融资中，企业通过发行证券向其他市

场主体募集资金，企业取得的资金为存量货币，不涉及新增货币。提高城镇化水平是中国经济发展的主要目标和重要任务，基础设施建设和房地产投资由此成为经济发展的重要驱动力。这种模式高度依赖银行信贷支持，其生成的资产类型并不适合成为资产管理业务的投资标的。在银行表内信贷资金受限的情况下，银行理财成为信贷资金支持基础设施建设和房地产建设的表外通道。在正常的银行信贷业务中，银行对企业发放贷款，银行的资产端会增加对企业的贷款，负债端会增加企业在银行的等额存款，银行的资产负债表实现扩张，货币供应量（银行存款）相应地增加。为了回避资本充足率的要求或者信贷政策的管制，银行通过理财业务向企业发放表外贷款，银行资产端没有变化，银行理财的资产端会增加相应的表外贷款。同时，得到贷款的企业会在银行的负债端新增一笔存款，用于企业的生产经营活动。银行为了保证资产负债表的平衡，需要将与前述新增存款金额相等的既有存款移至表外，作为银行理财的资金端。为了将既有存款移至表外，银行就必须给出高于既有存款利率的理财收益率。银行理财吸纳的资金实际上就是表外的高息存款。银行理财的资产端和资金端没有相对应的逻辑联系。银行理财如同银行的影子。

经济发展模式、资产类型和金融结构相互影响、相互作用。监管措施不可能单独决定和改变金融结构。资管新规的实施要求银行理财产品从形式上向资产管理业务靠拢，但是无法改变由基础设施建设和房地产构成的底层资产。底层资产形式化的"非标转标"不能改变底层资产的收益风险特征。而且，由于资金端和资产端没有内在联系，反而与银行表内存款有明确转换条件，即一旦理财收益率低于表内存款利率，银行理财资金就会回归至表内存款（见图 4-1）。因此，当底层资产的回报难以长期通过"技术手段"维持在表内存款利率时，银行理财资金就会遭遇大量赎回。本轮债市踩踏充分反映了这个问题。

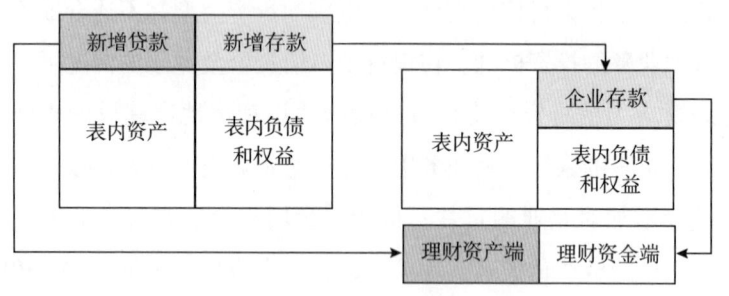

图 4-1　银行表内业务和理财业务的相互关系

（二）财富管理市场资金端的"不合理短期化"[①]影响高波动资产和低流动性流产的投资

当前，我国社会保障覆盖不足，社会养老保障水平不高，保障型保险渗透率偏低，居民风险偏好偏低，导致预防性储蓄过高，无法有效转化为长期资本，进而影响高波动和低流动性资产的投资。此外，由于我国企业和居民财富积累尚未进入成熟阶段，以及捐赠资金税收抵扣和遗产税征收等税收政策尚不明确，我国捐赠基金和慈善基金等大型机构投资者有待发展。

银行等主流财富管理机构的销售激励与投资者利益之间存在错位。目前，在银行销售和维护资产管理产品的收入中，前端销售费用占比超 60%，导致银行存在引导投资者赎回新产品、购

[①] "不合理短期化"是指本可长期化的资金实质上是短期化的。

买新产品、提高资产管理产品交易频率的过度激励，而缺乏帮助投资者建立和维护与自身风险偏好相匹配的长期资产配置的制度安排。这导致资产管理产品规模波动剧烈且频繁，影响资产管理产品对高波动资产的投资，或因产品频繁卖出资产变相放大相关资产波动性，从而降低对投资者的吸引力。

我国大量中小投资者的可投资本金低于50万元，无法直接对接资产管理产品构建足够分散的多资产配置组合，特别是无法触达私募股权等高风险资产，"小散"资金虽然总量很大，但由于缺乏适合的产品转化，难以形成长期资本。

我国绝大多数银行理财产品、私募证券基金，甚至公募基金都有追求绝对收益的倾向，大多数银行理财产品则直接以绝对收益作为业绩比较基准。这些追求绝对收益的资产管理产品内嵌强制止损机制，且在一定程度上内含对投资者的软性收益承诺，从而使产品的资金具有杠杆性质，具有放大市场波动的倾向。

近年来，监管政策规定银行不得代销非持牌机构发行的私募证券基金和私募股权基金，理财产品也不得直接投资上述产品，导致前述私募产品募集难度加大。虽然政府引导基金在一定程度上弥补了资金缺口，但政府引导基金的决策机制和投向要求导致资金形成有效投资的效率低下，资金闲置严重。

（三）财富管理和资产管理机构的行为错位，导致机构的风险偏好与投资者的风险偏好混同，进而阻碍投资者合意资产配置的落实

银行等财富管理机构除了存在过度销售激励问题，还有将机

构自身风险偏好内置于产品遴选机制的问题。2022年，理财公司发行的理财产品累计代销金额达53.59万亿元。具体来看，4家理财公司的理财产品仅由母行代销，25家理财公司的理财产品除了由母行代销，还打通了其他银行的代销渠道。从代销渠道来看，2022年，理财公司发行的理财产品由母行代销金额占比整体较2021年呈现下降态势。另外，理财公司合作代销机构数量逐步上升。2022年12月，328家机构代销了理财公司发行的理财产品，较同年1月增加了212家，可以看出理财公司正不断拓宽母行以外的代销渠道；但母行代销的金额比例仍然维持在较高水平，达85%以上，可以看出理财公司产品的代销依然在很大程度上依赖母行。[①] 银行资产管理产品的遴选机构组成人员往往与自营业务人员存在重合，在引入资产管理产品时存在与自营业务一致的风险厌恶倾向，而不完全是从投资者资产配置的角度判断产品价值和适合度。

银行理财子公司虽然在形式上已经成为独立的公司，但转型不够彻底，风险偏好未完全脱离母行的影响，刚性兑付的惯性未完全消失。

从风险偏好的角度来看，一是绝大多数银行理财子公司的产品依靠母行渠道销售，因此产品体系受母行产品偏好的影响；二是资产管理业务作为银行业务板块的重要组成部分，其业务目标须符合银行总体战略规划，即必须在存款、中收、客户综合服务等方面与母行保持协同，而不能全然按照资产管理业务的发展规律和行业惯例进行相关布局，银行体系下的所有业务都是一盘

---

① 数据来源：《中国银行业理财市场年度报告（2022年）》。

棋；三是银行理财子公司的风险管理在形式上虽然是独立的，但实质上仍须纳入全行统一风险管理体系，在风险偏好上与母行保持一致。这些情况决定了理财子公司的产品种类和资产配置结构更多体现了机构风险偏好，而未充分挖掘和体现投资者的风险偏好。

另外，银行理财产品虽然在形式上已经完成净值化转型，但绝大多数银行理财产品仍以绝对收益作为业绩比较基准。在这种情况下，是如前文所述内含业绩承诺导致产品资金具有杠杆性质；二是必然导致理财子公司大部分产品的风格趋同，从而难以为投资者的资产配置提供丰富的产品选择；三是倒逼银行理财子公司通过嵌套投资安排，尽量降低盯市资产的占比，延缓产品净值的波动，从而造成市场信号失真，阻碍市场及时出清，积累系统性风险。截至2022年6月底，理财产品仍持有各类资管产品规模12.17万亿元，占总投资资产比例的38.26%。[1]

公募基金的风格定位还需要优化，其行为与国外的对冲基金类似，从而导致市场的"压舱石"不稳。

基金业协会的私募产品备案存在审批化倾向，导致投资策略和标的应该最丰富的私募基金产品体系及风格与基金业协会的风险偏好趋同，在客观上使投资者资产配置选择范围被迫收敛，也导致部分实体经济资金需求无法与愿意承担风险的投资者资金实现对接，如房地产、高收益债券等。

---

[1] 数据来源：《中国银行业理财市场半年报告（2022年上）》。

（四）底层投资工具供给不足、上市交易制度安排不当等导致投资者资产配置范围被迫收敛，进而使部分实体经济融资需求出现缺口

财富管理市场的新增资产供给主要来自债券市场扩容、上市公司扩容及上下游并购重组相关融资、存量资产证券化，以及自创设非标资产或私募融资等。资管新规发布以来，截至2022年底，全市场资产管理产品余额达133.8万亿元，较2018年底增加近29万亿元，但对比2021年增速大幅回落。[①]在全部资产管理产品投资组合中，非标资产和不规范的自创设私募融资规模大幅压缩，截至2022年底，银行理财持有非标资产余额仅为1.94万亿元，粗略估计至少较资管新规发布前减少4万亿元，占总投资资产的6.48%。优质标准化资产供给不足，截至2021年底，全市场信用债余额为32.31万亿元，较2018年增加11.76万亿元；[②]证券化市场整体发育不足，REITs市场刚刚起步，较美国1.2万亿美元的存量来说，REITs市场规模差距较大；2022年，我国资产证券化市场发行各类资产证券化产品达1.97万亿元，年底存量规模接近5.24万亿元。市场运行平稳，发行利率震荡下行，流动性同比下降。[③]2022年，企业IPO（首次公开发行）、增发等资本市场融资规模达1.69万亿元，较2021年下降7.13%。

---

① 光大理财.中国资产管理市场报告（2022—2023）[EB/OL]. https://www.cebbank.com/site/ceb/gddt/gdxw/243143475/index.html, 2023-05-19.
② 数据来源：Wind。
③ 数据来源：中债研发中心.2022年资产证券化发展报告[R/OL]. https://www.chinabond.com.cn/yjfx/yjfx_zzfx/zzfx_nb/202307/t20230716_853110300.html, 2023.

2021年，企业IPO等资本市场融资规模较2018年增加6 122亿元，[①]但我国上市公司整体价值持续提升能力不足，资本市场"上市即终止"问题仍未解决。从整体来看，由于标准化资产创设、审批和发行链条长，特别是审批政策窗口可预期性不足，其供给速度不能完全满足资产管理行业的发展需求。

投资标的的二级市场建设不足，流动性不够，是制约很多资产管理产品投资长期资产的重要因素。虽然股票一级市场注册制改革基本落地，但核准制的惯性还在，上市的门槛和尺度存在摇摆，导致股权上市的路径和时间窗口缺乏预期，长期股权投资退出时间缺乏可预期性；银行间债券市场缺乏行之有效的做市商制度，信用债交易效率低；私募融资类产品大多缺乏成型的二级市场；虽然股票发行上市的注册制改革基本落地，但股票二级市场交易的市场化改革迟迟未见启动，股票减持和交易的实质政策限制、窗口指导、行政干预等严重影响上市股票的市场化交易，降低了股票二级市场的流动性水平。此外，前述机构风险偏好与投资者风险偏好的混同，导致我国资产管理市场产品结构风格多样化程度不够，交易同向化趋势严重，也降低了相关资产的二级市场活跃程度。

（五）部分资产管理机构的投资和风险管理能力与行业的高速发展不适配，精细化管理能力亟待提升

我国资产管理行业用30年左右的时间走过了发达国家资产

---

① 数据来源：Wind。

管理行业近百年的发展历程。面对行业的高速发展，部分资产管理机构在人才队伍建设、投资决策、资产交易和风险管理等方面的能力建设跟不上，这是权益投资发展滞后、信用投向扎堆的重要原因。例如，除了机构风险偏好，银行理财在股票投资和交易方面的人才以及投资能力储备不足，这是阻碍银行理财产品在权益配置方面更加进取的重要因素。再如，在资管新规实施前的"大资管"时代，很多资产管理机构面对迅速涌入的海量资金，风险管理模型简单化，甚至以同业信仰、股票二级市场流动性信仰（股票质押）、房地产信仰、标准化债券优先兑付信仰、城投信仰等代替精细化的风险识别和计量，造成产品持仓在前述领域的暴露过于集中，从而为未来埋下风险隐患。近年来，虽然资产管理机构的风险管理精细化程度大大提升，但很多资产管理机构对城投类资产的政府隐性信用信仰仍然抱有执念，这导致目前资产管理产品在城投债的持仓比例依然偏高，未来地方政府负债和资产管理产品之间的风险交叉传染问题不容忽视。

四、解决财富管理市场存在的问题及相关建议

（一）现存问题

前述原因导致我国财富管理市场对接高波动、低流动性资产，形成长期资本的能力不足，但若进一步探究就会发现问题的根源在很大程度上来自监管机制安排不合理。

第一，未能有效区分直接融资和间接融资。资产管理业务是直接融资体系的重要组成部分。资管新规虽然统一了监管标准，

但没有统一监管部门。银行理财、信托计划、保险资管等资产管理业务都由中国银保监会进行监管，而且分属于不同的内设部门。直接融资与间接融资在风险类型、风险产生和风险分担上的不同，决定了金融监管对两者须区别对待。在总结国内外经验教训的基础上，立足国情和发展阶段，我国对金融业实行银证分业经营、分业监管的制度。2023年通过的机构改革方案，总体上坚持了分业监管原则，新组建的国家金融监督管理总局负责除证券业以外的金融业监管。理论和实践都证明，由间接融资的监管部门监管直接融资业务，既难以防范金融风险，又会阻碍直接融资业务发展。理论上，银行监管部门在面对银行储户和银行理财投资者之间的利益冲突时，首要职责是保护储户的利益。资管新规实施以来的实践也充分说明，银行理财在银行监管部门的监管下，整体风险偏好仍与银行高度趋同，权益投资占比很小，没有真正发挥资产管理业务提高直接融资，特别是权益投资比重的功能。在完成风险资产的处置后，银行理财业务如果继续由银行监管部门监管，单独存在的意义会越来越不明显。此外，证券监管部门也深受间接融资金融监管的影响，对资产管理相关业务采用资本充足率、审批制等间接金融的监管方法，在一定程度上抑制了资产管理业务的发展。

第二，缺失财富管理投资顾问制度。在资产管理业务建设之初，由于存在各种局限性，从《证券投资基金法》到资管新规等重要制度，主要是规范证券投资基金、银行理财等各类集合性资产管理计划，对销售业务、评价业务和托管业务等相关制度也有所涉及。但是，广大投资者特别是普通中小投资者，只有借助专业的投资顾问服务，才有可能有效配置资产、构建合适的投资组合。财富管理投资顾问制度的缺失使资产管理业务的功能发挥路径出现了逻辑断点。在代表投资者利益的投资顾问行业缺位的情况下，资产管理业务长期靠资产管理产品"单腿走路"，相关产业在逐利机制的作用下追求利益自肥，这是"基金赚钱，基民不赚钱"现象的主要原因。中国资本市场最大的国情就是有2亿多个人投资者，他们对财富管理投资顾问服务有着巨大的需求。在基金投资顾问试点的基础上，加快建立和完善财富管理投资顾问制度，抓紧建设强大的财富管理投资顾问行业，既有紧迫性，也有现实意义。

第三，监管分割或法规不一致导致的套利依然存在。一是银行理财与公募基金等同类资产管理产品的监管尺度依然存在差异。银行理财缺乏明确的会计核算和估值细则，导致部分开放式产品通过共同投资券商资管计划或信托计划，变相扩大摊余成本法适用范围；大部分银行理财产品采用绝对收益作为比较基准，形成隐含业绩承诺，依然存在刚性兑付压力；对于同一机构所管理产品之间相互交易资产的监管尺度与公募基金存在差异等。

二是税制不统一形成政策套利。例如，对于机构投资者，公募基金分红明确免税，造成大量金融机构通过投资公募基金间接投资政策性金融债和信用债，形成事实上的税收漏损；对于个人投资者，虽然公募基金分红明确免税，但投资其他资产管理产品的收益管理人均不做所得税的代扣代缴，下一步税制改革方向的选择将极大地影响产品间的相对竞争力。再如，采用有限合伙制的股权投资基金转让股权所得适用一次性转让股权的征税原则，与其他资产管理产品纳税原则不一致；目前财政部对中国证监会、国家发展改革委组织开展的基础设施REITs征税原则进行了明确，资产划拨环节豁免征税，同时由于公募基金分红免税，也暂时解决了运营公司所得税重复征收问题，但对于其他法律结构的 REITs 产品或私募 REITs 产品，税收政策不明确，或者存在重复征收问题。此外，目前资本市场的资本利得免税，若未来恢复征收，从公平角度来看，则存在亏损可否抵税的问题。

（二）相关建议

基于上述问题，建议加强法制保障，总结资管新规的经验，将其上升为《资管条例》，明确以下内容。

第一，有效区分直接融资和间接融资，分步骤实现资产管理行业功能监管的统一。资产管理行业作为直接融资体系的重要组成部分，理论上应由国务院证券监督管理部门统一进行监管，即包括银行理财、资产管理型信托、财富管理顾问在内的所有资产管理业务应实现规则制定、牌照发放和日常监管的统一归口管理。但考虑到我国目前监管分割的现状，建议首先将资产管理行业的规则制定权统一归口至中国证监会，由中国证监会统一制定资产管理行业的各项法规，逐步废止其他监管部门制定的资产管理行业法规。

第二，明确财富管理顾问业务的法律定位和规则，支持市场做大做强财富管理的买方投资顾问业务。建议将目前由中国证监会监管的基金投资顾问业务扩展至财富管理顾问业务，财富顾问业务基于投资者风险偏好可向投资者推荐包括各类资产管理产品在内的金融产品，帮助投资者搭建适合的资产配置组合。同时，财富顾问业务应基于投资者委托其提供顾问的资产组合规模直接从投资者收费，基金公司给予的费用返还应直接给付投资者，完全代表投资者利益行事，帮助投资者按照自身风险偏好和资产情况搭建适合的投资组合。

第三，对大型私募基金实施提级监管。目前，国内私募类业务主要分为持牌金融机构（由监管部门批准设立）的私募资产管理业务和在协会登记的私募基金。前者是资管新规的调整范围，监管标准相对较高。从国内的情况来看，管理规模较大的私募基金管理人的重要程度和风险程度已经超过很多持牌的私募资产管理机构。因此，建议《资管条例》按照风险程度设定条件，统一纳入金融监管部门进行持牌管理，如管理规模在百亿元以上的私募基金管理人，或者投资策略对金融系统稳定有重要影响的私募基金管理人。对于小型私募基金管理人，则继续由行业协会实施自律管理。

第四，进一步丰富公募资产管理产品的类型，允许银行理财进行"小公募"试点，并允许此类公募产品小比例投资股权等高波动、低流动性资产，使"小散化"资金能够形成长期资本，也使此类产品的投资者更好地完成其资产配置意图。

第五，完善税制，将税收优惠用在最能产生社会效益的地方。一是在完善资产管理业务相关法规后，统一所有公募类产品的税收规则，明确采取契约制、合伙制和公司制的资产管理产品均适用相同的税收规则，消除REITs领域可能存在的重复征收，鼓励存量资产证券化业务发展。二是若最终税制改革方向为恢复公募基金分红征税，并明确所有资产管理产品收益均须纳入年度汇算，建议在前述领域增加的税源用于支持以下业务领域：进一步扩大养老产品缴费的税前扣除额度或递延征税额度，甚至减免或递延此类养老产品增值税征收，加快第二支柱和第三支柱养老金积累；设立保障型保险家庭税前列支额度，鼓励居民购买长期保障型保险。三是若恢复征收资本利得税，并规定将所有资产管理产品收益纳入年度征缴范围，建议同步给出资本市场投资亏损和资产管理产品投资亏损的免税额度，避免对市场形成负面打击。四是若推出遗产税，建议同步推出个人和企业捐赠税收抵扣政策，鼓励捐赠基金等长期机构投资者的发展。

第六，鼓励资产管理机构优化内部机制，加强投资和风险管理能力建设。资金募集、投资管理和科技运维是资产管理机构的三大核心能力，其中，投资管理以及与之相关的风险管理更是重中之重，提高投资者回报和加强资产管理业务对实体经济的支持力度都离不开强大的投资和风险管理能力。为此，建议鼓励资产管理机构通过引进多元股东、实行市场化的激励机制留住和激励人才，鼓励资产管理机构通过加大科技投入提升基础设施建设水平和运营能力，同时建议社保资金和企业年金等大型机构投资者向更多的资产管理机构开放，通过引导和鼓励良性市场竞争不断提高资产管理行业的整体能力。

此外，建议进一步推进社会保障改革，增加资产管理业务长期资金来源。解决长期资金来源，必须首先提高社会保障水平，或者提升商业养老保险产品的渗透率，从而改变个体投资者和社会整体的风险偏好。推进社会保障体制改革是一个比发展资产管理业务更加重要的命题，但是两者间的改革和发展存在很强的关联性，可以相互促进、相辅相成。

第五章

风险评估篇

一、当前资产管理业务风险评价

资管新规施行成效显著,影子银行规模大幅压缩,[①]加通道、加杠杆和加嵌套的高风险业务得到重点清理,"无牌照经营"等非法金融活动受到严厉打击,脱实向虚、层层嵌套的交叉业务显著减少,净值化转型初见成效,刚性兑付预期逐步打破,监管政策逐渐统一,监管套利空间减少,有效避免了宏观杠杆率的快速上升,积极防范并化解了系统性金融风险。

(一)资产管理产品净值化程度显著提升

在资管新规施行后,包括公募基金、公募银行理财产品在内的净值型资产管理产品比重不断上升,供给资金占全部资产管理

[①] 中国银保监会.中国影子银行报告[J].金融监管研究,2020(11).

产品的比重达 70%，较整改初期上升了近 30 个百分点。① 银行业、保险业的资产管理产品净值化水平已超 95%。② 在银行理财方面，传统保本理财基本整改完毕，全面净值化时代已经到来。

（二）结构化业务去多层嵌套、去通道效果明显，非标资产规模大幅压降

信托通道业务余额显著收缩，2018 年 3 月余额为 15.14 万亿元，2022 年底降至 8.78 万亿元，降幅达 43.9%。在证券期货机构通道业务方面，2018 年 3 月余额为 23.98 万亿元，2021 年底降至 1.72 万亿元，③ 降幅达 92.83%。此外，保险、信托、银行理财非标资产规模大幅压降。截至 2022 年，银行理财投向债券的比重提高了 14.68 个百分点，投向非标资产的比重下降了 16.7 个百分点。④

（三）影子银行规模持续压降

截至 2022 年 6 月底，我国广义影子银行由 2016 年的超 90 万亿元下降至 57.8 万亿元，狭义影子银行规模由 2016 年的 51

---

① 于晗. 央行陈雨露：资产管理产品净值化转型已取得显著成效 [EB/OL]. http://xw.cbimc.cn/2021-07/24/content_403679.htm, 2021-07-24.
② 梁涛. 中国银保监会副主席梁涛在 2022 青岛·中国财富论坛发表演讲 [EB/OL]. https://finance.sina.com.cn/hy/hyjz/2022-07-30/doc-imizirav6032797.shtml, 2022-07-30.
③ 资料来源于证券期货经营机构私募资管产品备案月报。
④ 中国银保监会. 中国影子银行报告 [J]. 金融监管研究, 2020（11）.

万亿元下降至 2019 年底的 39.14 万亿元。2017—2021 年，几年拆解高风险影子银行规模 25 万亿元。截至 2022 年底，中国影子银行规模持续收缩，占名义 GDP 的比重降至 41.6%，为 2013 年以来的最低水平，资产方的金融杠杆率回落幅度较大，金融杠杆率下降明显。

（四）金融基础设施建设逐步完善

一方面，资管新规及其配套措施树立独立托管原则，强调资产管理产品、托管人、产品管理人之间的风险隔离，通过隔离资金、业务、管理、人员、系统、营业场所和信息等措施，防范风险传染、内幕交易、利益冲突和利益输送，防止利用未公开信息交易，同时加强对投资集中度的管控；另一方面，2020 年中国人民银行、国家发展改革委等六部门发布的《统筹监管金融基础设施工作方案》为监管部门协调基础设施提供了指导性规则。

（五）资产管理行业监管政策日渐统一，有效降低监管套利风险

资管新规统筹后续配套文件，遵循宏观审慎和微观审慎结合、机构监管和功能监管结合的原则，着力统一不同资产管理产品的监管标准，同步推进统一准入和统一监管。[1]

---

[1] 资料来源：《中国财富管理市场报告（2021）》。

二、资产管理业务面临的主要风险

虽然资管新规实施以来行业整体风险大幅收敛，但由于部分行业痼疾尚未得到完全根治，叠加市场形势的变化，资产管理业务出现一轮新的风险暴露，具体体现在资产端、机构端、产品端、投资者端、基础建设端、金融科技端等多个方面。

（一）资产端

当前，百年未有之大变局加速演进，世界进入新的动荡变革期，国内经济新旧动能转化，实体经济的回报率下降，一方面城投和房地产等领域的债务违约风险加速暴露，资产管理产品底层资产频繁"爆雷"；另一方面，投资回报下降和优质资产供给不足，挤压投资安全边际，给资产管理产品的净值增长和远期回报带来压力。

1. 城投和房地产等领域的债务违约风险

经济增长动能转换，过去支撑经济增长的房地产和地方政府项目建设进入深度调整期，经济增长中枢下移，地方政府和企业债务风险更加突出。近年来，我国债券违约的数量和规模呈现上升趋势，并且债券违约的范围已经从民营企业蔓延至地方国企甚至央企（见图5-1）。

一是房地产行业风险大面积爆发。2021年以来，房企各融资渠道继续收紧。银行信贷门槛较高，且伴随贷款集中度管理，投向房企的银行贷款比例不断压降；监管针对地产非标融资持续发力，要求严控房地产信托规模；信用债资金用途受限，境外债监管不断加强。2021年9月，在恒大集团被爆出下属公司理财产品兑付问题后，各地方政府加强了对新房预售资金的监管，房企可动用的现金流大幅下降。重压之下，2021年以来，销售额排名前50的房地产企业中，已有23家出现境内外债券展期或违约，另有部分民企已在展期的边缘。

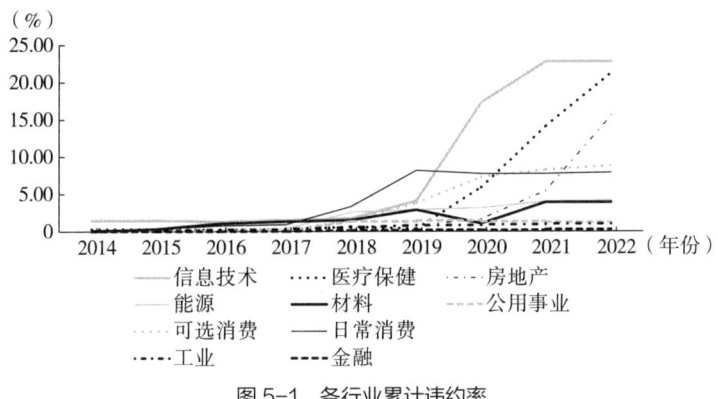

图5-1 各行业累计违约率

二是房地产债务压力存在向城投行业传导的潜在趋势。城投债短期主要依赖再融资能力，中长期来自地方土地出让和区域经济基本面，在房地产行业至暗时刻土地出让不畅，城投的短期再融资能力存在一定的压力。当前，城投债总规模及增速仍维持高位，支撑城投还本付息的偿债来源，一个是再融资，另一个是区域财力，而再融资能力由区域财力及当地的金融资源等因素共同决定。在基本面恶化、融资政策收紧的双重影响下，机构避险情绪明显，风险偏好降低，投资行为趋同，城投债出现抱团，资金逐渐向优质区域积聚，导致省份之间净融资和信用利差严重分化，城投债风险或区域间出现明显分化（见图5-2）。

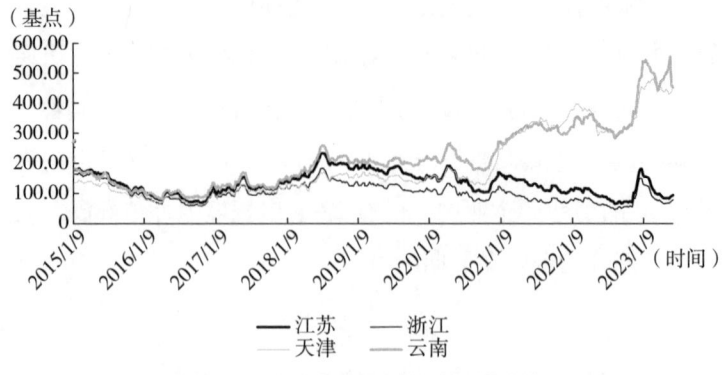

图 5-2 部分典型省份城投债利差走势

由于传统上城投和房地产行业的债券、非标融资是固定收益类资产管理产品的主要高息资产来源，且依然占据此类资产管理产品的显著仓位，房地产行业的显性风险和部分弱区域城投企业的潜在风险给产品估值带来了较大压力，部分已违约债务甚至形成产品兑付风险。

2. 资产回报下降挤压投资安全边际，并拉低产品回报

目前，我国经济正在经历由高速增长阶段向高质量发展阶段的转化，叠加新冠肺炎疫情后的疤痕效应和加速去地产等因素冲击，经济存在一定的换挡降速风险。受此影响，实体企业的ROE（净资产收益率）回报率下行，并进一步向资产管理机构资产端收益率传递。随着资产端收益率下降，投资安全边际降低，在降低资产管理产品回报预期的同时，增大了产品破净风险，提高了抵御净值波动的能力。资产管理机构须相应地转换投资逻辑，及时打造并提升精细化投研能力，转向更加保守的、分散的投资操作路径。

3. 资产管理产品净值化转型过程中的流动性交叉传导风险

资管新规实施以来，大部分银行理财产品在形式上实现了净值化转型，但依然保留固定收益业绩基准，受益于新冠肺炎疫情防控期间的宽松货币政策红利，银行理财产品的净值大部分时间在业绩比较基准之上波动。同时，随着近年来固定收益类资产管理产品的规模快速扩张、受制于市场标准化资产供给的相对不足，以及房地产和民企债券违约的增加，包括银行理财在内的固收产品资金头寸大量拥挤在城投债领域。

2022年10月以来，拥挤的固定收益市场受内外部市场形势的影响发生逆转，银行理财持有的资产估值下降，银行理财净值真正开始向下波动至存款利率之下，甚至波动至投资本金以下，银行理财净值化转型面临下行周期的真正考验。当银行理财无法实现业绩基准，甚至遭遇本金损失时，投资者大量赎回，迫使银行理财变现持有的投资组合。银行理财处于资产管理投资链条的顶端，赎回压力向下逐步传导至货币市场基金、债券基金、债券市场。压低的各类资产市场价格会向上传导压低银行理财净值，从而形成"净值降低—投资者赎回—资产变现—净值再降低"的踩踏循环。截至2022年11月底，银行理财产品总量为26 766只，其中破净产品为4 621只，占比达17.26%；[①] 而同年12月破净产品数量继续增长，已超6 000只，占比超25%。根据公开资料粗略统计，[②] 2022年10—12月，银行理财规模最大降幅达3.0

---

① 根据Wind银行理财数据统计得出。
② 华宝证券.银行理财"破净潮"——银行与理财产品专题报告［EB/OL］. https://pdf.dfcfw.com/pdf/H3_AP202301271582434864_1.pdf?1674829610000.pdf, 2023-01-27.

万亿元，净赎回超10%；2022年11月和12月，银行理财分别约净卖出债券929亿元和4 524亿元，巨量交易大幅放大了市场波动，带来了巨大的流动性压力。

反思此次资产管理市场的流动性风险，说明产品的净值化转型是一个长期而艰苦的过程，并暴露出以下三个方面的问题。一是，尽管产品表现为净值型，但当产品以绝对收益作为业绩比较基准时，仍会造成投资者对产品收益的预期与产品实质的波动风险不一致，从而放大净值下降时的赎回压力；二是，银行理财子公司的投资管理能力与过快增长的管理规模尚不适配，银行理财子公司需要进一步平衡能力积累与规模增长的关系，长期为投资者负责；三是，市场交易策略和投资风格的趋同，会导致流动性风险在不同资产管理产品和板块之间交叉传导，甚至导致短时间内二级市场流动性枯竭，形成市场踩踏。

（二）机构端

践行信义义务和投资者利益优先是资产管理机构的立身之本，如何从公司架构上理顺资产管理机构股东与投资者之间的关系，防范公司、股东与投资者之间的利益冲突，是未来优化资产管理机构公司治理的重要方向。资产管理机构先锋领航集团采取"投资者不仅是基金持有人，还是基金公司股东"的股权结构，较好地解决了利益冲突问题，是业界典型。但从总体来看，我国资产管理机构的公司治理结构尚待优化，利益冲突问题在许多领域普遍存在。

1. 银行理财公司的风险隔离机制仍须进一步巩固和提升

银行理财公司的成立强化了银行理财与母行之间的风险隔离，基本实现了资产管理业务在人、财、物管理，投资，风控和运营等领域的独立运作。同时，为做好新老业务的风险隔离，银行理财公司普遍针对母行划转或委托管理的存量理财产品设立了单独的部门或模块进行管理，针对新老产品之间的关联交易和利益冲突建立了相应的管理机制。

但也应看到，银行理财公司没有严格限制股东的控制、影响以及相关关联交易，导致银行理财公司的独立性还不完全，与母行之间的风险隔离机制还不够彻底。一是在公司独立运营方面，银行理财公司在高管任命、财务预算、重大决策等方面仍需接受母行统一节制；二是在业务方面，银行理财公司在销售渠道上主要依赖母行，在资产获取上与母行分支机构密切协同，在风险管理上仍需纳入全行统一风险管理，因此母子机构之间依然可能存在风险交叉传染；三是在制度方面，银行理财公司参考和套用母行制度较多，信贷文化色彩较重，与资产管理业务的适配性不够，在制度的隔离上尚待进一步深耕完善；四是在系统方面，从母行移植的老系统与子公司新系统并存，部分银行理财公司的数据仓库、综合管理、网络平台、安全管理、客户信息等系统依托于母行，共享母行科技团队，虽然内部通过权限区分设置了防火墙，但尚未实现彻底的物理隔离。

2. 信托行业风险高发，转型艰难推进

近年来，受房地产行业风险暴露影响，信托行业风险集中爆发，成为资产管理行业风险高发区，大量信托计划违约，信托公司正在为过去投资业务融资化的业务模式买单。2017年以来，信托行业风险项目规模和信托资产风险率呈现明显上升趋势（见图5-3）。据用益信托统计，2021年，信托全行业违约金额超1 500亿元，其中房地产信托违约金额达917亿元，占比为61%；2022年，信托产品违约规模总计为1 228.8亿元，其中房地产信托违约金额达930.25亿元，占比为75.7%。信托行业频繁"爆雷"，部分信托公司成为高风险金融机构，甚至被监管机构接管。

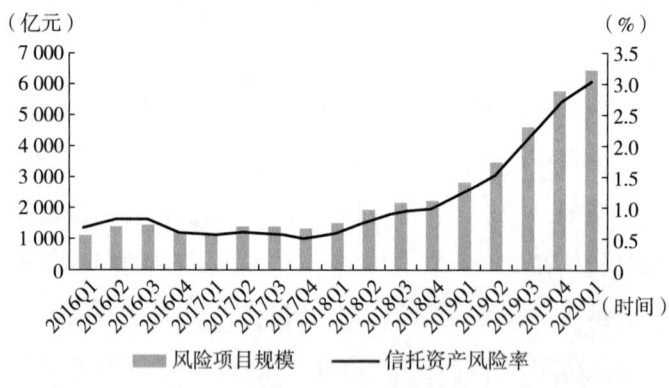

图5-3 2016—2020年信托行业风险项目规模与信托资产风险率

投资业务融资化所造成的融资方与投资方之间的利益冲突，以及信托公司在其中的角色混乱，是信托行业屡次涉险的根源，信托公司投资业务回归私募本源，服务业务回归信托本源是信托公司的出路所在。2022年10月，中国银保监会下发了《关于调整信托业务分类有关事项的通知》，将信托分为资产管理信托、资产服务信托和公益/慈善信托三类，剔除了传统信托的融资类业务，规定资产管理信托仅能为自益信托（信托委托人与受益人必须一致），从制度上明确了信托转型方向，消除了监管套利空间，为推动信托业转型迈出了重要的一步。截至 2022 年四季度，融资类信托业务规模已降至 3.08 万亿元，① 同比下降 5 047.29 亿元，降幅为 14.10%，较 2020 年下降 3.37 万亿元。未来信托公司可以在规范开展资产管理信托业务的同时，积极探索资产服务信托与公益/慈善信托，在家庭服务信托、特殊需要信托、企业破产受托服务信托等领域进行深度探索，② 走出一条有别于其他资管领域的特色之路。

3. 公募基金在投资者利益保护方面仍然存在缺陷

公募基金行业严格禁止股东越过股东会和董事会对公募基金公司日常经营进行干预，确保了公募基金管理人的独立运作。但是由于公募基金持有人大会流于形式，持有人大会日常机构没有落地，基金管理公司独立董事的作用不明显，公募基金公司的自身利益（高管理费、高换手率）、公募基金销售机构（高销售费、买新赎旧）的自身利益与基金投资者利益（投资回报）的冲突问题始终没有得到彻底解决。中国投资者通过公募基金投资股票的测算成本近 3%，成本长期居高不下，偏股型基金难以系统性跑赢市场，抑制了投资者投资公募基金的意愿。此外，缺乏买方顾问指导，基民片面基于历史业绩选择基金，基金销售机构为追求高额销售费用，引导投资者频繁交易，买新赎旧，导致投资者追涨杀跌，出现系统性择时错误，进一步降低了基民持有公募基金的实际收益，"基金赚钱，基民不赚钱"的魔咒始终困扰着公募

---

① 数据来源：《2022 年度中国信托业发展评析》。
② 植德金融部. 信托业转型新时代已开启——信托业务分类新规对信托业务的影响[EB/OL]. https://mp.weixin.qq.com/s/63uEpbW-bPHqMIsNVXrybw, 2022-10-18.

基金市场。过去 15 年，主动股票方向基金业绩指数累计涨幅高达 910.68%（年化收益率 16.67%），而对应时间节点，历史全部个人客户的平均收益率仅为 8.85%。[1] 此外，蚂蚁财富、天天基金网等第三方理财平台发布的报告也明确指出，基民获得的平均收益显著低于基金的平均业绩。

4. 非持牌机构以财富管理等名义开展的非法金融活动屡禁不止

2018 年，互联网金融风险专项整治工作领导小组的专项通知和资管新规，均明确资产管理为特许经营行业，须纳入金融监管。根据前述法规，只有持牌机构才有发行资产管理产品的资质，未持牌的互联网机构只能申请代销资质，确定了非持牌机构在资产管理业务领域的经营边界。当前，在继续压降个别机构违规理财存量业务的同时，也须通过各种方式，继续预防互联网公司以各类"创新模式"开展非持牌机构理财的风险。除互联网金融外，传统领域以财富管理为名进行违规金融活动的现象也屡禁不止，严重损害投资者信心和合法权益，破坏资产管理业务秩序和良好生态环境。以地产行业为例，在我国的百强房企中，至少有 1/3 的房企拥有自己旗下的财富管理公司或财富直销团队，由其面向供货商、购房者、内部员工或其他外部人员发行所谓"理财产品"。2021 年以来，相继出现恒大、宝能、佳兆业等企业名下财富管理公司理财产品"爆雷"事件，比如恒大旗下恒大财富产品"爆雷"，涉及尚未兑付的理财产品规模达 400 亿元，底层资产主要是恒大的对外债务。这些房地产企业名下的财富管理公

---

[1] 资料来源：《公募权益类基金投资者盈利洞察报告》。

司大多未获得金融牌照，由其发行"理财产品"实为非法开展资产管理业务。

（三）产品端

1. 资产管理产品与投资者的适配问题依然突出

资管新规实施以来，资产管理产品净值化转型已经取得长足发展，但资产管理产品与投资者的适配问题依然突出，究其原因，主要有以下两个方面。

一方面，从经营模式角度来看，投资业务融资化现象依然存在，与投资者产生利益冲突。该现象是指，资产管理机构表面上为投资者提供服务，实际上却是在为融资方提供服务，并从融资方处获取收入。在直接融资业务中，投资者和融资方是交易对手，如果资产管理机构同时为双方服务，将面临巨大的道德风险，存在不可调和的利益冲突。以资产管理业务之名获取投资者的信任，但实际上为融资方服务，等于打开了利益输送的方便之门，加剧了资本市场的信息不对称，不仅侵害投资者利益，严重时涉嫌欺诈，还会导致交易价格失真，影响资本市场配置资源的效率。目前，资管新规以及相关配套规则尚缺乏严格区分资产管理业务与投资银行业务的相关要求。

另一方面，从投资者适当性管理角度来看，存在诸多在执行方面的缺漏。一是投资者分类评估不到位，如未对投资者进行适当性评估、投资者分类评级标准不合理、对投资者实际情况了解不全面、适当性调查评估问卷涵盖范围不完整、适当性调查评估问卷填写不规范、评估不准确、问卷缺失、投资者填写的信息有误或前后矛盾、投资者提供信息不真实不准确、从业人员指（诱）导或代投资者进行适当性评估、伪造收入证明等。二是合格投资者认定问题，如向非合格投资者或不特定投资者募集销售、合格投资者认定不到位等。三是投资者后续评估管理问题，如在投资者评级结果过期后仍发生新的交易、未按规定对投资者进行适当性回访、适当性回访时未充分了解投资信息或揭示风险等。[①] 根据对监管机构公开的信息检索统计，2017—2022 年，金融机构因私募资产管理业务适当性违规而受到监管处罚的案例共计 486 例，且呈逐年上升趋势，说明投资者适当性管理问题依然突出。

2. 绝对收益业绩基准导致黏性兑付风险

银行理财产品虽然在形式上基本实现净值化转型，但大多数银行理财产品依然采用绝对收益作为业绩基准。绝对收益业绩基准可能使投资者对于投资风险的认知和产品的实际风险收益特征存在偏差，即容易使投资者误认为内嵌业绩基准是一种隐性承诺，或易使投资者对理财产品达成业绩基准抱有过高预期。此种情况使银行理财产品由资管新规实施前的刚性兑付转变为一种黏性兑付。当理财产品遇到极端市场情况，净值大幅波动至绝对业绩基准之下甚至本金之下时，投资者的黏性兑付预期被迫修正，可能导致产品发生流动性风险，2022 年 10—11 月因银行理财产品破净遭遇大额赎回而引发的市场踩踏就是例证。

---

① 私募好帮手. 金融机构私募资产管理业务投资者适当性管理相关问题探讨（下）[EB/OL]. https://mp.weixin.qq.com/s/gH4J2yGpGPmi64fhV7pr5Q, 2022–10–24.

3. 在净值化背景下，部分资产的估值规则可能引发争议

在产品净值化转型后，资产管理机构应当按照会计准则及时、准确地计算和发布产品净值，将产品的收益和风险通过净值波动的形式及时向投资者进行披露，使投资者根据自身风险偏好和投资安排及时做出相应的决策调整。然而在实践中，一是部分资产因交易深度不够缺乏有效的市场价格，二是针对非标等流动性受限资产如何计提减值准备存在争议，三是存在明显违约风险的债券因停牌而二级市场价格无法相应调整，如何公平合理地确定其市场价格存在市场分歧。前述情况可能使投资者对产品净值的准确性提出疑问，进而要求资产管理机构披露投资明细和估值文档等证明资料，甚至可能因此造成纠纷或引发诉讼。为此，资产管理机构须建立更加规范的估值流程、不断修正估值模型和优化估值机制。寻求外部审计机构对存在争议的资产估值进行确认和针对违约资产或低流动性资产建立侧袋机制等是可能的解决方向。

（四）投资者端

目前在我国资产管理业务中，个人投资者不管是数量还是产品持有规模均占据绝对多数。从资金来源数来看，个人投资者的数量占比达 99.61%，产品持有规模占比达 88.84%。个人投资者占比过高是我国资产管理业务的一个显著特点。

一方面，由于长期以来我国资产管理市场充斥着各种刚兑产品，大多投资者对产品净值化、资产配置、长期投资等理念接受

程度仍然较低，对资产管理产品合同条款、风险分类、净值变动、投研能力的重视程度和辨识能力不足，刚兑文化在短期内仍然难以根除，投资者素质亟待提升。另一方面，我国投资者教育工作机制呈现碎片化，缺乏国家层面的统筹规划和立法安排，不利于投资者教育工作的稳步推进和长远发展；金融机构缺乏承担投资者教育工作的内在动力，投资者教育活动营销性质较强，从销售导向转换至服务导向尚需时日；现有投资者交易方式以机构单向知识输出为主，不够场景化，较为晦涩难懂，缺乏吸引力。

资产管理产品"买者自负"的前提是"卖者尽责"，"卖者尽责"的核心是履行信义义务。2019年，最高人民法院发布的《全国法院民商事审判工作会议纪要》中，规定了卖方机构的适当性义务，并就金融消费者的权利保护赋予了受托人更高的管理义务。尽管在打破刚性兑付的背景下，资产管理产品的风险不再由国家和金融机构兜底，但大量的投资者将以受托人违反信义义务为由而要求其承担赔偿责任，并由此给资产管理机构带来诸多诉讼风险。在此种情况下，如何区分个人作为消费者和投资者的身份，在投资者保护和风险承担方面达成平衡，考验资产管理机构和监管者的智慧。我们认为，对于公募资产管理产品投资者等大众投资者应侧重从消费者角度加强保护，但对于私募基金投资者等高净值投资者应根据基金合同中的相关规定，侧重从投资者角度进行处理，不应过度混淆个人作为投资者和消费者之间的身份界限，从而降低投资者承担风险的意愿。

（五）基础建设端

1. 不同资管领域之间依然存在监管差异

虽然资管新规规定了各类资产管理产品应共同遵守的底线原则，但由于分业监管，目前不同监管机构监管的资产管理产品之间仍然存在监管标准和执行尺度上的差异。例如，公募基金和公募银行理财产品在产品登记或注册流程、投向、估值细则、关联交易、渠道限制等方面依然存在差异，特别是银行理财允许投资非标，而公募基金禁止投资非标。再如，同为公募资产管理产品，银行理财和公募基金的税收待遇不同，公募基金分红针对机构投资者免征所得税，而银行理财不享受减免政策，不利于公平竞争。

2. 部分税收征管政策与资产管理行业性质不匹配

财政部、国家税务总局发布的《关于明确金融 房地产开发 教育辅助服务等增值税政策的通知》第四条规定，"资管产品运营过程中发生的增值税应税行为，以资产管理产品管理人为增值税纳税人"，与资产管理产品受托管理的法律性质不符合。资产管理机构通过发行和管理资产管理产品，履行受托管理责任，资产管理产品的税负应由投资人承担，管理人或者其他扣缴义务人按照国家税收征收的规定代扣代缴。《证券投资基金法》明确规定，"基金财产投资的相关税收，由基金份额持有人承担，基金管理人或者其他扣缴义务人按照国家有关税收征收的规定代扣代缴"。前述增值税领域的征管政策与资产管理行业已经适用的法律法规相矛盾，可能会影响资产管理行业及资本市场的发展，降低实体经济融资效率，且产品带税运营必然带来不公平对待投资者问题。①

3. 部分具有资产管理产品性质的金融产品尚未纳入资管新规的规制范围

以投资连结保险（以下简称投连险）为例，作为近年来市场份额迅速增加的一种金融产品，投连险逐渐成为保险行业为金融消费者提供的一种综合性的动态理财工具。② 投连险的投资账户在汇集投资人资金后，采用 FOF 和股票直投等方式进行组合投资，与证券投资基金基本类似；相关监管文件也规定其"投资账户产生的全部投资净损益归投保人所有，投资风险完全由投保人承担"③，并规定了其投资账户资产实行单独管理、独立核算的运行规则，④ 具有明显的资产管理产品特征。但投连险未被资管新规纳入资产管理产品的定义范畴，造成了与其他资产管理产品

---

① 东方君基金.公募基金怎么免税［EB/OL］. https://www.dongfangjun.net/jijin/224479.html, 2022-04-13. 荆丽娟.两会｜谢卫：规范金融创新，杜绝监管套利［EB/OL］. http://www.cb.com.cn/index/show/jj/cv/cv1152741999/p/s.html, 2017-03-04.
② 据中国银保监会披露的数据，2021 年 1—8 月，人身险公司投连险独立账户新增交费达 490 亿元，同比增长 106.8%，表现突出。
③ 参见《中国保监会关于规范投资连结保险投资账户有关事项的通知》第三条，"保单账户价值应当根据该保单在每一投资账户中占有的单位数量及其单位价格确定。投资账户产生的全部投资净损益归投保人所有，投资风险完全由投保人承担"。
④ 参见《中国保监会关于规范投资连结保险投资账户有关事项的通知》第七条，"（二）投资账户与保险公司管理的其他资产之间、投资账户之间，不得存在债权债务关系，也不得承担连带责任；（三）投资账户与保险公司的其他资产之间、投资账户之间，不得发生买卖、交易、财产转移和利益输送行为"。

的监管尺度不一致。从国际资产管理行业比较来看，20世纪60年代，美国的一家保险公司开发了投资连结保险产品，美国证监会起诉发行投连险的公司未经注册发行证券，美国最高法院判决投连险投资账户的性质属于基金，应纳入投资公司（基金）监管范畴。因此，美国目前所有的投连险产品都接受证监会和州保险监管机构的双重监管。基于此，建议将投连险一并纳入资产管理产品规制范畴。

4. 违约资产和产品的风险处置机制有待完善

（1）债券资产风险处置问题

第一，债券市场有待统一。中国债券市场割裂的现状由来已久，导致了多方面的问题。一是立法体系割裂，《证券法》并未对债券品种、参与主体、信息披露规则、交易规则做统一规定，仅对公司债券进行了要求和规范。二是监管体系割裂，国债、地方政府债券等政府债券，中期票据、短期融资券、非公开债务融资工具、资产支持票据等银行间信用债品种，银行间的金融债、信贷资产支持证券，交易所债券和企业债券等分别由不同的监管部门负责注册、审核或管理。三是发行与交易体系割裂，当前沪深交易所均建立了自己的交易系统，投资机构需要分别开立账户，遵循两个交易所不同的交易规则。四是托管体系割裂，银行间债券市场采用实时全额结算，上海清算所鼓励机构采用净额结算，可实现券款对付。交易所债券市场采用日终净额结算，结算方式的差异导致债券转托管操作需要"T+1"个工作日才能完成，降低了转托管效率。

债券市场分割易造成一系列问题。一是不同的债券市场存在竞争关系，易造成监管竞争下发行人的差异化选择问题，另外，市场分割造成不同市场的债券定价偏离，对市场中介机构的准入不同，也造成了中介机构的差别待遇。二是不同的市场和监管机构对信息披露要求不统一，不利于债券市场的公平、公开和透明。三是投资者被分割使市场难以接纳全面多元的需求，导致交易减少。债券跨市场发行较难，使有限的发债额度在两个市场进行分配，不利于债券流动性的提升。债券市场的分割也导致不同市场的流动性差异，以及各种交易摩擦问题。四是市场的便利性不足，一方面割裂的账户以及结算体系造成跨市场障碍，另一方面不同市场的交易系统、交易操作不同导致各种不便。①

第二，债券风险资产难以出清。债券的信用评级调整、债券到期兑付违约、中央银行货币政策紧缩引起的市场总体流动性紧张、投资者资产负债结构的错配，以及其他恐慌性情绪的迅速蔓延，都会使投资者改变其交易策略，进而对债券二级市场供求关系产生影响。在极端情况下，绝大部分信用债产品都可能由于阶段性缺乏对手方而瞬间陷入流动性枯竭。当出现大规模流动性枯竭状况时，市场往往会陷入非理性的螺旋式下跌过程。② 此时，财富管理机构投资的债券资产由于缺乏交易对手，无法以市场认可的价格及时出售存量资产实现出清，不得不继续持有，影响财富管理机构资产调整效率及产品净值表现。

---

① 王庆华，彭新月.市场割裂之痛：关于我国债券市场分割的现状、问题及建议[J].中国货币市场，2019（207）.
② 赵文兴，孟夏，相相.我国债券市场系统性风险形成机理与测度研究[J].金融发展研究，2022（10）.

第三，违约债券价值清偿率偏低。在我国当前市场上，由于债委会机制或地方政府保护等因素的存在，违约债券的价值清偿率依然偏低。例如，在华晨集团65亿元债券违约事件中，企业相关资产处置更多优先考虑地方政府及大股东利益，而包括财富管理公司在内的众多投资者权益保护缺乏有力机制。从历史数据来看，2014年，信用债出现首单违约；2022年，我国债券市场新增8家违约发行人，共涉及到期违约债券45期，到期违约金额合计约232.62亿元，截至2022年底，境内债券市场累计出现251个违约主体（不含展期），累计743只债券，违约金额共计6 670.12亿元。① 展期成为延缓违约的常态化形式，2022年，发行人积极采取信用风险缓释措施，新增展期数量远超违约数量。具体来看，首次展期发行人为28家，涉及展期债券为95期，展期规模为843.77亿元，较2021年（首次展期发行人为19家、涉及展期债券为37期和展期规模为197.99亿元）均大幅增加。违约后清偿金额仅为367.24亿元，回收率为5.75%，清偿水平较低。而且，回收水平呈现哑铃形分布，其中168个主体回收率为0，50个主体回收率为100%，处于中间状态的主体并不多（见图5-4）。在当前国有企业和大中型房地产企业风险不断暴露、债券违约风险加剧的市场环境下，该问题值得更多关注。

---

① 数据来源：联合资信《2022年中国债券市场违约回顾与展望》。

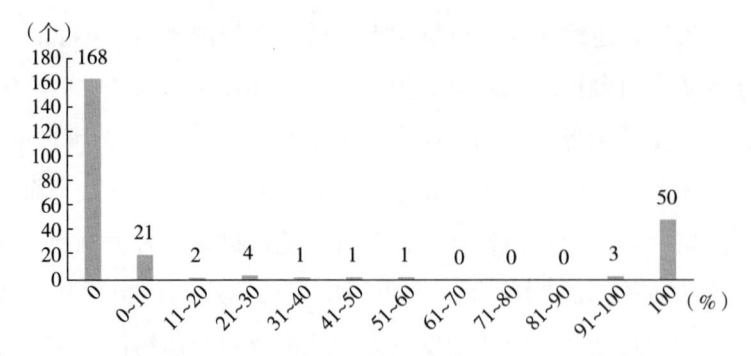

图 5-4　251 个违约样本回收率分布（2014—2022 年末）

资料来源：企业预警通。

（2）存量资产加速退出引发法律风险

资产管理产品存量资产整改中的加速退出行为可能引发法律风险。具体而言，在资管新规过渡期后，依然有部分难以化解的存量业务在持续整改中，而为及时满足资产压降要求，部分存量资产中的长久期信用债或债权类资产需要在有限的时间内，在交易市场中完成处置和消化，这势必需要对各种债权类资产进行折价换取流动性，而这种行为可能因违反原来合同约定而造成违约责任。如果发生投资者对资产管理机构加速退出导致投资损失提起赔偿诉讼时，资产管理机构能否以"资管新规整改要求"作为一种免责事由进行抗辩、法院是否支持或在多大程度上支持这种抗辩，目前尚未看到相关公开判例。

（3）理财公司多级托管模式账户问题

在国内资本市场对外开放以及证券资金结算压力日增的背景下，监管部门提出了坚持以"一级托管"为主，探索建立兼容"多级托管"的制度体系，以充分发挥多级托管的优势，同时避免让多级托管成为规避监管的工具。[①]虽然2021年8月中国人民银行、国家发展改革委、财政部、中国银保监会、中国证监会、国家外汇局联合发布的《关于推动公司信用类债券市场改革开放高质量发展的指导意见》对"多级托管"制度进行了支持，允许发行人和投资者自主选择债券托管模式，但当前理财公司开展多级托管业务依然面临政策上的不确定性。目前，理财公司部分银行间债券投资采用多级托管模式，如暂停多级托管模式，则只能被迫以其他机构的资管计划为通道间接进行银行间债券投资，将大幅增加交易成本。同时，因投资交易、估值管理、交易结算等工作主要依赖资管计划管理人，将大大增加投资运作、风险监控、数据管理的复杂性，且对投资者保护、产品信息披露、产品流动性应急管理、监管数据报送等方面造成巨大影响，既不利于理财公司能力体系的建设，也不符合资管新规要求的"三单"管理，更不符合监管部门对于金融机构资产管理业务禁止开展多层嵌套和通道业务的导向，同时存在合规性瑕疵和大量操作风险。

5.数据共享与数据透明度有待提高

金融数据共享是指，监管者通过法规，使客户本人或经客户授权的机构，可以向金融机构申请共享自身数据。客户数据主要包括两种：一种是客户向金融机构主动提供的数据，比如个人资料和财务状况等；另一种是金融机构在服务客户时积累下来的数据，包括其交易数据及风险评估数据。在金融科技对资产管理行

[①] 苏建栋.探索建立兼容的多级托管基础设施体系［J］.金融市场研究，2022（5）.

业运营的数字化改造越发深入的当下，资产管理机构凭借对客户数据的掌控，了解客户的偏好和风险，进而为客户量身定制金融产品和风险定价，赚取最终利润。因此，资产管理机构对这些数据严格保密，对于其他金融机构竞争对手采取"不共享"的策略，造成财富管理行业关键数据在上下游的各个环节存在流动困难，以及客户信息意义上的资源稀缺、重复建设；更进一步地说，就是资产管理机构的客户本身也不能轻易获得所有自身数据，即形成数据的"不透明"现象。这不仅导致客户难以对自己在不同机构的多个金融账户进行统一管理，而且使中国人民银行、监管机构乃至不同的资产管理机构之间，在反洗钱、投资者风险评级及产品适当性管理、监管数据报送等工作方面均面临诸多挑战。

6. 资产估值体系和机制有待完善

（1）当前资产管理行业估值规则尚需完善

一是个别监管体系下估值规则对公募产品和私募产品的适用尺度存在差异，对不同机构发行的资产管理产品适用的估值方法存在差异。二是个别监管体系下的估值规则对估值的规范性要求为原则性，对估值管理机构设置、估值评估等要求不够具体。三是个别监管体系下估值方法覆盖的资产类别不全面。四是个别估值指引规定的估值方法不够合理。例如，《证券公司客户资产管理业务估值方法指引》规定，在证券交易所市场挂牌交易实行净价交易的债券按估值日收盘价估值，对于只在上海交易所固定收益平台或者深圳交易所综合协议平台交易的债券按照成本估值，但是大量公募债场内交易不够活跃，如对私募债按照成本估值的，不同产品购买同一债券的成本不同将导致估值结果的差异。
（2）估值规则缺陷对资产管理机构合规经营产生影响

一是个别管理人对估值重要性认识存在不足，尚未建立估值制度、估值管理机构或估值工作机制。二是估值规范性有待加强，存在滥用估值技术问题。个别银行理财产品合同未约定估值方法，或者约定的估值方法不够具体，个别管理人未能有效执行估值一致性原则，采用的估值方法不公允等。例如，2021年11月，某金融公司因私募资管计划中估值方法不当等被责令改正，具体涉及两大问题：使用成本法对私募资管计划中部分资产进行估值问题，以及存在对具有相同特征的同一投资品种采用的估值技术不一致问题。估值技术不一致会导致同一类型产品出现不同的估值，不仅不利于资本市场发展，也对投资者明显不公平。三是行业对个别类别的估值方法存在较大差异，如部分管理人对债券按照第三方机构提供的估值价格进行估值，而个别证券公司的私募资产管理产品合同约定只在上海交易所固定收益平台或者深圳交易所综合协议平台交易的债券按照成本估值，个别公募基金合同约定在证券交易所市场交易实行净价交易的债券按估值日收盘价估值。[1]

（3）估值标准调整滞后及合作方信息滞后风险

根据资管新规要求，资产管理产品进行净值化管理，估值核算应当公允，鼓励采用市值法估值，以及满足特定条件的可采用摊余成本法对资产进行估值核算。过去各资产管理机构对非标资

---

[1] 周卫青，李赛男，等.资产管理产品管理人估值合规性问题探讨（一）[EB/OL].
https://xueqiu.com/6096518911/234167068, 2022-11-01.

产（未上市企业股权、非标债权等）、某些低流动性资产（如私募债券、资产支持证券等）在无法通过估值技术确定公允价值时采用成本法进行估值，随着最新《企业会计准则》在资产管理行业的施行，前述估值方法所得结果已不准确，影响资产的准确定价。

另外，也有资产管理机构管理的产品在投向资产发生风险后，第三方机构提供的估值未及时调整，管理人未进行审慎评估，仍沿用第三方原有估值，导致产品净值不能准确反映实际资产价值，甚至在未调整估值前开放产品的申购和赎回，将留存的投资者置于不利境地，也给机构自身带来投诉，引发合规及声誉风险。因此，在当前环境下，在资产端估值时，管理人与作为其合作机构的评级公司、第三方估值机构及托管行之间做好更加紧密的衔接，对化解资产管理产品估值风险尤为重要。

（六）金融科技端

在金融技术与业务深度融合的背景下，财富管理市场对技术的依赖程度大大加深，由此带来的技术风险也日益凸显。

1. 量化投资与智能投顾下的算法风险

人工智能、大数据等技术已深度应用于财富管理业务的资产端、资金端和风控端等各个环节。例如，运用人工智能技术的智能投顾在国内早已破冰。2019年，蚂蚁金服与美国最大共同基金先锋领航合资成立基金投资顾问公司，上线"帮你投"智能投顾产品，半年内管理规模即达22亿元。此外，招商银行的摩羯智投和广发证券的贝塔牛等也是行业的先行者。同时，伴随着技术的广泛应用，金融市场出现"量化革命"，量化投资成为迅速兴起的交易模式。① 近年来，我国量化私募的管理规模迅速扩张，2017—2020 年，量化私募管理规模从 1 100 亿元增长到 5 200 亿元，增长近 4 倍，② 而同期非量化私募管理规模仅增长 31%（见图 5-5）。截至 2022 年 6 月底，存续私募证券投资基金为 83 813 只，较 2021 年底增加 6 974 只，总规模为 5.78 万亿元。③

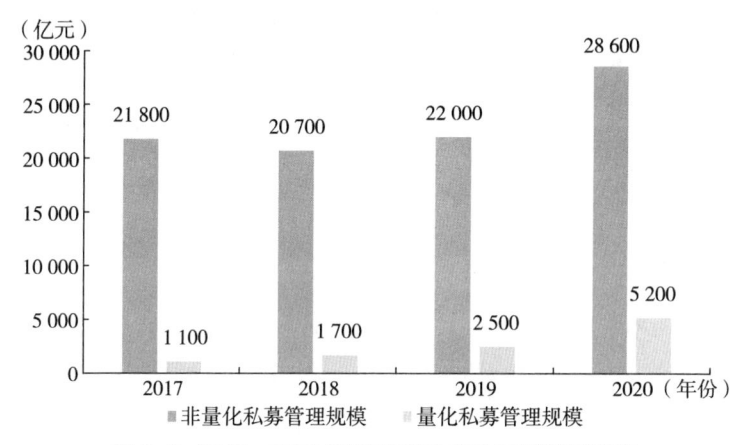

图 5-5 2017—2020 年我国量化与非量化私募管理规模

量化投资和智能投顾的内在核心是模型算法，算法风险须引起高度关注。一是在运用智能化系统为客户提供程序化的资产管理建议或量化交易时，如果机构均采用相似的风险指标和交易策

---

① 量化投资是指通过数量化方式及计算机程序化发出买卖指令，以获取稳定收益为目的的交易方式。按照管理资产的规模，全球排名前四的资产管理机构，都是依靠计算机技术来开展投资决策的。
② 赵建，李嘉怡. 叙事、量化与加密货币：全球金融市场的"数字革命"[EB/OL].https://new.qq.com/rain/a/20210929A07RL400, 2020-09-28.
③ 资料来源：招商证券《国内量化私募 2022 年上半年发展报告》。

略，则会导致算法共振和算法同质化，在市场中出现更多的"同买同卖，同涨同跌"现象，加剧市场的波动和共振。二是提供量化投资和智能投资顾问业务的机构通常都将其算法视为核心机密，算法的研发、测试、更改不透明，缺乏明确的披露、解释、审查和监督规则。算法的"黑箱"容易导致监管缺位，造成"老鼠仓"行为、利益输送等违法违规行为发生，进而损害投资者的合法权益。三是量化投资和智能投顾高度依赖于算法的科学性和稳健性。如果算法的理论假设与现实情况偏差较大，或者算法本身存在内在缺陷，将给客户带来许多风险隐患，甚至导致客户遭受巨大损失。例如，错误的算法可能导致客户偏离预期投资目标，或者超出其风险承受能力；当市场发生结构性变化，甚至"黑天鹅"事件后，不及时调整算法有可能导致原有投资策略失败，进而给客户带来损失。

前述风险已引起监管部门高度重视，并出台了相应法规。资管新规第二十三条对智能算法的监管报备和信息披露做出了原则性规定，并要求金融机构应当根据不同产品投资策略研发对应的人工智能算法或者程序化交易，避免算法同质化加剧投资行为的顺周期性，并针对由此可能引发的市场波动风险制定应对预案。2021年3月，中国人民银行发布了《人工智能算法金融应用评价规范》，规定了人工智能算法在金融领域应用的基本要求、评价方法、判定准则。但考虑到智能算法的复杂性、多样性和多变性，有效监管落地难度较大，针对智能算法监管手段的智能化也须相应地提高。

2. 数据安全和隐私保护风险

在数字经济时代，数据已经成为新型生产要素。但部分机构过度追踪与收集用户"数字足迹"，消费者数据被过度采集、非法共享、随意滥用等现象层出不穷，数据安全和隐私保护问题形势严峻。中国互联网络信息中心发布的第 51 次《中国互联网络发展状况统计报告》显示，2022 年底，遭遇个人信息泄露的网民比例高达 19.6%（见图 5-6）。

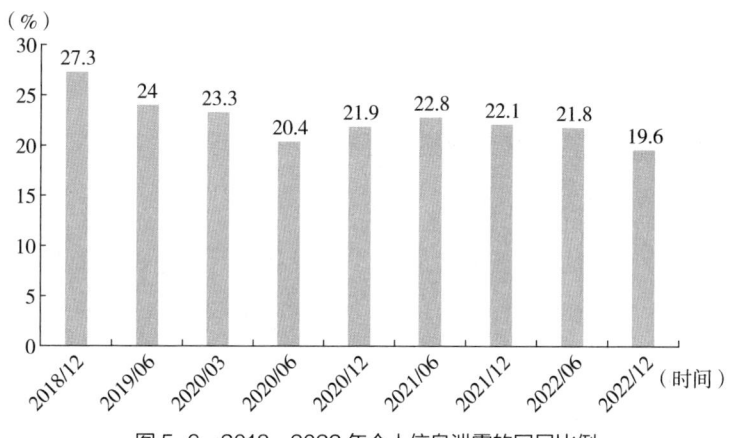

图 5-6　2018—2022 年个人信息泄露的网民比例

2021 年以来，《中华人民共和国数据安全法》与《中华人民共和国个人信息保护法》相继施行，确保数据及个人信息得到有效保护与合法利用。财富管理行业作为数据和个人信息的重要处理主体，数据安全规范和隐私保护工作进入常态化阶段，面临诸多风险挑战。一方面，在内部管理上，财富管理业务流程复杂、链条长、环节多、范围广，涉及的数据多样化程度高、覆盖面广、复杂度高，且在技术广泛应用的背景下，内部员工违规窃取数据等行为具有隐蔽性、多样性、难以预见性等特点。若内部管理能力跟不上，事前缺乏有效的系统监控手段来发现员工异常行为，事中缺乏有效的系统预警和管控手段，则数据安全和隐私保护风险较高。另一方面，在外部合作上，数据共享与数据流动等领域的数据安全和隐私保护风险较高。数据具有非实体性、无消耗性、零成本复制性等特点，数据一旦共享或流动，数据控制权就一并转移，其他数据处理者的数据泄露、滥用风险难以防范。财富管理业务需要对接的市场主体多样，客户账户类、交易对手类、清算结算类等数据共享或流动频繁，数据和隐私保护压力较大。

3. 信息系统架构等基础设施建设不完善的风险

在信息技术的引领下，金融服务线上化发展已成市场主流，新冠肺炎疫情加快了这一进程。消费者线上服务需求的日益强烈，对财富管理机构的信息系统架构等基础设施建设提出了更大的挑战。信息系统架构等基础设施建设不仅要支撑差异化、综合化的产品和服务，也必须满足高并发、易扩展、抗冲击等要求。信息系统架构等基础设施建设不完善可能导致巨大的风险隐患。一方面，资产管理行业信息系统建设长期存在陈旧架构多、数据膨胀快、数据管理差、业务系统集中度高等问题，一旦出现自然灾害、设备故障、人为因素等都会造成业务中断，可能导致难以估量的经济损失；另一方面，资产管理行业信息系统等基础设施建设的自主性差，部分系统严重依赖外部第三方机构。例如，基于云服务建设信息科技系统的金融机构，对云服务机构具有依赖性，云服务机构的风险对其具有传染性。

4. 底层技术不成熟的风险

技术发展本身具有周期性，高德纳公司提出技术成熟度曲线，将技术成熟应用转化的过程划分为五个时期，包括萌发期、预期膨胀期、泡沫破灭期、回归恢复期和生产稳定期。以萌发期为例，在此阶段，新技术的创意开始得到深化，并受到外部资源（如资本）的关注和支持，得以具备朝向应用阶段转化的条件，并在局部领域获得个案式的成功。这一时期为新技术的诞生期，通常不存在成熟可用的产品，技术的缺点和不足未充分显现，商业可行性也未得到证明。

金融科技领域底层的新技术同样存在这些问题，如果不成熟的底层技术被广泛应用于具体业务，未来可能产生较高的技术风险。以生物识别技术为例，人脸识别技术已广泛应用于我国证券行业的远程开户环节，但由于人脸识别开户存在一定的错误率，仍然需要人工核对环节。再以近年来兴起的加密货币技术为例，2022年11月11日，加密货币交易所FTX申请破产，导致加密货币市场剧烈动荡，FTX可能存在的挪用客户资金情况强化了投资者对交易所安全性的担忧，风险外溢效应加大。除交易所不安全问题外，加密货币丢失、黑客敲诈掠夺等事件也层出不穷。

三、对财富管理市场风险外溢的分析

（一）地方政府引导基金的竞争及"退坡"

近年来，地方政府引导基金、地方国资在财富管理行业的影响力逐渐变大，很多地方政府希望通过设立政府引导基金或投资基金的方式，实现当地产业协同和招商引资，带动经济发展。虽然引导基金在激励资产管理机构参与特定资产投资方面起到了重要作用，但政府基金对市场化资金具有"挤出效应"，带有行政色彩的资金会优先抢占特定优势项目，挤占市场化机构的投资空间。同时，行政化的投资也往往伴随更高的失败风险，虽然有合肥市国资委成功投资科大讯飞[①]、蔚来汽车[②]等优秀案例，但其毕竟不可复制，与之对照，青岛市国资委投资每日优鲜[③]、青岛航空[④]等造成了数十亿元的大幅亏损。另外，在项目运作期间，政府基金有一定的阶段性特征，随着当前土地财政、减税降费等政策调整，以及公共卫生支出的刚性需求，地方政府财政支出压力

---

① 1999年，安徽信托、美菱集团和合肥永信三家国企分别拿出1 020万元各占17%的股权，与硅谷天音的股东一起成立讯飞有限，即科大讯飞的前身。如今科大讯飞已发展成为营收超百亿元、市值近千亿元、人员过万、一年纳税近十亿元的明星企业。

② 2020年初，合肥市政府向蔚来汽车投入70亿元股权融资，蔚来则将包括整车研发、供应链、销售与服务、能源服务等核心业务与相关资产注入蔚来中国，这笔交易完成后，合肥合计持有蔚来中国24.1%的股份，目前该笔投资盈利超过1 000亿元。

③ 2020年12月，青岛国信、阳光创投、青岛市政府引导基金组成联合投资主体，向每日优鲜战略投资20亿元（约合3.06亿美元），截至2021年底，青岛国资仍持有约7.8%的股权，但持股市值只剩234万美元，折合人民币约1 600万元，浮亏99%以上。

④ 2020年9月，青岛城投集团与南山控股举行青岛航空战略重组交接仪式，青岛航空从全资民营企业正式转为全资国有企业。根据《青岛旅游集团有限公司2022年跟踪评级报告》，2021年，青岛航空实现收入22.62亿元，净利润 –15.88亿元。截至2021年底，青岛航空资产合计为165.19亿元，所有者权益 –22.35亿元。

持续增大，①政府引导基金呈现"退坡"趋势，这将对资管机构投入地方项目的资金流动性，乃至后期参与类似项目的积极性构成挑战。

（二）资产管理行业存在"大而不倒"问题

历史上美国联邦政府对长期资本管理公司的救助，以及全球金融危机期间对房地美、房利美和美国国际集团等大型金融机构的救助，向社会传递了金融机构"大而不倒"的错误激励信号。历史经验表明，"大而不倒"的金融机构可能会利用其市场影响力过度承担风险，但一旦出现问题，便由全社会进行兜底。在大型金融机构的公司治理无法对风险进行有效约束的情况下，必须靠外部监管来进行补充。因此，需要对大型金融机构提出特别监管要求，以促其合理承担风险、避免盲目扩张。从我国财富管理市场的情况来看，部分规模较大、复杂程度较高的资产管理机构因与其他金融机构关联度高而在金融体系逐渐占据更加核心的位置，对我国金融体系整体稳健性以及服务实体经济的能力具有重要影响，若其发生重大风险，可能诱发系统性风险。根据IPE（欧洲养老金与投资）发布的《2022全球资管500强榜单》，中国人寿资产管理、平安资产管理、招银理财、易方达基金分别以4.42万亿元、4.14万亿元、2.78万亿元、2.7万亿元的规模在中国排名第一到第四，其体量与国内几十万亿元资产的国有银行，

---

① 36氪."新"资产配置时代，钱从哪里来、投到哪里去？| 2022中国基金合伙人未来峰会［EB/OL］. https://baijiahao.baidu.com/s?id=1745100652033121859&wfr=spider&for=pc, 2022-09-27.

或者国际上排名第一、资产规模达 55 万亿元的资产管理机构美国贝莱德集团相比还有很大差距，但在未来资产管理行业的高速发展中，应当注重其机构及资产的分散化管理，防范内部风险隐式，避免"大而不倒"现象的发生。

（三）地方政府债务与金融部门"双螺旋"风险

2008 年全球金融危机以来，随着金融领域和地方政府债务领域的政策放松，地方政府债务出现不可控增长，金融部门影子银行规模快速增长，风险快速累积。当前，中国地方政府债务风险与金融部门风险呈现紧密相依、相互传导、相互强化的风险"双螺旋"结构。在传导机制上，地方政府债务违约风险提高金融风险并向实体经济部门传导，而金融部门风险通过直接的资产负债表渠道和间接的一般均衡效应向地方政府债务风险传导。研究表明，金融部门的资产负债表状况是风险"双螺旋"结构的核心，是风险相互传导的关键。[1] 由此可见，地方政府债务危机、金融危机以及实体经济危机在风险"双螺旋"结构模型中倾向于同时发生，从而触发系统性宏观金融风险。在当前环境下，应尽量减少对超长期地方政府债务的依赖，以免强化金融风险对地方政府债务风险的敏感性。与此同时，应通过平衡统筹资产管理机构发展等方式，推行投资主体多元化，以分散积聚在金融部门的风险，弱化风险的传染。

---

[1] 熊琛，金昊.地方政府债务风险与金融部门风险的"双螺旋"结构——基于非线性 DSGE 模型的分析［J］.中国工业经济，2018（12）：23-41.

近期，重仓长债的英国养老金爆仓事件，即为政府债务风险与金融风险"双螺旋"交织后果的典型案例。在英国养老金中，有 50% 是承诺未来给付水平的预定收益型养老金。随着近年来宽松货币政策导致的国债收益率降低，养老金投资收益无法覆盖未来承诺给付，不得不采用衍生工具"对冲"利率下行风险。但 2022 年英国央行跟随美联储货币政策掉头，大幅加息，利率衍生工具大幅减值，叠加英国政府突然释放大规模减税和增加政府开支的"迷你预算"，导致市场加息预期更加强烈，国债收益率进一步快速上升，以及养老金持有的利率衍生工具触发保证金追加。养老金计划不得不出售资产回收现金，进一步拉高市场利率形成恶性循环，导致持有大量长债的养老金几乎爆仓。

四、对推动财富管理市场风险问题的建议

（一）持续完善资产管理行业、财富管理行业的顶层制度架构，动态调整监管政策

中国财富管理市场的顶层制度设计应根据市场实际情况相应地进行动态调整。特别是在私募投资基金领域，资管新规未将其纳入资产管理产品范畴，私募投资基金在法律定位上不是证券，导致公募基金和银行理财等公募资产管理产品无法投资私募投资基金。建议将私募投资基金纳入《证券法》规范的证券范围，允许各类资产管理机构、资产管理产品进行投资。

（二）允许"小公募"产品适当投资私募股权或私募股权投资基金

对于面向合格投资者公开发行的银行理财等"小公募"产品，鉴于投资者门槛较高且产品有一定的封闭运作期，建议允许其安排小比例资金投资私募股权或者私募股权基金，并通过侧袋机制、实物交割等安排，将投资标的直接分配给投资者。通过这种方式为中国权益市场特别是一级市场提供更加便利的资金支持。

（三）进一步培育多样性投资策略，避免市场集中度风险

为更好地发挥财富管理市场分散风险的功能，应鼓励更多不同投资方向、投资策略的投资者入市，建议有三点：一是积极推动ETF市场发展和风格多元化；二是鼓励资产管理机构加大创新力度，建设琳琅满目、风格分散的产品货架；三是目前券商等非银金融机构自营业务和部分资产管理产品的杠杆率上限偏高，建议适度降低非银金融机构或资产管理行业的杠杆率，同时对债券借贷、融资融券业务等进行透明化、穿透化管理。

（四）加强对资产管理机构、财富管理机构股东及相关利益人的管理，提升大型资产管理机构的公司治理水平

建议在资产管理和财富管理机构的公司治理环节，进一步加强对股东及相关利益人的管理，强制机构履行信义义务；在未尽

职免责、未透明化信息披露、未公平对待投资者、估值技术使用不当等造成投资者损失的情况下，应加强对投资经理及相关利益人的管理，同时根据资产管理机构的公司组织形式，采取适当并合理的赔偿方式。此外，建议鼓励大型资产管理机构设置独立董事提升投资者保护、管控关联交易，鼓励包括银行理财在内的资产管理机构设立专业子公司（如PE或量化投资子公司），在确保风险隔离的前提下发挥专业子公司市场化优势。

（五）统一银行理财公司和基金公司税收政策

为促进不同资产管理机构之间公平竞争，消除监管套利，建议统一银行理财公司和基金公司的税收政策。

（六）允许银行理财产品在中债登进行多级托管

目前，国家金融监督管理总局暂不允许理财产品按照多级托管模式参与银行间债券市场交易，导致银行理财公司无法直接参与银行间债券市场交易，部分债券只能通过其他资管计划作为通道进行投资，建议允许理财产品和其他资产管理产品一样可以在银行间债券市场直接开户和交易。

（七）支持各类资产管理机构、财富管理机构开展财富管理投资顾问业务

建议在中国证监会《关于做好公开募集证券投资基金投资顾

问业务试点工作的通知》的基础上，设立财富管理投资顾问业务牌照，允许财富管理投资顾问机构根据投资者自身情况，向其推荐包括资产管理产品在内的各类金融产品进行投资。财富管理投资顾问应代表投资者利益，并直接从买方收费。建议对于已经持牌的银行理财、公募基金等资产管理机构可豁免申请，自动获得牌照。

（八）支持资产管理行业并购

建议参照国外经验，允许有实力的公募基金管理公司、银行理财子公司围绕主业，使用资本金投资金融科技公司或并购其他资产管理机构，实现快速外延式扩张，培育世界一流资产管理机构。

（九）支持银行系相关子公司获得与资本市场相关的牌照

在风险隔离的基础上，让银行成为资本市场的积极参与者，以发挥其在客户黏性、风险管理方面的优势，促进直接融资发展和中国金融体系转型。

第六章

销售篇

资产管理机构对投资者负有信义义务，而资产管理机构或者其代销机构在销售环节对投资者的义务在法律上的定性为适当性义务。资管新规一方面强调，金融机构发行和销售资产管理产品应坚持"了解产品"和"了解客户"的经营理念，加强投资者适当性管理，向投资者销售与其风险识别能力和风险承担能力相适应的资产管理产品；另一方面也重视投资者教育问题，要求金融机构加强投资者教育，不断提高投资者的金融知识水平和风险意识，向投资者传递"卖者尽责，买者自负"的理念，打破刚性兑付。但目前，销售端的适当性管理与投资者端的投资者教育仍存在若干问题与不足。

一、当前销售端的问题与建议

销售端的问题，除了前文讲述的产品与投资者的适配问题，还有如下几方面问题。

（一）业绩基准下的黏性兑付风险

在业绩比较基准设定上，不同类型的资产管理产品存在较大差异，公募基金绝大多数产品采用相对业绩基准的模式，如"50%沪深300指数+50%中债总财富指数"，大多数银行理财采用4%或3%~3.5%等数值或者数值区间的模式，基金专户、券商资管、信托可能采用多种方式。银行理财投资人虽然不再像此前银行资管部时期那样要求刚性兑付，但对于购买的银行理财子公司产品达成参考收益普遍抱有较高预期，即由刚性兑付过渡至黏性兑付。资管新规施行后，理财新产品风险收益特征虽然普遍低于公募基金，但是本质上与公募基金产品一样具有波动性。公募基金采用相对收益标准容易明示风险，而银行理财普遍采用区间绝对收益考核，只能依靠宏观择时能力不断维系这一黏性的兑付预期。也就是说，投资者对于投资风险的认知和产品风险收益特征存在偏差。若理财产品遇到极端市场情况导致净值大幅波动，理财投资人的黏性兑付预期或大幅修正。银行理财公司近年来发行了一系列高频开放的固收及"固收+"产品，若预期修正有可能引发产品流动性问题。

（二）产品信息透明度

对一般客户公开发行的公募类资产管理产品，信息披露越完善、透明度越高，在客户认知度、信任度以及产品的评价与筛选等方面就越具备优势。目前，公募基金的信息披露机制相对完善，定期披露的产品信息完整性和透明度较高，与国际市场水平接近。

单只银行理财产品的信息虽已经按照监管要求定期披露产品净值、组合资产等情况，但仍存在透明度、完整性、标准化程度偏低的问题，大量银行理财产品未明确披露如存续规模、具体持有资产或资产的特征分布等较为关键的产品信息，同一类信息在不同银行或理财公司发行的产品说明书中表述也不完全一致。与此同时，银行理财产品还具备多期发行的特点，单一发行主体分期发行的同系列、同策略且同时运作产品数量可达几只到几十只，造成的总产品数量极其庞大。在信息较难识别的同时，也缺乏统一且准确度高的展示平台，市面上一些以信息技术或人工摘录等方式形成的收费数据库，信息错误率较高。整体而言，这些问题对投资者清晰认知所购产品、投资顾问筛选产品、代销机构代销产品以及监管部门监督管理等，均造成极大困难，给业务的长远发展和同类竞争带来负面影响。

（三）不当引导引发的羊群效应与频繁交易

1. 羊群效应

羊群效应在投资者群体中普遍存在，是一种具备可改善性，但较难消除的行为特征。近年来，羊群效应在资产管理行业快速发展的过程中存在一定程度上的强化，这一现象与资产管理产品的销售过程有关，具体而言，包括以下三点。

一是资产管理产品页面展示。在对投资者的调研中发现，面对复杂多样的产品信息，投资者在购买或申购的时候，更倾向于选择历史收益率排名靠前的产品，在产品展示页面单独或醒目地展示排名的方式又进一步强化了投资者对于历史收益率排名的依赖，从而强化了羊群效应，并不断地在各个阶段增加少数产品规模的同时，也让大量投资者买入了与其投资特点不匹配的产品。若产品展示页面的信息选择存在较强的引导性，那么增加交易拥挤度、估值分位数等价值引导性指标，则可能对投资者理性行为的回归产生正面作用。

根据相关监管规定，在宣传推介过程中，公募基金仅能展示成立满6个月产品的本产品或同一产品管理人的历史业绩，展示区间需要6个月以上。银行理财对于历史业绩没有明确规定，为该理财产品或者本行同类理财产品即可，对时间周期、产品成立年限均未做约束。在产品销售过程中，在最新的理财销售管理办法不允许单独、突出展示数值或区间数值型业绩比较基准后，部分银行采取了高亮突出展示近期历史收益率的形式，在市场行情变化较快的时期，会存在较大的客户误导。

二是理财经理与投资顾问引导。当前，大量银行均面临销售"好卖的"产品还是"该卖的"产品的矛盾和困惑，但在总行规模考核的情况下，最终还是趋同地选择了"好卖的"产品。但销售难度具备逆周期特征，即牛市中后段的销售难度低，而熊市后段的销售难度高，但赚钱效应却相反，这导致牛市末段通过理财经理和投顾向市场引入了更加巨量的资金推高泡沫，熊市末段资金持续离场加剧下跌。在此过程中，投资者往往亏损离场。投资者教育的成本较高是引发规模考核下理财经理和投顾趋同行为的根本，对于财富管理投资咨询环节更精准、科学、细化的行为规范，也许能够对缓解人为的羊群效应强化起到积极的作用。

三是羊群效应趋同后的监管逆周期干预。近年来在资管新规的转型中,公募基金是最大的受益行业,公募基金凭借中短期历史收益,在一定程度上出现了投资者、销售渠道、基金经理、其他投资机构的行为共振,呈现了非常有特色的中国式羊群效应场景。其路径还原如下:基金经理业绩出色,吸引大量申购,在资管新规净值化转型中,居民财富通过公募基金转移至资本市场,但资产本身的回报能力有限,在估值泡沫中,居民倒逼销售机构,销售机构倒逼基金经理,基金经理持续买入其熟悉的投资赛道,挟巨量增量资金抱团,基金经理行为影响了市场定价,形成市场因子,进而驱动量化私募机构与公募行为共振,加剧泡沫,中短期业绩继续吸引资金进入。相关监管部门在市场行为监测上,进行了一定的窗口指导操作,包括对特定赛道基金发行限制,对公募基金风格漂移进行限制,整体限制量化私募备案节奏,对可能构成同向共振的场外衍生品进行发行限制,在一定程度上进行了逆周期管理,避免了更大的泡沫堆积。

2. 频繁交易

频繁交易的行为特征理论来源是过度自信的心理偏差,与羊群效应类似,同样是可改善但较难消除的行为偏差。基金的频繁交易强化与销售环节的部分错误引导有一定关系。对投资者来说,基金的高频交易在损失交易费用的同时,无法稳定地将资金投资于真正适合自己的绩优产品中;对于产品管理人来说,产品规模稳定性不高提升了产品管理的难度,增加了流动性风险。下面从新基金营销和理财经理销量考核两方面进行探讨。

一是新基金营销。在银行等主要的代销机构,由于新基金营销活动、托管业务联动等因素,对新基金的推广力度较大。当客户存量的资产管理规模没有增长时，若要增加新基金的申购，就需要将客户的资金从老产品中腾挪出来，持续高频的腾挪造成了客户资金在新老基金中的频繁交易。

二是理财经理销量考核。目前，部分财富管理机构对理财经理的考核仍采用销量考核而非客户持续资产管理规模考核的方式，客户的申购和购买行为能够增加销量，但赎回和卖出没有惩罚。因此，理财经理会选择在财富管理规模没有增加的情况下，让客户赎回已持有的产品而申购新产品，以此来完成在客户持续资产管理规模不变情况下的销量增长，但这一过程会造成客户频繁申赎的后果。

二、当前投资者端的问题与建议[①]

目前，我国资产管理业务客户呈现集中在个人投资者的整体态势。从资金来源数据上看，个人数量占比为99.61%，持有规模占比为88.84%，个人投资者占较大比例。另外，资产管理市场中部分机构投资者散户化特征明显，[②]这些都加剧了市场波动（见图6-1）。

长期以来，我国资产管理市场充斥着各种刚兑产品，大多投资者对产品净值化、资产配置、长期投资等理念的接受程度仍然较低，对资产管理产品合同条款、风险分类、净值变动、投研能力的重视程度和辨识能力不足。换言之，我国投资者成熟度较

---

① 资料来源：《中国财富管理市场报告（2021）》。
② 参见2022年11月21日中国证监会主席易会满在金融街论坛年会上的讲话，http://www.csrc.gov.cn/csrc/c106311/c6609543/content.shtml。

低，在一定程度上制约了资产管理行业转型发展进程。目前，资产管理行业改革主要从供给端入手，倒逼需求端改革。然而，最终转型的效果在很大程度上还将取决于需求端投资者的接受程度，我国资产管理业务在当前的投资者教育实践中仍面临诸多挑战。

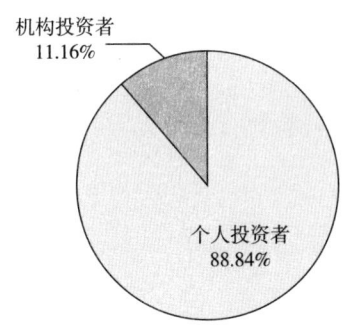

图 6-1　2021 年资产管理业务的资金来源

一是刚兑文化在短期内未能完全破除。二是在宏观层面，有关投资者教育的战略规划和长效机制有待完善。投资者教育工作机制呈现碎片化，缺乏国家层面的统筹规划和立法安排，不利于投资者教育工作的稳步推进和长远发展。三是资产管理机构参与投资者教育的积极性仍有待提升。金融机构缺乏承担投资者教育工作的内在动力，投资者教育活动营销性质较强，从销售导向转换至服务导向尚需时日。四是投资者教育方式的有效性有待加强。现有投教方式大多以机构单向知识输出为主，不够场景化，较晦涩难懂，缺乏吸引力。因此，创新满足与数字时代、人口结构变化相适应的投教方式和教育工具越发重要。

第七章

托管篇

一、当前基金托管行业面临的主要问题

基金托管人是在基金运作中承担财产保管、资金清算、会计核算、投资监督与信息披露等职责的当事人。1997年颁布的《证券投资基金管理暂行办法》被认为是国内基金托管行业发展的起点。截至2022年底，经中国证监会批准开展基金托管业务的金融机构包括29家商业银行、30家证券公司、3家外资商业银行、中国结算公司和中国证券金融公司等，托管资产管理产品规模达206.97万亿元。[①]

国内基金托管行业历经20余年发展，形成了较成熟的服务体系，培育了一批专业基金托管机构，充分发挥了为资产管理市场保驾护航的作用。但同时，由于国内基金托管行业起步较晚，上位法和配套规章尚需完善，金融监管职能有待完全厘清，基金托管人在履行法定职责方面存在一些亟待解决的问题。

---

① 数据来源：基金业协会。

（一）对于基金托管人的法律地位仍然存在争议

对于基金管理人和基金托管人是否属于《信托法》所指的"共同受托人"，学术界和实务界一直存在争议。全国人大常委会法制工作委员会在《中华人民共和国证券投资基金法释义（2012年修改）》中，将基金合同当事人界定为信托关系，并指出"基金托管人与基金管理人一起，是投资者的共同受托人"[①]。在2018年"阜兴事件"发生后，有关基金托管人法律地位和责任承担的问题成为争论的焦点，包括基金业协会和中国银行业协会在内的行业自律组织也分别持有不同的观点。

《信托法》规定"共同受托人处理信托事务对第三人所负债务，应当承担连带清偿责任"[②]。基金管理人和基金托管人共同受托关系的认定，涉及在受托人存在过失导致基金财产和基金投资人利益受损时，是否需要承担连带赔偿责任的问题；也涉及在基金管理人失能的情形下，基金托管人应当履行何种职责的问题。

当前，法律界和实务领域倾向于认为基金管理人与基金托管人不构成共同受托人关系。《信托法》所指的"共同受托人"需要受托人之间"合有"信托财产，且以共同的行为处理同一事务。根据《证券投资基金法》的规定，基金管理人和基金托管人分别负责投资管理和基金财产保管等事务，[③]并无共同处理相关事务的主观意思联络与客观上的联合行动。同时，《证券投资基

[①] 参见《中华人民共和国证券投资基金法释义（2012年修改）》第三十三条释义。
[②] 参见《信托法》（2001年）第三十二条。
[③] 参见《证券投资基金法》（2015年4月修正）第二条。

金法》关于基金管理人和基金托管人赔偿责任承担的规定[①]也并未体现出共同受托人的特点。

明确基金当事人的法律关系,既有助于基金托管人履行勤勉尽责义务,也可以避免对法律的不当解读,从而加重基金托管人的责任。

(二)部分行业规章对基金托管人职责的界定与上位法存在冲突

在现行金融监管法规体系中,《证券投资基金法》等法律、行政法规构成界定基金当事人法律关系和基金托管人职责的上位法。居于其下的是各金融监管部门制定的部门规章,包括中国证监会、银保监会等颁布的关于基金托管业务和各类资产管理业务的规章。再下层是行业自律组织发布的与基金托管业务相关的自律规则。中国证监会制定的部门规章与《证券投资基金法》保持了较高程度的一致性,中国银保监会、中国银行业协会等制定的部门规章和自律规则中有关基金托管人职责的部分内容与《证券投资基金法》存在一定的冲突。例如,中国银保监会于2018年9月颁布的《商业银行理财业务监督管理办法》未将《证券投资基金法》援引为上位法,并且未将《证券投资基金法》规定的基金托管人应当"按照规定召集基金份额持有人大会"列入理财产品托管机构的职责。[②] 2019年3月,中国银行业协会发布的《商业银行资

---

① 参见《证券投资基金法》(2015年4月修正)第一百四十五条。
② 参见《证券投资基金法》(2015年4月修正)第三十六条,《证券投资基金托管业务管理办法》第二十三条。

产托管业务指引》规定商业银行资产托管业务的服务内容,可以通过合同选择性地约定。[1]同年12月,基金业协会在其发布的《私募投资基金备案须知》中强调,"私募投资基金托管人应当严格履行《证券投资基金法》第三章规定的法定职责,不得通过合同约定免除其法定职责"[2]。2022年12月,中国银保监会公布的《商业银行托管业务监督管理办法(征求意见稿)》延续了《商业银行资产托管业务指引》的思路,将托管产品财产分为"可托管资产"和"其他资产",根据商业银行自身能力和服务水平分别提供托管服务和事务管理类服务。行业内对该征求意见稿是否与《证券投资基金法》原意相冲突也有较多讨论。

在分业监管模式下,金融监管部门基于不同的监管思路和目标制定部门规章,与上位法确立的基本原则产生一定的冲突,形成实质性的差异化监管。基金管理人会倾向于选择监督标准相对宽松的基金托管机构,从而为市场留下一定的监管套利空间。因此,以上位法为基准统一基金托管人的履责标准,既有利于发挥基金托管人对基金管理人的监督和制衡作用,也有利于司法和仲裁部门统一裁判依据,切实维护基金投资人的合法权益。

(三)公募理财产品和私募股权投资基金的托管机制尚待完善

《证券投资基金法》出台于公募基金快速发展的时期,有关基金托管人履责的条款主要参照了公开募集证券投资基金的最佳实践。

---

[1] 参见《商业银行资产托管业务指引》(2019年3月)第七条。
[2] 参见《私募投资基金备案须知》(2019年12月)第一条第(四)款。

2012年以来，以银信合作为基础、大量投资非标资产的银行理财规模迅速膨胀，蕴含了较大的系统性金融风险。2018年出台的资管新规针对银行理财产品的期限错配、刚性兑付、多层嵌套和资金池等问题精准施治，取得了显著成效。同年9月颁布的《商业银行理财业务监督管理办法》允许公募理财产品投资一定比例的非标准化债权类资产。[①] 非标债权资产不同于标准化资产，具有流动性较差、缺乏公开市场交易价格、风险计量较困难等特点。在公募理财产品净值化转型过程中，需要做出有别于公募证券投资基金的托管机制设计，包括非标债权资产的确权和对账方式、公允价值的计量方法、"侧袋估值法"的应用，以及信息披露标准等。此外，资管新规允许银行理财子公司发行的产品由母行托管，在防范关联交易、利益冲突等方面需要做出相应的安排，确保实现实质性独立托管。

近年来，在与资产管理业务有关的纠纷和监管处罚案例中，有相当部分涉及私募股权投资基金。私募股权投资基金具有财产非闭环运行、投资项目周期长、信息不透明和缺乏统一的估值标准等特点。《证券投资基金法》中的"非公开募集基金"内容确立了私募投资基金以基金当事人意思自治为原则，由基金合同约定基金当事人的权利和义务。在业务实践中，私募股权投资基金的财产一旦脱离托管账户进入投资项目，基金托管人即难以对其监督和控制；由于投资项目的尽职调查、价值评估、穿透核查和公允价值计量存在技术障碍，基金托管人对投资项目合同、投资指令和财务报告只能进行形式审核。在基金托管人履行基金财产

---

① 参见《商业银行理财业务监督管理办法》（2018年9月）第三十九条。

安全保管和投资监督责任方面，私募股权投资基金同样与证券投资基金存在较大差异。

2014年，由中国证监会发布的《私募投资基金监督管理暂行办法》规定，"基金合同约定私募基金不进行托管的，应当在基金合同中明确保障私募基金财产安全的制度措施和纠纷解决机制"。在基金业协会发布的私募投资基金合同指引、备案指引等自律规则中，针对"保障私募基金财产安全的制度措施和纠纷解决机制"给出的参考条款较为原则，对业务实践的指导意义相对较弱。

银行理财产品和私募股权投资基金存在的问题，既有基金治理机制失能方面的原因，也与基金托管机制未能适应产品特点有关。由于募集资金规模较大、涉及投资人数量众多，两类资产管理产品的风险传导效应所产生的社会影响不容小觑。

（四）基金托管业务的"牌照多元化"和"同牌不同权"问题

《证券投资基金法》规定，金融机构申请基金托管人牌照由中国证监会会同相关金融监管部门予以核准。2018年颁布的资管新规第十四条规定，"金融机构发行的资产管理产品资产应当由具有托管资质的第三方机构独立托管"。此"托管资质"是不是《证券投资基金法》所指的基金托管人牌照？资管新规并未予以解释。中国银保监会于同年9月发布的《商业银行理财业务监督管理办法》规定，除具有基金托管业务资格的金融机构以外，"银行业理财登记托管机构或者经银行业监管机构认可的其他机构"也可以托管银行理财产品。[①] 2020年3月，中国银保监会发布的《产品办法》规定，"保险资产管理机构开展保险资产管理产品业务，应当聘请符合银保监会规定且已具备保险资产托管业务条件的商业银行或者其他金融机构担任托管人"。[②]

由前述规章来看，资管新规所指"托管资质"相较于《证券投资基金法》中的基金托管人牌照应该更加广泛。目前，行业的现状是存在着多元化的"资产管理产品托管牌照"，牌照的审批权力也分散在各金融监管部门。我国资产管理市场在发展之初，商业银行是唯一拥有基金托管业务资格的金融机构。2012年，《证券投资基金法》在修订后，陆续引入了证券公司、外资商业银行等基金托管机构。公募基金、私募投资基金、证券期货经营机构发行的资产管理计划、保险资管、银行理财等产品的配套规章做出了相应调整，允许符合条件的基金托管机构托管。出于历史原因，信托计划、社保基金、年金基金等产品的法律和规章至今仍未修订，仅允许商业银行托管。

不同资产管理产品在本质上具有"受人之托，代人理财"的同一属性。基金托管人发挥着保障资产管理产品安全运作的重要作用，对托管机构的内控机制和服务能力有着较高要求。根据"持牌经营，同牌同权"的原则，加强对托管牌照的集中统一管理具有现实必要性。

（五）基金托管人独立履职与商业化服务之间的矛盾

基金托管人除承担基金财产保管和投资监督两类法定职责

[①] 参见《商业银行理财业务监督管理办法》（2018年9月）第五十条。
[②] 参见《产品办法》（2020年3月）第十五条。

外，同时也是服务经营机构，通过为基金管理人和基金投资人提供商业化服务取得商业利益。

与国内市场强调基金托管人的法定职责不同，境外市场的托管机构偏重提供商业化服务。例如，美国市场的基金大多采用公司制形式，对基金管理人和财富管理投资顾问的监督职责由公司董事会承担。基金托管人主要提供财产保管、清算结算、抵押品管理和对账等服务，是较纯粹的商业服务机构。

在境内市场方面，虽然《证券投资基金法》规定基金托管人应当具备一定的独立性，但是在长期形成的资产管理行业生态中，基金管理人在选择基金托管人方面具有较强的话语权，基金托管人的遴选机制不透明。近年来，随着基金托管行业竞争的不断加剧，托管费率持续下降的趋势愈演愈烈。托管费收入的快速下降与客户对高质量基金托管服务的需求构成悖论，与基金托管机构在专业人员培育、科技建设方面的高额投入形成突出矛盾。

综合来看，基金托管行业的竞争仍在加剧。基金托管人"一肩担两责"，如何在切实履行法定职责和提供优质的商业化服务之间找到适度的平衡，是整个基金托管行业面临的重要课题。

二、基金托管行业问题的成因

（一）金融分业监管格局下的机构监管权力外溢

在金融分业监管模式下，由主管直接金融的证券监管部门负责监管公募基金、证券期货经营机构资管计划、私募投资基金等资产管理业务，主管间接金融的银行业监管部门负责监管银行理财、保险资管和信托等资产管理业务。金融监管部门的监管权力包括业务牌照的审批权，监管规章的制定权，对分管机构和业务的监督、检查权，对分管机构违规行为的处罚权等。

《证券投资基金法》明确了由证券监管部门对基金托管业务牌照、基金托管机构及其业务行为实施监督管理的原则。[①]受分业监管模式的影响，其他金融监管部门对基金托管机构大股东和实际控制人的监管权力自然延伸到下层机构。对基金托管业务的监管仍然以机构监管模式为主。

2008年后，银行理财经历了银信合作、非标业务膨胀、股市配资、资金池等非正常发展阶段，虽经多次治理和规范，仍未能完全摆脱影子银行的属性。究其原因，是银行理财连接间接金融和直接金融，在银行体系和资本市场体系之间不断进行监管套利。2018年，资管新规迅速、有效地遏制了银行理财的无序发展，彰显了机构监管与功能监管相结合的联合监管的效力。

（二）金融监管部门看待基金托管业务的视角存在差异

银行业监管部门是将基金托管业务置于商业银行全面风险管理框架内，从维护银行体系稳定的角度加以考虑的。基金托管业务具有表外业务的属性，商业银行存在做大基金托管业务规模的内在冲动。同时，基金托管业务也是商业银行声誉风险的来源之一。因此，排除基金托管业务中的"不可托管资产"、弱化超出

[①] 参见《证券投资基金法》（2015年4月修正）第十一条、第十三条、第三十一条和第三十二条。

商业银行履职能力的保管和监督责任、允许母行托管银行理财子公司的产品等措施，在一定程度上体现了银行业监管部门的风险管控思路。

自1997年公募基金行业发展之初，证券监管部门即引入了"强托管"机制。20多年来，正是由于基金托管人和基金管理人在规范运作、风险防控和业务创新方面的共同努力，公募基金已成为大资产管理行业中发展最规范的资管子行业。在公募基金的示范效应下，证券监管部门对基金托管机制在防范资产管理行业风险中的重要作用给予了高度重视。在资管新规、《公开募集证券投资基金管理人监督管理办法》《证券期货经营机构私募资产管理业务管理办法》等规章中，延续了"强托管"的监管思路。

2020年7月，中国证监会和中国银保监会联合发布的《证券投资基金托管业务管理办法》通过大幅提升基金托管机构的净资本要求、细化基金托管人的履责标准，进一步增强基金托管人自身的抗风险能力，发挥基金托管机制对资产管理行业的"稳定器"作用。

（三）上位法未能覆盖全部资产管理品种

《证券投资基金法》颁布20年来，为适应资产管理行业发展历经多次修订。该法确立的基金当事人法律关系、基金治理机制、基金运行规范、监管措施和投资人权益保护要求等，已经成为基金托管行业遵循的基本原则。

与此同时，由于资产管理业务的广泛性和生态多样性，作为上位法的《证券投资基金法》尚未能覆盖各类资产管理产品。《证券投资基金法》确立了公开募集证券投资基金的运作规范和非公开募集基金的运作原则，确定了公司型和合伙企业型基金的适用性条件，[①]但未涉及非标债权投资基金、配置类投资基金、股权投资基金和创业投资基金等资产管理产品的具体要求。对于创新型的资产管理业务是否以及如何适用《证券投资基金法》有关基金托管人职责的条款，法律界和实务界有颇多争议。银行理财、信托在特定时期的快速发展也是在某种程度上利用了《证券投资基金法》的规制盲区。2018年出台的资管新规可以视作对《证券投资基金法》的适时和适度补充。

（四）现有法律规章对托管人职责的界定不适用私募股权投资基金

《证券投资基金法》以及配套的《证券投资基金托管业务管理办法》以证券投资基金为主要规制对象，关于基金托管人职责的界定、基金托管业务规范和监管措施等并不完全适用私募股权投资基金。2014年，在中国证监会发布的《私募投资基金监督管理暂行办法》和基金业协会配套发布的私募基金行业自律规则中，与私募股权投资基金托管业务相关的内容较笼统，对实际业务操作的指导意义较弱。

截至2022年底，在基金业协会备案的私募股权投资基金中，有限合伙型基金占77.43%，契约型基金占21.22%，公司型

[①] 参见《证券投资基金法》（2015年4月修正）第一百五十三条。

基金仅占 1.35%。这些基金中由金融机构托管的占 68.55%，其中，有限合伙型基金已托管的占 62.1%，契约型基金已托管的占 90.3%，公司型基金已托管的占 60.7%。[①] 由此可见，采用第三方独立托管模式的私募股权投资基金比例并不算低。在业务实践中，私募股权投资基金的托管人往往通过基金合同或托管协议将其保管职责限制在可控的托管账户范围内，将监督职责限制于对基金管理人提供的材料进行形式审核，对其他超出其控制能力范围的责任则予以适当豁免。这种基于业务实践博弈的次优解具有一定的合理性。

（五）"卖者尽责"和"买者自负"的双重缺位

国内的基金投资人普遍缺乏有关金融市场和金融产品的专业知识，不具备金融投资所需的法律常识，对产品风险揭示书、基金合同条款的解读和理解不够深入，对基金当事人三方的主体责任，尤其是对基金托管人的法律地位和法定职责认知不清，"买者自负"的理念较为淡薄。一旦发生投资亏损或者基金管理人失职，基金投资人会倾向于认为基金托管人没有尽到保障基金资产安全的责任。

基金投资人的不成熟与基金销售机构未能切实履行"卖者尽责"有关。虽然基金销售适当性程序相对完备，但是基金投资人对产品风险揭示书、基金合同条款等销售文件的主观阅读和理解能力较为欠缺，缺少财富管理投资顾问或者第三方的法律服务机

---

① 数据来源：基金业协会。

构为基金投资人提供产品风险和投资风险方面的专业咨询服务，导致基金销售适当性的部分环节流于形式，为后续基金当事人之间的纠纷埋下隐患。

综合近年来涉及基金托管人的纠纷案件，可以看出基金投资人对基金托管人的错误认知主要体现在三个方面。一是将财产安全保管职责等同于基金托管人对基金财产有完全的掌控权，等同于基金托管人对基金管理人的投资行为有较强的控制权；二是认为基金托管人对基金管理人的失职失责应当承担连带赔偿责任；三是认为在基金管理人不能履行管理职责时，基金托管人应当代为履行等。基金投资人的错误认知源自对基金运作机制缺乏了解，对《证券投资基金法》规定的基金管理人和基金托管人的受托责任认知不清，其根源仍是缺乏"买者自负"的理念。

（六）基金托管行业面临的商业模式困境

基金托管人在基金运作中承担着法定受托人和事务性服务人的双重角色，所提供服务的同质化程度较高且附加值相对较低。据统计，国内市场公募基金的平均托管费率为 0.05%~0.10%，私募基金的平均托管费率为 0.01%~0.05%，分别是公募基金管理费率的约 1/10 和私募基金管理费率的约 1/20。基金托管服务的同质化导致行业呈现典型的买方市场特点，即基金管理人在选择基金托管人时相对强势，基金托管人在商机获取、服务议价、独立监督等方面基本处于弱势地位。

境外市场的基金托管机构以提供事务性服务为主，因此存在较强的内生性创新驱动力。境内市场的基金托管人更多地被赋予法定监督职责，在创新研发方面处于两难的境况：创新服务的高投入、易模仿，以及可能引发的监督职责复杂化（如数字化转型和跨境服务带来的数据安全问题）形成了行业的囚徒困境，导致国内基金托管行业的服务创新、履职创新速度相对缓慢。

三、对推动基金托管行业的建议

基金托管行业随着国内资产管理市场的发展而不断壮大，充分发挥了行业基础设施服务和一线风险缓释的作用。从更长的时间周期来看，基金托管行业面临的是跨越式发展过程中出现的问题，是在资产管理市场快速变迁中，相关基础法规、监管架构和市场创新之间"异频共振"所产生的问题。因此，在基本法律和配套规章的补充修订、统一监管框架的推进、良好商业环境的打造，以及行业创新机制的推动等方面加以完善，基金托管行业的高质量发展前景可期。

（一）机构监管与功能监管相结合，理顺金融监管部门职能分工

现阶段，金融监管机构改革仍在进行中。以设立国家金融监督管理总局为契机，遵循机构监管与功能监管有效结合的指导原则，合理界定各金融监管部门的职能分工，是具备较高可行性的方案。

在监管部门职能分工方面，建议由证券监管部门依据《证券投资基金法》的规定，统一负责托管业务牌照发放、牵头制定与托管业务相关的监管规章、汇总统计和分析托管行业情况、组织

开展对所辖托管机构的监督和检查。银行业监管部门以《证券投资基金法》和托管业务监管规章为指导，配合证券监管部门按照监管职能开展对所辖托管机构的统计、分析、监督和检查工作。行业协会在金融监管部门的指导下，对托管机构实施自律管理，依照《证券投资基金法》和托管业务监管规章制定行业自律规则、合同指引、基金运作标准、信息披露规范等，牵头组织行业基础设施建设、受理和解决投资人投诉、对托管机构开展履责评价、对违规托管机构实施纪律处分等。

（二）锚定《证券投资基金法》，制定《资管条例》，统一各部门监管规章

自2015年《证券投资基金法》修正至今，发生了一系列对金融市场产生重大影响的事件，包括党的十九大提出"经济高质量发展"目标、党的二十大提出"深化金融体制改革"任务、资管新规的出台和过渡期平稳收官、资本市场实施全面注册制、新一轮金融监管机构改革开启等。随着人民财富管理需求日益增长，资产管理产品逐渐丰富，与财富管理服务相关的投资顾问行业和基金托管行业迈入发展快车道。在新的市场环境下，对相关法律法规的补充、完善具有现实的必要性和可行性。

当前，对《证券投资基金法》等基础法律进行修订的条件尚不具备。有鉴于资管新规在资产管理业务综合治理中发挥的积极作用，建议结合其他在行业内已达成共识的监管原则和运作规范，制定行政法规层级的《资管条例》。《资管条例》作为对《证券投资基金法》的补充，与资管新规过渡期后相衔接，重点理顺

监管机制，明确资产管理业务当事人法律关系，纳入更多类型的资产管理产品，完善管理人激励机制，保障托管人独立履责，落实投资人合法权益保护等。

《证券投资基金法》是统一规范资产管理活动的上位法，资管新规是规范"大资产管理业务"的重要指导性规章（《资管条例》出台后可替代资管新规）。各级金融监管部门制定与托管业务相关的监管制度，应当保持与"一法一规"确立的基本原则的一致性。建议由证券监管部门牵头，会同国家金融监督管理总局，适时对现有监管规章中与"一法一规"相冲突的内容进行修正或释义，以维护托管业务法律规章体系的严谨性。

（三）明确基金托管人责任边界，为基金托管人履责创造条件

《证券投资基金法》对基金托管人职责的界定具有普遍适用性，并非仅限于公募证券投资基金。由于具体的资产管理产品在运作方式上存在一定差异，需要结合实际情况做出具体的路径安排。2020年由中国证监会和中国银保监会发布的《证券投资基金托管业务管理办法》、2022年中国证监会发布的《公开募集证券投资基金管理人监督管理办法》等规章中有关基金托管人职责的规定，是对上位法在业务实施层面的有益补充。

建议通过制定《资管条例》对除公募证券投资基金外的其他各类资产管理产品的托管业务运作规范做出补充，从而与《证券投资基金法》等法律、行政法规共同构成托管业务的上位法。同时，建议《证券投资基金法》和《资管条例》预留一定的空间，允许金融监管部门在上位法确立基本原则的基础上，根据具体的

资产管理产品形态和未来可能出现的新资产管理产品特点，对托管人的具体履责方式予以规制。

（四）设计适用私募股权投资基金的托管人履责机制

截至 2022 年底，我国私募股权投资基金和创业投资基金总规模分别为 10.94 万亿元和 2.83 万亿元，占资产管理总规模的 16.39% 和 4.24%。[①] 私募股权投资基金联通资本市场和实体经济，是重要的直接融资渠道，也是国家经济转型升级的重要推动力量。

由于私募股权投资基金在运作方面的独特性，建议在《资管条例》等法规和部门规章中，设计适用于私募股权基金的托管机制，包括基金托管人对其控制范围内的基金财产应当切实履行安全保管和监督职责；对于超出基金托管人控制范围的基金财产可以通过基金合同、托管协议等做出保障基金财产安全的安排；明确基金管理人和基金托管人在私募股权投资基金信息披露、召集基金份额持有人大会中的职责和分工等。建议行业协会进一步完善面向私募股权投资基金的自律规则，包括基金合同和托管协议的必备格式条款、产品销售适当性标准、信息披露规范和基金投资人的纠纷解决机制等。

考虑到公司型基金具有治理机制较为完善、权责关系较为清晰的优点，建议由金融监管部门牵头与国家财政部门、工商部门协商，统一资产管理产品的税收标准，简化公司型私募股权投资基金的设立程序，鼓励和引导采用公司型的私募股权投资基金。

---

① 数据来源：基金业协会。

建议有条件的私募股权投资基金引入类似基金投资人自治委员会的组织，由基金投资人代表、基金托管人、律师事务所、会计师事务所等参与，对基金管理人实施有效监督。通过基金内部治理与基金托管机制相结合，发挥维护基金投资人合法权益的作用。

（五）建立基金托管人履责评价机制，保障基金托管独立性

当前已有 60 余家金融机构获批开展基金托管业务。各类金融机构在主营业务、客群结构、运营体系、人员专业性、技术平台建设等方面各具特色。为了建立对基金托管人的外部约束机制，导向更加市场化的基金托管人遴选机制，建议由行业协会牵头组织开展对基金托管人的综合履责能力进行评价，考虑纳入独立履责环境、基础服务能力、投资人利益保护、监管沟通机制、履责创新和遵守行业公约情况等因素。通过公开发布综合履责能力评价结果，督促基金托管人持续提升独立履责水平，为基金投资人和基金管理人通过市场化机制选择基金托管人提供参考。

（六）传递"卖者尽责，买者自负"理念，引导基金投资人对基金托管人职责的正确认知

成熟的市场需要切实履行"卖者尽责"义务的基金销售机构。建议大力发展财富管理投资顾问业务，强化基金销售机构的资产配置和风险适配服务职能，改变单一的基金销售导向；优化销售适当性机制，提高公募银行理财、私募股权投资基金等较高风险等级的产品销售适当性标准，改善长期以来存在的基金投资

人对基金风险揭示书、基金合同等销售文件阅读和理解不充分等问题。

成熟的市场同样需要具备"买者自负"观念的基金投资人。行业协会、资产管理机构和基金托管机构应当加大对《证券投资基金法》和资产管理法规的宣传力度；在基金风险揭示书、基金合同等销售文件中对基金托管人的履责范围予以明确提示和约定，消除基金投资人对基金当事人法律关系和基金托管人履责的认知偏差。

（七）鼓励行业创新，探索基金托管人履责新模式

基金托管服务的同质性较强、行业利润率较低。境外市场的发展实践表明，基金托管行业并购导向的规模效应和服务创新创造的新收入来源，是驱动行业良性发展的重要因素。

为了保持国内基金托管行业的发展活力，建议鼓励具备条件的金融机构设立独立的基金托管子公司，在治理结构方面进行探索；鼓励基金托管机构之间有条件地开展行业并购，培育一批具备全球竞争力的"航母级"托管服务机构；允许基金托管机构在不违反利益冲突原则的前提下，适度向资产管理、财富管理、金融科技等上下游产业延伸服务，开展交叉服务创新、综合金融服务创新；建设行业级别的云数据、区块链和人工智能平台，推动金融科技在基金托管行业的深度应用，形成国内基金托管行业的内生性创新驱动力。

第八章

投顾篇

一、当前投顾行业面临的问题与建议

大资产管理业务发挥功能的逻辑起点是从投资者利益出发，通过资产管理机构、财富管理投资顾问机构提供的产品和服务，使投资者多样化的风险偏好及投资需求与实体经济多样化的融资需求达成最优动态匹配，从而实现增加投资者财产性收入和满足实体经济合意资金需求等核心功能。其中，财富管理投资顾问业务直接服务终端客户，代表投资者利益，是大资产管理业务双轮驱动发展中不可或缺的一方力量。

以2亿多散户为主要特征的资本市场波动大，"牛短熊长"，需要中长期的买方力量来改善，而作为主要机构投资者的公募基金的资金端并不稳定，资本市场迫切需要改善投资者投资公募基金的理念及行为，将个人投资者机构化、长期化，财富管理投资顾问就是连接投资者与资产管理产品的重要桥梁，投顾一方面通过改变投资者的认知和行为，另一方面通过获得投资者的信任而代理投资者进行投资决策，能帮助资本市场形成中长期的买方力量。

目前，我国财富管理投资顾问业务以公募基金投资顾问试点为先行。从总体来看，近几年基金投资顾问试点运行平稳，有助于带动行业向财富管理转型、完善财富管理功能，扩大专业买方中介力量；有助于提升投资者认知、改变投资者不理性行为、改善投资者回报，服务居民财富管理需求；有助于投资者坚持长期投资从而给资本市场带来稳定的中长期资金。因此我们认为，以基金投资顾问为先行试点的财富管理投资顾问业务在我国市场有较强适配性和良好发展前景，但现阶段基金投资顾问业务模式单一、品类单薄、能力有待完善和提高、基金投资顾问机构存在一定的角色冲突、专业人才及技术支撑体系仍然较为薄弱、投顾生态未完善等问题，制约着财富管理转型以及财富管理投资顾问业务进一步发展。

深入研究发达市场的做法和经验，结合中国国情，未来要加快财富管理投资顾问业务的发展，改变当前大资产管理业务中财富管理投资顾问业务长期发展缓慢的现状，需要我们在以下几个方面发力。

一是要尽快推出凝聚不同监管体系共识的财富管理投资顾问的制度体系，依法设立和发放财富管理投资顾问业务的牌照，明确申请条件和牌照范围，把财富管理投资顾问行业为投资者服务，向投资者收费，与投资者利益绑定的商业逻辑通过监管法规予以规制和保障。

二是要鼓励各类符合条件的金融机构和股东，包括银行、证券公司、资产管理机构、基金销售公司、保险公司、互联网平台、私募机构、专门机构等，申请投资顾问牌照，充分利用各自的优势开展业务，迅速填补市场空白。

三是要加大产品和服务的多元供给，扩大财富管理投资顾问为投资者家庭资产所能配置的标准金融产品品类和服务模式。

四是要遵循投资顾问行业以人为本的规律，建立从业人员的水平认证、后续培训和注册管理制度，相关执业规范可在全国金融标准化技术委员会审定的《金融从业规范 财富管理》《公司金融顾问》的基础上持续完善，并根据人员发展情况组建专门的行业自律组织。

五是要重视科技应用，在加快建设财富管理投资顾问行业的同时，推进财富管理机构的数字化转型，鼓励满足条件的机构发展 TAMP（全托资产管理服务）平台，为中小投顾机构提供全财富管理服务的中后台服务，既有效降低中小投顾机构的运营成本，也有利于防范中小机构的风险，从而提高资产管理业务的整体效率。

（一）财富管理投资顾问市场的现状与问题

1. 中国财富管理市场及财富管理投资顾问业务

在海外，财富管理业务包括销售和买方投资顾问。目前在我国，大资产管理链条上的销售业务在商业概念上往往也被视为财富管理业务。在此概念下，中国的财富管理业务主要以销售为主，而代表投资者利益的财富管理投资顾问在大资管行业的环节相对缺位。

为了促进国内财富管理业务真正地开展，回归财富管理买方代理的本源，笔者认为代表投资者利益的买方代理在中国被称为财富管理投资顾问业务为宜，因此本章将财富管理投资顾问界定为站在客户的立场上，对客户的财富做全生命周期的整体规划，包括资金规划与各类资产的配置，如公募基金（将银行理财规范为二类公募）、私募基金、保险、股票、债券、外汇等标准金融产品及其衍生品和房地产等。相较于过去的销售业务，财富管理投资顾问业务的关注重点是人，即围绕客户、以客户为中心的买方代理业务，为客户提供量身定制的财富管理规划，为客户提供服务时须严格遵循信义原则，代替客户做出的决策须符合客户利益最大化。当前，我国财富管理投资顾问业务尚处于发展初期，2019年刚开始的公募基金投资顾问业务试点，在投资范围、参与主体、服务模式和内容上仍较局限。在遵循原则方面，销售模式以适当性原则为主，基金投资顾问试点在实际操作上遵循信义原则，但我国相关投顾规则并未对信义义务与行为标准进行明确。

中国财富管理体量巨大，2亿多的个人投资者对财富管理投资顾问服务有巨大的需求，只有借助专业的投资顾问，才可能有效配置资产，构建适合的投资组合，并在资本市场投资中获得认知的提升、行为的改善和实现回报。但是，现阶段我国财富管理投资顾问制度的缺失、功能的不完善，导致代表客户的买方投资顾问力量非常薄弱，资产管理产品和财富管理投资顾问的双轮驱动的效应未能有效发挥，因此，为打造双向赋能的资产管理和财富管理双支柱、推进资本市场融资端和投资端的协同发展，抓紧建设强大的财富管理投资顾问行业并将投资顾问服务普及，既有紧迫性，也有现实意义。

2. 财富管理投资顾问对资本市场的重要性

国内资本市场长期资金缺失，市场需要长钱。与国外成熟的股市中机构投资者占主体不同，中国股市机构与散户的比例为1∶9，散户占比过大，散户化是我国 A 股市场的主流特征。我国要发展稳健高效的资本市场需要中长期资金入市并且占据主流，然而占投资主体的个人投资者交易换手高、持有时间短，若不改变其投资认知和行为，就无法为资本市场带来长期资金，我国资本市场仍存在投资者结构有待优化、长期投资理念不够普及等问题。这种问题出现的主要原因在于我国资本市场不稳健、相关制度不健全、投资者教育不足、代表投资者利益的财富管理投资顾问行业缺位等。

这些问题直接导致的结果就是中长期资金入市意愿不强，各类资金都存在入市的现实顾虑，如保险资金。目前，我国保险资金入市比例上限已从 2004 年的 5% 放宽到 45%，但实际效果却不尽如人意，甚至出现了上限放宽后入市比例反而下降的情况。根据中国保险保障基金有限责任公司发布的《中国保险业风险评估报告 2020》，保险行业中 90% 的公司配置股票比例低于 10%，而美国这一比例则为 26.71%。究其原因，主要是保险资金的首要目标是确保保单兑付，因此保险资金的投资需要兼顾风险和收益，而我国资本市场高波动下存在较大不确定性，这就与保险资金中长期的低风险偏好之间形成了矛盾，制约了保险资金入市的积极性。相较于风险较高的股市，保险资金更倾向于投资债券、银行存款等相对稳定且收益可预期的低风险产品。而对于居民储蓄资金来说，大部分来自普通投资者，他们对资本市场的认知有限，更倾向于稳健的投资方式，甘于获取较低的利息回报而不愿进行权益投资。

上述困局导致中国资本市场目前处于一种负循环关系中。A股波动大、赚钱效应低需要中长期买方力量来改善，而中长期买方力量入市则需要一个波动小、赚钱效应强的市场，为了解决这个问题，中国资本市场需要从根本上寻找突破方法。应大力发展中国特色的财富管理投资顾问业态，培养中长期买方中坚力量。

为了引导投资者实现资金的长期持有，抑制客户资金在市场中的快速流动和"追涨杀跌"行为，破解资本市场发展的困局，中国证监会于2019年10月推出的基金投资顾问试点，开了财富管理投资顾问的探索先河，试点近几年取得了一定的成绩。经过多方面的研究和考虑，我们认为，以基金投资顾问为试点的财富管理投资顾问在投资端的建设、培养中长期买方中坚力量上可以发挥重要作用。

一方面，面对目前中国资本市场投资的高复杂性和高波动性，普通投资者需要一个站在自身立场的财富管理投资顾问和一套投资顾问服务体系，财富管理投资顾问的科学投资建议和陪伴服务可以引导散户行为机构化，从而有效降低投资者的不理性退出概率和换手率。在过去，普通投资者在自主投资过程中通常存在投前分析不足的问题，难以根据自身情况选择合适的投资产品，容易为短期高收益产品所吸引。专业的财富管理投资顾问可以在投资者与产品之间发挥桥梁作用，在了解客户需求的基础上，为客户评估投资需求和目标，并提供量身定制的投资建议和策略。为客户匹配适合其风险收益特征和人生阶段的投资方案，有助于客户长期坚持投资。同时，在投后阶段，财富管理投资顾问在市场波动或重大事件发生时也能为客户提供专业分析和引导，有助于投资者保持冷静，坚定长期投资信念。通过投前、投中、投后的专业服务提升客户的投资回报，更重要的是帮助客户提升对财富管理的认知。

总体而言，为了在中国市场实现资金的长期持有并降低市场波动性，切实夯实财富管理投资顾问体系是当前的最优选择。财富管理投资顾问业务如果可以在各机构中广泛落地，将有助于利用财富管理投资顾问的专业知识和陪伴服务，有效降低投资者的退出意愿。通过实施这一策略，我们期望为投资者提供更稳定的投资环境，鼓励长期投资，减少"追涨杀跌"的行为。

另一方面，财富管理投资顾问可以补足大资产管理业务链条的关键环节，改变当前资产管理行业与财富管理行业发展不均衡的尴尬境地，以资产管理产品和财富管理双轮驱动大资管业务发展，客户的资产配置需求会促进资产管理者的产品研发，推出新的产品解决方案，并为投资者创造更好的投资业绩，新的产品供给丰富了客户适配的产品选择，扩展了财富管理投资顾问的服务客群。需求促进产品供给，产品开启新的需求，双向赋能，这将有利于提升我国资本市场的整体稳定性和可持续发展能力，进而为投资者创造更多的财富增值机会。

3. 基金投资顾问业务的发展现状

（1）基金投资顾问现有的试点机构与规模

2019年10月24日，中国证监会发布了《关于做好公开募集证券投资基金投资顾问业务试点工作的通知》（以下简称《试点通知》），正式批准基金投资顾问业务试点工作。截至2022年

7月，共有60家机构获得基金投资顾问试点资格，包括25家基金及基金子公司、29家证券公司、3家第三方销售机构、3家商业银行。其中，54家试点机构已经展业，管理规模近1 200亿元，涉及440万个账户。截至2022年底，管理规模占比最高的盈米基金服务规模已超320亿元，服务客户数量超50万人，这意味着基金投资顾问业务正在逐渐得到投资者的认可（见表8-1）。

（2）基金投资顾问业务塑造公募基金行业新面貌

基金投资顾问业务初步呈现良好的发展态势，各试点机构在组织结构、产品和服务模式创新等方面都稳步向前推进，为未来的发展打下了坚实的基础。

①基金公司：发挥资产端优势，为投顾提供组合策略和工具

过去20年，基金公司将注意力聚焦在如何提升基金产品的投资业绩从而扩大基金规模上，基金投资顾问业务的推出让它们发挥自身投资优势，给客户提供带资产配置功能的投资顾问业务，通过基金组合构建和调仓来服务客户，并且提供更多的不同风险收益等级、不同投资策略的基金投资顾问组合以适应不同的客户需求场景，将基金投资顾问业务产品化。

另外，为适应基金投资顾问业务的发展，使对客户资产配置更便利化，基金公司更加注重基金产品的工具特征，注重产品的风格稳定和风险收益特征明确，推动了行业基金产品的工具化。

②证券公司：聚焦财富管理转型，探索"总部—分部"的分布式投顾

券商的传统业务主要以经纪业务为核心，在此模式下，部分机构的基层员工往往会因为考核压力不自觉地周转投资者的资产来完成繁重的销售任务，促使投资者进行频繁买卖、赎旧买新等

表 8-1 中国基金投资顾问试点资格获批机构

批次	获批时间	公司类型	获批数量（家）	公司名称
第一批	2019年10月25日	基金及基金子公司	5	易方达基金、南方基金、嘉实基金、华夏基金、中欧基金
	2019年12月13日	第三方销售机构	3	腾安基金（腾讯旗下）、盈米基金、先锋领航投顾（蚂蚁集团）
	2020年2月29日	商业银行	3	工商银行、招商银行、平安银行
		证券公司	7	国泰君安证券、中信建投证券、银河证券、中金公司、国联证券、申万宏源证券、华泰证券
第二批	2021年6月25日	基金及基金子公司	10	工银瑞信基金、博时基金、广发基金、招商基金、兴证全球基金、华安基金、汇添富基金、华安基金、银华基金、交银施罗德基金、鹏华基金
		证券公司	7	兴业证券、招商证券、国信证券、东方证券、中信证券、安信证券、浙商证券
	2021年7月2日	证券公司	7	建信基金、景顺长城基金、华泰柏瑞基金、万家基金、申万菱信基金、民生加银基金、富国基金
		基金及基金子公司	11	平安证券、光大证券、山西证券、东兴证券、南京证券、中银证券、中泰证券、华安证券、国金证券、东方财富证券、财通证券
	2021年7月9日	证券公司	2	国海基金、国海富兰克林基金
		基金及基金子公司	1	华宝证券、华西证券
	2021年8月至今	证券公司	2	农银汇理基金
		基金及基金子公司	2	华创证券、渤海证券

注：数据统计截至 2022 年 7 月。
资料来源：中国证监会。

第八章　投顾篇

行为。在基金投资顾问试点落地后，获得基金投资顾问试点的券商机构将其经纪业务整合为财富管理业务，提升财富管理业务在公司内部的战略高度，并对原经纪业务条线的组织结构进行了调整、优化相关部门职责，加强基金投资顾问、产品方面的队伍建设等，进一步推进其自身的财富管理转型。

在基金投资顾问展业上，为更好地服务客户，发挥一线营业部优势，券商更多地强调"总部赋能"，探索"总部—分部"（分公司、营业部）的分布式投顾，即总部统筹基金池的管理和策略产品的研发，分部接受总部的统一管理并为客户提供投顾落地实施等服务。

③独立销售机构：升级数字化基金投资顾问能力和变革服务模式

独立销售机构在获得基金投资顾问试点资格后，开始了从以产品为中心向以投资者为中心的转型，更关注投资者账户的收益，积极探索实践"顾"的服务，通过陪伴服务，更加注重对投资者正确投资行为的引导，包括市场大跌中不恐慌，正确看待市场估值，回本不要快速卖出等投资理念，改善了投资者非理性的投资行为。

与此同时，拥有互联网基因的独立销售机构利用自身的数字化能力对传统的基金代销业务进行改造，利用互联网条件下更易获客和沟通成本较低的优势和科技能力，凭借其天然的数字基因优势推进基金投资顾问能力升级和服务模式变革，围绕客户和基金投资顾问业务需求积极探索打造数字化的投资顾问业务体系。

在以投资者为中心的展业过程中，整个基金投资顾问行业不断提升其专业能力和服务水平，包括但不限于投研能力、大类资产配置能力、产品能力、金融科技能力以及服务专业度、服务精细度、服务生态丰富度等，这些方面的投入与发展促使公募基金行业整体业务模式和产品服务形式等优化转型，逐步给公募基金行业带来了新变化。

4. 基金投资顾问业务发展存在的问题

（1）基金投资顾问的服务模式较为单一，重点聚焦在组合跟投模式上

纵观近年来基金投资顾问业务的实践，市场上大部分试点基金投资顾问机构推出的基金投资顾问业务，主要以基金投资顾问组合产品为载体，重点聚焦在单一的组合跟投模式上。在服务供给层面，各家试点投顾机构为尽可能覆盖更多的客户群体，通常会设计并推出十几个或数十个不同特征的组合产品，部分试点基金投资顾问机构的侧重点仍在组合产品的打造上，而缺少对投资者教育、陪伴等真正个性化的服务模式。由此可以看出，目前市场上基金投资顾问的服务仍处于初级的"产品"阶段，但这种服务模式仅能针对某类客群提供标准化服务，而在投资者层面，市场上没有一个标准组合能够适用于所有人。

因此，财富管理投资顾问是通过对客户财富的资金规划和受托，实现对客户账户的资产专户管理，从而满足多样化的客户需求。

（2）基金投资顾问品类单薄，不够丰富

与海外成熟市场投资范围广泛、基金投资顾问的投资品类高度丰富不同，目前纳入中国证监会投顾试点的投资品种仅有公募基金产品，基金投资顾问机构的策略单一、同质性高。《公开募集证券投资基金投资顾问业务管理规定（征求意见稿）》尝试将

私募纳入试点范围，但基金投资顾问为客户家庭财富所能做的资产配置效果仍非常有限。特别是在基金市场整体下行的场景中，受限于基金投资顾问品类的单薄，投顾无法通过大类资产配置为投资者的资产保值采取行动，客户账户收益的不确定性高，不利于与客户建立长期关系。并且，在目前投顾品类仅为公募基金和私募基金的情况下，各类基金投资顾问机构难以实现在品类多元、分散、衍生工具使用等方面的共同合作，从而给基金投资顾问实现投资者资产的长期、稳健增值进一步带来挑战。

因此，要服务好投资者家庭资产配置，满足投资者的综合财富管理的需求，未来财富管理投资顾问服务仅依托公募基金产品是远远不够的，需要逐步纳入包括场内ETF、股票、债券、保险、商品、REITs等所有资产类别，丰富投资顾问的品类，使投资者的资产配置多样化，保证客户账户收益的稳定性。

（3）基金投资顾问认知尚浅，投资顾问业务能力有待提高

现阶段，基金投资顾问机构对客户的投资顾问业务较为粗犷，贯穿投资者投前、投中、投后全生命周期的投资顾问业务比较缺乏。

一是在投前阶段，目前模版化的KYC（了解客户）问卷往往并不能真实且全面地反映投资者的投资目标和需求，无法准确地反映投资者资产状况和资金使用规划等，导致基金投资顾问业务不能与客户的需求充分结合。另外，基金投资顾问机构着重强调的投前对投资者的教育普及力度及持续性不够、对投资者的预期管理相对缺位，导致投资者仍依赖业绩投资的惯性。

二是在投中阶段，基金投资顾问机构的策略模式单一，除了组合类策略和跟投类策略，账户类投顾的技术支撑薄弱。以客户

账户为中心的账户类投顾，需要强大的底层技术支撑系统，如规划系统、资产配置系统、组合管理系统、投顾系统、账户系统等。目前，投顾机构相应的技术体系难以支撑业务的发展。

三是在投后阶段，目前已上线的多数基金投资顾问策略在投后服务方面较标准化，难以真正实现针对客户不同买卖时点的个性化服务管理，这与行业所认知的"三分投，七分顾"以及机构应使客户感受到的重视是不匹配的，也尚未真正发挥基金投资顾问机构的顾问服务能力。

（4）市场基金投资顾问机构存在一定程度的角色冲突

基金投资顾问试点的出发点在于解决机构和投资者利益不一致的问题，保护投资者利益。虽然试点以来取得了一定的成效，形成机构与投资者利益较为一致的局面，但目前中国证监会试点的基金投资顾问牌照主要发放给了基金代销机构和资产管理机构，基金投资顾问机构身兼对公司和对客户"双重代理"的角色，它们的主营代销业务与投资顾问业务之间存在一定的角色冲突。

究其原因，一方面，基金销售机构前端团队的销售和投顾角色合二为一，易受绩效考核压力的制约和销售佣金的吸引，从而偏向更短期、更容易代销的产品。同时，机构习惯了过往为吸引投资者而卖产品预期收益或收益率排行榜的销售模式，短期内难以改变自身在投资顾问业务过程中固有的销售惯性。

另一方面，作为专业资产管理机构的基金公司，本身为市场提供丰富的公募产品，但在做基金投资顾问策略配置时，会不自觉地更多选择自家产品，对策略中本公司自有产品部分实施一定的优惠倾斜，很难做到公平。在部分机构提供的投顾组合中，自家产品的权重超70%，存在明显的利益冲突。

（5）投顾机构的专业人才及技术支撑体系仍然较为薄弱

目前，处于初级阶段的国内基金投资顾问业务发展中面临的一大难题是，专业人才和技术支撑体系仍然较为薄弱。

基金投资顾问业务的专业人才，尤其是"顾"方面的人才极其短缺。在岗位能力上，"顾"端人员与销售人员有本质的区别。在大多数情况下，传统销售模式提供的是相对统一化的基础产品，往往忽略了差异化、多样化的产品提供，而投顾模式更加强调的是在客户与产品组合之间建立正确的联系，要求一线投顾人员专业能力强、知识面广、能将不同客户需求进行灵活匹配。这不仅需要投顾人员了解全市场资产配置产品，因为投顾模式强调的是"顾"端的全流程陪伴，更需要投顾人员在投前、投中、投后对客户的陪伴，有较强的与客户建立信任的能力。同时，投资顾问业务是一整套服务体系，涉及前、中、后台的一体化，这就要求投资顾问业务的开展需要全功能团队的支撑，如数据分析人才、内容生产人才、运营、技术系统建设人才等。

对于大众客户，更需要开展财富管理投资顾问业务的机构通过大数据和智能化的手段、利用最新技术，在成本可控、服务质量保障的基础上，构建大规模、个性化的精准专业服务。

（6）投资顾问业务生态尚未完善，仍处于试点阶段

基金投资顾问作为财富管理投资顾问的试行，从2019年破土发芽至2022年，规模仅过千亿元，业务仍处于发展初期阶段。从整体来看，我国财富管理投资顾问业务的生态较薄弱，需要长时间的培育及完善。

第一，试点参与机构的类型不完整，在目前试点已展业的机

构中，拥有大量客户基础、积累了庞大客户资产的银行并未纳入投顾试点中进行展业，仅有工商银行、招商银行和平安银行3家银行加入试点但均未展业。第二，"投教—投顾—交易"是投顾价值链的必要环节，而在投顾价值链中发挥重要作用的正是投教，长期实践表明，真正能让投资者理解、接受投资顾问业务的前提是投教，但行业并未给予投教应有的认知和地位，投教机构并不属于试点的投顾机构。第三，对投顾进行各种投资顾问业务的机构目前处于萌芽状态，包括为投顾提供培训、科技工具、服务平台的机构还未成长起来。

（二）对财富管理投资顾问行业的建议

基金投资顾问试点为国内财富管理投资顾问的发展开了先河，取得了宝贵的经验和教训。为进一步推动财富管理投资顾问业务的发展，提出如下思考与建议。

1. 明确财富管理投资顾问的法律定位和职责

深入研究发达市场的做法和经验，结合中国法制体系，建立和完善财富管理投资顾问制度。建议在资管新规上升为《资管条例》的基础上将财富管理投资顾问业务一并纳入调整范围，从而为财富管理投资顾问业务提供法律地位。在公募基金投资顾问试点的基础上，建议尽快出台凝聚不同监管体系共识的正式的财富管理投资顾问制度，鼓励更多的行业机构参与到投顾事业中，以服务更多的普通投资者。同时，建议将信义义务纳入财富管理投资顾问制度中，并对信义义务的落实进一步完善细则。

建议在《资管条例》中新增财富管理投资顾问的内容，尽快明确财富管理投资顾问的法律地位，明确资产管理产品与财富管理投资顾问双支柱、双轮驱动、相互成就的发展格局。

依法明确设立财富管理投资顾问业务的机构管理及牌照发放制度，明确申请条件和牌照范围，将财富管理投资顾问行业为投资者服务、向投资者收费、与投资者利益绑定的商业逻辑通过监管法规予以规制和保障。

2. 统一从业人员资质管理、薪酬与考核体系

建议遵循财富管理投资顾问行业以人为本的规律，对投资顾问从业人员的资质认证进行统一，建立从业人员的水平认证、后续培训和注册管理制度，全面提高财富管理投资顾问的职业道德水准和服务水平，相关执业规范可在中国金融标准委员会制定的《金融从业规范 财富管理》《公司金融顾问》的基础上持续完善，并根据人员发展情况组建专门的行业自律组织。

同时，基于财富管理投资顾问人员需要遵从信义义务，其考核和奖惩体系与传统销售业务是有原则上的差异的，建议可以对财富管理投资顾问从业人员的考核和奖惩体系做一定的指引和规范。

3. 信义原则落地，完善信息披露制度

我国现有运行的相关基金投资顾问规则并未对信义义务与行为标准进行明确，尽管2023年出台的《公开募集证券投资基金投资顾问业务管理规定（征求意见稿）》向基金投资顾问机构施以了信义义务，并相应规范了基金投资顾问机构的利冲防范义务、信息披露义务、持续注意义务、合规风控义务等，但从信义原则来讲，该等规范性机制均为对基金投资顾问机构的最低要求。后续建议在系统化的财富管理投资顾问制度中进一步落实信义原则，并依据相关规则和监管部门的执法行动贯彻执行，把信义义务在投顾展业中落到实处。

信义义务的首要原则是为了客户最佳利益行事。审慎义务要求财富管理投资顾问基于客户的目标，为了客户最佳利益提供投资建议；忠实义务的核心在于如何解决利益冲突问题，落实忠实义务的主要手段是信息披露。财富管理投资顾问必须全面、公正地向客户披露与顾问有关的所有重大事实；必须消除利益冲突，或者通过充分、公平地披露，揭示所有可能导致财富管理投资顾问有意或无意提供不公正建议的利益冲突；客户可以选择同意或者拒绝财富管理投资顾问存在的利益冲突，但前提是财富管理投资顾问对重大事实与利益冲突的披露必须足够明确、详细，使客户能够做出知情决定。

反观我国的信息披露制度，目前较为完善的是《公开募集证券投资基金信息披露管理办法》，但该办法中明确基金信息披露义务人包括基金管理人、基金托管人、召集基金份额持有人大会的基金份额持有人及其日常机构等法律、行政法规和中国证监会规定的自然人、法人和非法人组织。在《试点通知》及征求意见稿中，均只有两个条款提及信息披露事项，体系化规则尚未出台。随着我国财富管理投资顾问市场的发展壮大，相关的信息披露制度亟待完善。

基金管理机构和基金投资顾问机构在披露基金业绩以及开展投资顾问业务的宣传时，应当真实准确，完整陈述其投资经验、服务能力及真实结果。例如，除披露每日净值以及重点反映投资经理业绩的时间加权法计算外，还应增加按年度披露的、重点反映投资者收益的、以资金加权法计算的基金业绩。信息披露要充分揭示风险，注重对满足客户财富管理目标以及改善客户投资体验能力的展示，不得以任何方式承诺或者保证投资收益。

在信息披露中，基金管理机构和投资顾问机构在以概率分布等方式展示基金或者组合策略风险收益特征时，应当充分披露使用的假设、数据范围和模型，提示展示内容不是对未来业绩的预测或者保证，同时以显著方式展示波动率、最大回撤、亏损概率等风险指标，即过往业绩并不代表未来。

4. 加大产品和服务的多元供给，逐步扩大财富管理投资顾问服务所对应的投资品类及投资顾问业务模式

建议为财富管理投资顾问服务解决不同监管体系下产品的互通，逐步扩展投顾为投资者家庭资产进行合理配置的基础品类，拓宽投资顾问可投资产类别，包括股票、债券、公募基金（将银行理财规范为二类公募）、私募基金、保险、存款、内外币金融产品和风险管理的衍生产品。目前，中国证监会试点的基金投资顾问的品类太单一，基金投资顾问为投资者所能做的配置效果有限。希望在政策的许可和指引下，在资产管理产品体系不断丰富和完善的基础上，未来能够让财富管理投资顾问用更多元的品类，不断拓宽投资者资产配置的有效前沿面，满足投资者的综合财富管理需求。

同时，建议升级监管规则，增加账户管理类的服务模式以满

足客户个性化和定制化的需求，对客户进行全方位的财富管理规划，并考虑产品类投顾模式和账户管理类投顾模式两种模式监管规则的协同。

5. 鼓励多样化的投顾参与主体，使不同类型的机构齐头并进，找出财富管理投资顾问业务的最佳实践

在国内发展财富管理投资顾问业务的过程中，鼓励不同类型的机构利用自身资源和理解框架，找出财富管理投资顾问业务的最佳实践，相互学习，融会贯通。面向不同需求的客户，成为多样性发展的生态体系，最终使客户成为最终的受益者。具体来说，以下三大类机构可以齐头并进。

（1）海外成熟投顾机构可以为国内投资顾问业务发展提供参考借鉴样本

借鉴公募基金行业发展成立合资基金、联合海外成熟企业的成功经验，引入海外成熟投顾机构先进的投研管理和风控合规实践，尤其是在保障客户利益方面的成熟理念和实践经验。

（2）国内传统金融机构和互联网巨头转型，大力开展投顾业务

目前基金公司、券商、银行等传统金融机构以及互联网巨头，在财富管理投资顾问业务上都借助自身的优势发力，具有明显的规模效应和成本优势，能够将投资顾问业务下沉到中低收入阶层，助力共同富裕。未来希望更多符合条件的传统金融机构，如保险公司、资产管理机构、私募机构等利用各自的优势开展业务，迅速填补市场空白。

（3）锐意创新的独立销售机构正在成为投资顾问业务的新生力量

新生代独立销售机构，对于投顾这个新兴业务有深度的专注

和理解，能够更加贴近投资者，站在投资者角度，破解"产品赚钱，投资者不赚钱"的行业痛点，去思考和探索投资顾问业务。

6. 抓住金融行业数字化转型的契机，完善数字化支撑体系

在财富管理投资顾问服务体系中，数字化及科技能力极为重要，对普通客户大规模个性化的投资顾问业务需要机构有强大的科技能力。将投资顾问业务的理念和能力用数字技术沉淀下来，建设数字化中台支撑体系，是投资顾问业务的护城河。

财富管理投资顾问机构是以客户为中心的，所以它主要的科技运用其实是围绕客户而展开的，包括客户分析的标签体系、客户连接体系、内容生产与分发平台、投研支撑体系等。此外，在打造投顾机构平台级的服务能力上，海外已发展出成熟的TAMP（全托资产管理服务平台）为独立投顾机构或投顾团队提供强大的全财富管理中后台服务，建议国内逐步推动建设和发展基础设施，鼓励满足要求的机构开展TAMP业务，既能有效地为中小投顾机构的展业降本增效，也能防范中小机构的风险。

机构要抓住行业全产业链数字化转型有利时机，大力发展财富管理投资顾问业务及其基础设施，利用最新科技能力，发展大规模、个性化投资顾问业务体系，真正践行普惠金融，推动共同富裕。

二、投顾行业信息披露的问题与改进

信息披露制度，也称公示制度、公开披露制度或信息公开制度,最早诞生于证券发行领域,其目的主要是解决证券发行方和投资者之间的信息不对称问题,其后逐步为其他金融活动所借鉴和吸收,成为现今各国金融市场制度中的一项基础性制度。

在我国,在公募基金、公募银行理财,以及各类私募资管计划、私募银行理财、私募基金、资金信托计划、保险投资计划等资产管理产品(以下以产品或基金统称)中,普遍存在管理人或托管人需要向投资者、监管部门、社会公众披露产品相关信息的情况。在基金运行过程中,基金管理人往往具有天然的信息优势,投资人只能完全依赖管理人,因此极易因信息不对称而引发道德风险与逆向选择,信息披露是缓解这些问题的重要手段。除此之外,信息披露还具有以下作用。一是保障投资者的知情权,便于投资者及时了解相关情况,从而更好地做出投资判断和维护自身权益。二是便于监管部门了解相关情况,对风险进行监测和防控。三是为行业的进一步完善提供可靠的数据参考。

本章主要从防范道德风险和便于投资者做出投资决策角度出发,研究管理人等信息披露主体向投资者开展的、对产品的信息披露情况,中间也包括管理人制作的产品销售推销材料,通过审视现有的信息披露制度,分析问题并提出改进建议。

(一)行业现状

在公募行业法律层面,以证券投资基金为例,当前信息披露的主要规定如表8-2所示。

表 8-2　信息披露的主要规定

项目	要求
信息披露主体	・《证券法》：发行人及法律、行政法规和国务院证券监督管理机构规定的其他信息披露义务人，应当及时依法履行信息披露义务 ・《证券投资基金法》：基金管理人、基金托管人和其他基金信息披露义务人
披露方式	・《证券法》：在证券交易所的网站和符合国务院证券监督管理机构规定条件的媒体发布，同时将其置备于公司住所、证券交易场所
披露对象	・《证券法》：信息披露义务人披露的信息应当同时向所有投资者披露，不得提前向任何单位和个人泄露
原则要求	・《证券法》：发行人报送的证券发行申请文件，应当充分披露投资者做出价值判断和投资决策所必需的信息。应当真实、准确、完整、简明清晰、通俗易懂，不得有虚假记载、误导性陈述或者重大遗漏 ・《证券投资基金法》：保证所披露信息的真实性、准确性和完整性 ・资管新规：金融机构应当向投资者主动、真实、准确、完整、及时地披露资产管理产品募集信息、资金投向、杠杆水平、收益分配、托管安排、投资账户信息和主要投资风险等内容 ・《公开募集证券投资基金信息披露管理办法》：为强化投资者保护，提升信息披露服务质量，基金管理人应当按照中国证监会规定向投资者及时提供对其投资决策有重大影响的信息
补充要求	・《证券投资基金法》：在规定时间内披露 ・《证券投资基金法》：投资人能够按照基金合同约定的时间和方式查阅或者复制
披露内容	・《证券投资基金法》： （一）基金招募说明书、基金合同、基金托管协议 （二）基金募集情况 （三）基金份额上市交易公告书 （四）基金资产净值、基金份额净值 （五）基金份额申购、赎回价格 （六）基金财产的资产组合季度报告、财务会计报告及中期和年度基金报告 （七）临时报告 （八）基金份额持有人大会决议 （九）基金管理人、基金托管人的专门基金托管部门的重大人事变动 （十）涉及基金财产、基金管理业务、基金托管业务的诉讼或者仲裁 （十一）国务院证券监督管理机构规定应予披露的其他信息

续表

项目	要求
自愿披露	·《证券法》：除依法需要披露的信息外，信息披露义务人可以自愿披露与投资者做出价值判断和投资决策有关的信息，但不得与依法披露的信息相冲突，不得误导投资者
禁止内容	·《证券投资基金法》： （一）虚假记载、误导性陈述或者重大遗漏 （二）对证券投资业绩进行预测 （三）违规承诺收益或者承担损失 （四）诋毁其他基金管理人、基金托管人或者基金销售机构 （五）法律、行政法规和国务院证券监督管理机构规定禁止的其他行为
私募产品特别规定	·《证券投资基金法》：基金管理人、基金托管人应当按照基金合同的约定，向基金份额持有人提供基金信息 ·资管新规：对于私募产品，其信息披露方式、内容、频率由产品合同约定，但金融机构应当至少每季度向投资者披露产品净值和其他重要信息
监督管理	·《证券法》：国务院证券监督管理机构对信息披露义务人的信息披露行为进行监督管理

　　《证券法》《证券投资基金法》和资管新规这三个制度是资产管理行业信息披露活动普遍遵守的法律和规定，此外还有《公开募集证券投资基金信息披露管理办法》《证券投资基金信息披露指引》等行政法规对信息披露做了更加具体的要求。

　　在公募行业实操层面，公募基金行业信息披露最丰富，较好地遵循了《证券投资基金法》等法律法规，通过监管部门官网、基金公司自有渠道、代销渠道、指定报纸等，向包括客户和非客户在内的社会公众披露基金的相关文本，包括发售公告、基金合同、托管协议、招募说明书、季度报告、非定期报告等。此外，公募基金行业还通过自有渠道和相关渠道披露基金的基本信息、基金经理、费率结构、资产组合、基金净值、基金分红、风险提示等信息。同时，基金公司还须遵循《基金管理公司年度报告内容与格式准则》等指引，向监管部门报告自身情况，但在法律层面并没有强制要求基金公司向公众披露公司自身财务情况（见图 8-1 和图 8-2）。

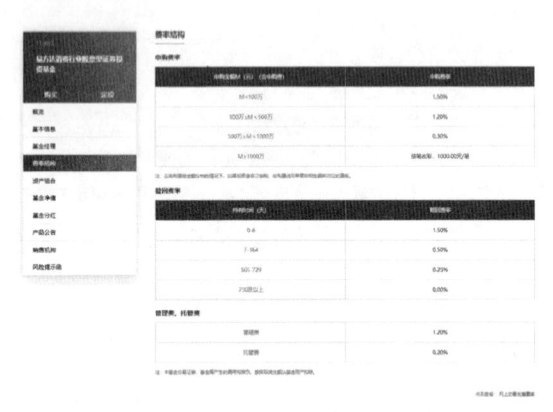

图 8-1　某基金公司官网对某基金的信息披露

资料来源：https://www.efunds.com.cn/fund/110022.shtml。

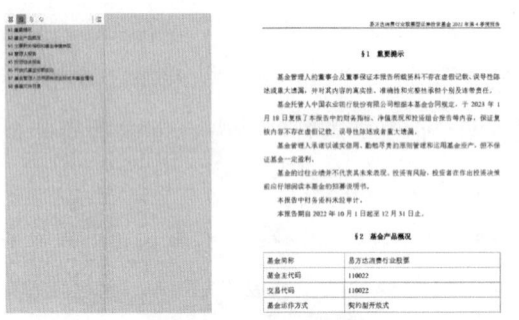

图 8-2　某基金季度报告

资料来源：易方达消费行业股票型证券投资基金 2022 年第 4 季度报告 .pdf（efunds.com.cn）。

相较于公募基金，银行理财行业当前没有制定单独的信息披露规章制度，其规定主要在《商业银行理财业务监督管理办法》中

第三章第五节进行描述，与资管新规基本保持一致。在实操中各管理人披露的信息普遍较简洁，主要包括产品基本信息、产品说明书、客户权益须知、代理销售协议、每日净值等（见图8-3）。

图8-3　某银行官网展示的其代销理财子公司发行的理财产品信息

资料来源：https://mybank.icbc.com.cn/icbc/newperbank/perbank3/frame/frame_index.jsp?serviceId=PBL20111002#。

私募行业以私募基金行业为代表进行观察。根据披露对象的不同，私募基金行业的信息披露分为管理人向行业协会报送的管理人自身信息和所管理产品的信息，以及管理人向基金投资者披露基金的信息。前者披露信息的部分内容，可以在行业协会官方网站公开查询到，后者只有该基金的投资者才能看到。前者披露的管理人信息主要包括机构信息、会员信息、法律意见书、实际控制人、高管、关联的私募基金管理人、出资人、产品等；披露的产品信息主要包括基金基本信息和信息披露情况。后者披露的信息一般由管理人和投资者之间的合同约定，以创业投资和私募股权投资基金为例，常披露的信息包括管理人基本情况、报告期内管理人重大事项、基金基本情况、基金投资者及变动情况、管理团队及相关服务机构、基金治理情况、报告期内基金重大事项、基金财务情况、基金费用情况、收益分配情况、基金杠杆和负债情况、基金投资组合情况、基金持有项目情况、管理人报告、托管人报告、审计报告等（见图 8-4 至图 8-6）。

图 8-4　基金业协会公示的私募基金管理人信息

资料来源：基金业协会。

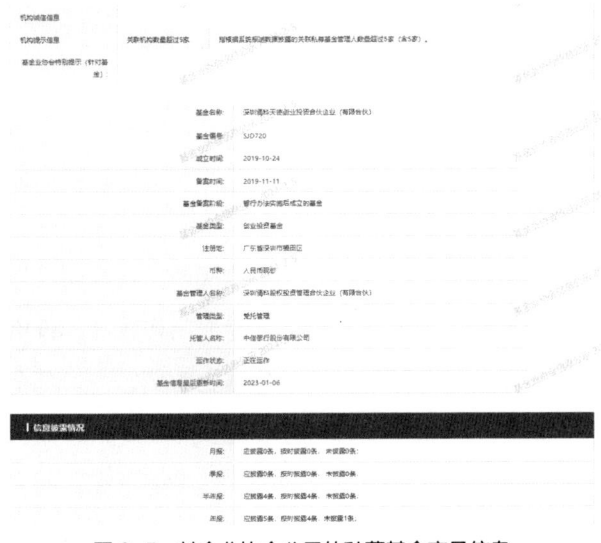

图 8-5　基金业协会公示的私募基金产品信息

资料来源：基金业协会。

2.1 基金基本情况	
	单位：万元，人民币
基金名称 *	
基金编码 *	
基金类型 *	
基金注册地[1]	
基金成立日期 *	
基金到期日期 *	
认缴出资总额 *	
实缴出资总额 *	
累计投资项目数量 *	
累计已支付投资总额 *	
当前持有项目数量 *	
已实现投资总回报 *	
基金已分配总额 *	
剩余基金价值 *	
基金 TVPI*	TVPI：基金总价值。公式计算为：基金总价值/基金实缴规模
基金 RVPI*	RVPI：基金现持有价值。公式计算为：基金剩余资本账面价值/基金实缴规模
基金 DPI*	DPI：基金已分配价值。公式计算为：基金已分配金额/基金实缴
2.2 基金产品说明（选填）	
基金主要投资目标及投资策略说明 *	报告期内如有变化，应当向投资者进行特别说明
基金重点关注领域的发展情况	

图 8-6　某股权投资基金管理人向投资者披露信息的模板

注：1 表示公司型、合伙型基金的注册地应填写工商注册地，除此之外的私募股权投资基金，基金注册地填写"不适用"。

第八章　投顾篇　　243

（二）现存问题

从保障投资者的知情权，便于投资者及时了解相关情况，从而更好地做出投资判断并维护自身权益的角度出发，当前信息披露存在的问题主要有以下几点。

一是当前信息披露侧重形式，未达实质。从当前已经开展的信息披露工作来看，内容普遍较多、专业门槛较高，投资者真正理解这些内容存在一些障碍。以公募基金为例，一份基金合同动辄近百页，且中间有大量金融财务和行业专业术语，而公募基金的募集门槛很低，面向的投资者金融素养普遍不高，能完整读完并且读懂的投资者占比极低。这实际上形成了一个问题，一方面管理人对信息有翔实的披露，另一方面很多投资者不愿意看、看不懂，最终的效果就是投资者"看不见"这样的信息披露，即没有达到信息披露应有的效果。投资者"看不到"应该看到的信息披露，也就没法依据这些信息来进行投资决策。投资者对基金的了解只能通过朋友介绍或第三方解读的方式来完成，甚至出现在不了解的情况下就做投资决策。在这种情况下，虽然管理人开展了信息披露这一活动，但没有达到信息披露的预期目的和实质要求。投资者对基金信息缺乏了解，这为很多不持牌机构和个人解读滋生了空间，也为后续的基金管理和投资者服务埋下了隐患，不利于投资者在后续环节行使相关权利。很多管理人在开展投资者陪伴工作，而信息披露的不到位，也是开展这些工作的障碍之一。

二是信息披露规则存在短板，行业实操差距较大。公募基金和公募银行理财存在诸多相似之处，但信息披露的制度安排和完善程度存在一定差距。公募基金信息披露起步较早，信息披露要求较为完备，中国证监会出台了《公开募集证券投资基金信息披露管理办法》《证券投资基金信息披露指引》等一系列监管文件，而理财业务信息披露监管要求起步较晚，在信息披露渠道、信息披露内容方面与基金仍有较大差距。在实操中也存在明显差距，据金牛理财网统计，2019年第三季度末，在发行净值型银行理财产品的199家银行中，超50%的银行官网未建立理财产品查询平台，近1/3的银行官网未披露净值型产品净值，仅20%的银行能做到每个季度至少发布一期产品运作报告。有些机构仅发布产品份额净值，未披露累计份额净值；有些机构仅以新闻公告形式发布最新净值，历史净值数据难以查找。

三是当前信息披露的内容普遍存在片面和自我美化的情况。当前，在很多产品的宣传推介材料上普遍都披露一个指标，即过去特定时间（如一个月或一年）的收益率。实际上这是产品的表现，而非投资者的收益，投资者要想获得这个收益，就需要满足严格的条件。投资者需要恰好在特定时间买入，在特定时间卖出，早些买入或晚些卖出都可能不是这种情况。这是众多可能中的一种特例，该特例发生的概率较低，且管理人为了尽量多卖出产品，会在众多特例中挑选对自己产品有利的特例来宣传，即美化自己，如挑选成绩较好的时机来展示产品，而跳过不好的时机等。投资者在选择该产品的时候，更多的可能是投资者在自身高亢情绪和机构宣传的影响下，在高点或高点附近买入；在自身恐惧情绪的影响下，在低点或低点附近卖出，从而使自己的收益离产品宣传有较大差距，这也是我们常说的"产品赚钱，投资者不赚钱"的根本原因。

此外，还有一些管理人的产品净值披露涉嫌造假。其产品大量投资了房地产企业的债券，当房地产行业迎来整改的时候，债券价格也随之大幅下跌，但管理人公布的产品净值不仅没有下跌，还在稳步上升。这明显偏离了净值管理的基本要求，是伪净值管理。由于只有产品表现好才能吸引投资者，管理人存在自我粉饰的需求。同时，由自己发布管理产品的净值，存在自我粉饰的空间。

四是缺少投资者视角的信息披露内容，离投资者做出价值判断和投资决策的需求尚存在差距。2019年修订的《证券法》等法律政策都做了原则性规定，要求"应当充分披露投资者做出价值判断和投资决策所必需的信息"。这是一个合理的原则性要求，同时该要求相对主观，因为不同投资者的价值判断和投资决策逻辑存在不同，理论上管理人的信息披露逻辑也应当存在不同。根据广发基金发布的《中国基金投资者调查白皮书——投资者盈利体验调查报告（2022）》，在投资者的投资决策逻辑中，前五个因素中的四个因素都是依赖外界的推荐（见图8-7）。外界包括家人朋友、金融机构、社交媒体专家、电视报纸等，而自己分析决定的因素仅位列第二，且自己做投资分析的信息来源和依据不一定是管理人披露的信息，中间存在大量的中间地带，信息在传递的过程中被加工甚至扭曲，从而误导投资者。

在过往产品中全部投资者的盈亏比例分布情况，是对投资决策最具有参考价值的信息，而在当前披露的信息中并没有包含，这对投资者的价值判断和投资决策的支撑大打折扣。这一信息是产品的核心指标，最能反映管理人的专业能力，一旦被公开披露，不少管理人管理能力低下的事实将暴露无遗。

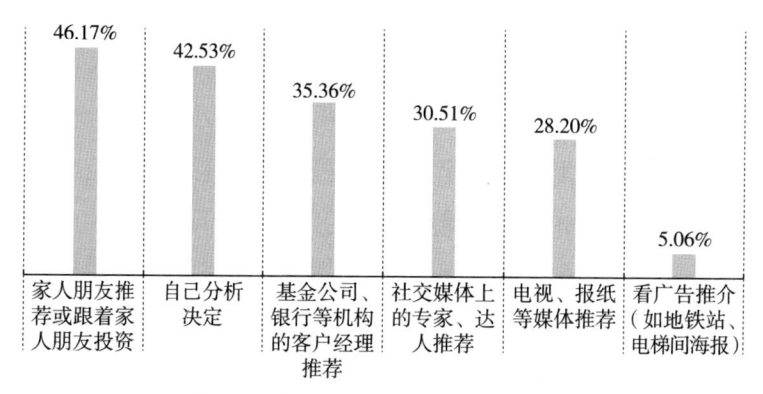

```
46.17%  42.53%
                35.36%
                        30.51%  28.20%
                                        5.06%
家人朋友推  自己分析  基金公司、 社交媒体上 电视、报纸 看广告推介
荐或跟着家  决定      银行等机构 的专家、达 等媒体推荐 （如地铁站、
人朋友投资            的客户经理 人推荐              电梯间海报）
                      推荐
```

图 8-7　投资者做出投资决策的影响因素

资料来源：《中国基金投资者调查白皮书——投资者盈利体验调查（2022）》。

投资者了解的产品信息情况见图 8-8。

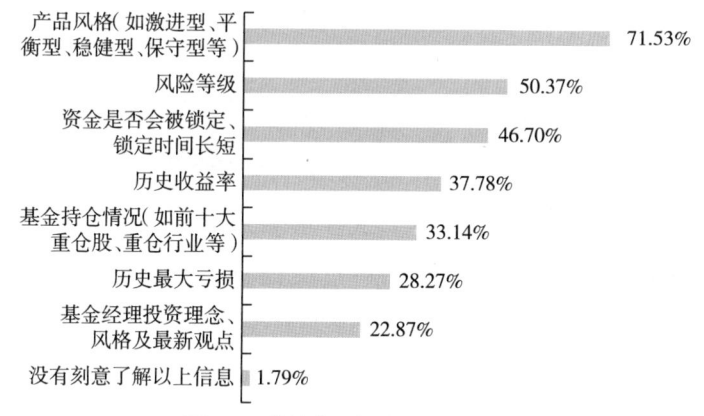

```
产品风格（如激进型、平
衡型、稳健型、保守型等）         71.53%
       风险等级                  50.37%
资金是否会被锁定、
    锁定时间长短                 46.70%
       历史收益率                37.78%
基金持仓情况（如前十大
重仓股、重仓行业等）              33.14%
    历史最大亏损                 28.27%
基金经理投资理念、
    风格及最新观点               22.87%
没有刻意了解以上信息  1.79%
```

图 8-8　投资者了解的产品信息情况

资料来源：《中国基金投资者调查白皮书——投资者盈利体验调查（2022）》。

（三）改进建议

基于前述问题，应当以帮助投资者做出价值判断和投资决策为总体目标，从如下几个方面进行改进和优化。

一是多元化信息披露主体，提高信息披露的可信度。在当前管理人、托管人的基础上，增加登记托管机构等行业基础设施信息披露方面相关职责，或是见证，或是验证。对于净值信息，甚至可以登记托管机构的信息披露为主，从而降低管理人片面选择和自我美化的可能性和空间，进一步提高信息披露的可信度。对于推介材料上的产品表现信息，要求同时提供登记托管机构的更全面的产品表现信息页面链接，投资者能够通过便捷的方式（如扫码）获知该产品的全貌，而不仅是特定时间段的表现情况。考虑到这一措施能够在较大程度上缓解管理人和投资者之间的信息不对称和利益冲突程度，我们建议在适当时机将这个安排固化为法律条款，以强制提高信息披露的透明度和公允性，更好地保护投资者利益。

二是优化信息披露形式，增加披露信息的简要版本，通过短视频形式等让投资者愿意读且读得懂。以公募基金合同为例，可以在当前较充分和翔实的合同的基础上，另外制定合同的简要版本或核心内容版本，篇幅控制在如5页内，这样可以提高投资者的阅读意愿。通过这种方式降低投资者阅读难度，增加投资者对产品的了解。

此外，针对当前投资者越来越喜欢把时间花费在短视频等新兴媒体上的特点，也可以考虑制作短视频版本的信息披露材料，让投资者在两三分钟内阅读一个短视频即可了解产品的核心信息，提高信息披露的有效性。

最合理的信息披露机构，如果能优化其信息披露形式，让投资者愿意看机构披露的信息，那么当前市场上那些不具备相关资质的"大V"(意见领袖)个人的生存空间将被压缩,这实质上是"堵旁门开正门"的逻辑,有利于维护和提高金融系统稳定。

三是在推介资料上增加过往投资者盈亏分布和变化情况这一指标,以更加全面地反映产品情况,帮助投资者开展产品选择和投资决策。同样,该指标由行业基础设施来披露可能会更加公允,产品推介资料需要附上整体情况和相关二维码,以方便投资者查看。

四是理财领域需要补齐信息披露短板,改进信息披露工作。建议尽快制定理财产品信息披露制度和指引,并且在具体要求上尽量向公募基金等其他产品靠拢,引导理财行业信息披露工作向更加规范的方向前进。

三、投顾行业产品评价的问题与改进

由于管理人和产品关系密切,当我们提到产品评价时,通常也包括对产品管理人的评价。

产品评价,是指对资产管理产品的绩效和管理人的管理情况进行评价的行为。当前实质开展此类行为的主体,既包括产品的管理人,也包括独立金融机构,还包括一些"大V"个人等。产品评价的作用应当是及时向市场传递专业的信息,帮助投资者更好地了解投资标的的风险收益特征、业绩表现,方便投资者进行产品之间的比较选择和投资决策,从而引导行业优胜劣汰向前发展。如前文所述,当前公募基金等产品有相对充分的信息披露,但披露的这些信息很多都没有成为投资者的投资参考,投资者主要参考别人的看法来投资。从某种意义上说,别人对产品的看法，属于广义上的产品评价，因为其在实质上能够影响和决定投资者的投资决策行为。因此，我们应当对产品评价进行扩大范围研究，把当前市场上开展的产品评选、管理人榜单评选等活动，也纳入广义的产品评价范畴。其中，比较典型的是各类基金销售机构，尤其是互联网平台性质的基金销售机构，在其官网中发布各个基金的指标（选股能力、抗风险能力、择时能力、稳定性、收益率等）并进行排名，实质上也是在开展产品评价活动。

此外，由于产品评价需要通过数据来建模和计算，因此产品评价和研究及金融信息之间的界限相对模糊。还有一些数据公司和科技公司，依据2018年国家网信办《金融信息服务管理规定》，获得了金融信息服务备案资质，通过对不同产品设置不同的展示和排序逻辑，从而影响投资者的投资选择，实质上也可以归入广义的产品评价活动。

（一）行业现状

在中国证监会于2020年发布的《证券投资基金评价业务管理暂行办法》中对基金评价业务的定义是，"基金评价机构及其评价人员对基金的投资收益和风险或基金管理人的管理能力开展评级、评奖、单一指标排名或中国证监会认定的其他评价活动"。在这个定义里既包括对产品的评价，也包括对管理人的评价。出台该办法的目的是"规范证券投资基金评价业务，引导证券投资基金的长期投资理念，保障基金投资人和相关当事人的合法权益"，该办法明确提出了"长期性、公正性、全面性、客观性、一致性、公开性"六项基本原则。

当前，我国证监体系对评价机构采取备案制度，截至2023年3月，共有10家机构获得备案，包括银河证券等4家证券公司、中证报等3家财经媒体、晨星等2家专门评价机构、天相投顾1家证券投资咨询机构，这些机构经常开展公募基金的评价活动。除此之外，具有私募基金相关资质的私募排排网实质上也在开展私募证券类产品的评价活动，并且具有较大的行业影响力。

私募基金中的创业投资和私募股权投资基金及其管理人的评价，协会暂时没有明确独立公示相关评价机构。实际上，已经开展此类业务的机构包括清科等VC/PE行业专门研究机构、中证报等财经类媒体、地方私募基金协会、猎云网等网络资讯媒体，等等。中国银保监会体系尚未有明确的理财产品评价管理办法，已经开展产品评价的机构包括济安金信、普益标准、中证报等。

（二）现存问题

一是评价管理覆盖不全、需求旺盛而供给不足。最典型的是公募理财产品行业，全行业没有制度层面的理财产品的评价指引，仅有部分机构开展研究和评价，并没有形成对投资决策的有力参考。当前理财产品的评价是管理人自己评价自己，且内容更多是为了满足适当性要求，而非满足投资需求。投资者购买银行理财只能去本行或他行渠道（柜台或官方互联网渠道），基本上仅能为发行人提供的信息和评价所影响，这种"自评自，自夸自"的现象与投资者利益存在一定程度上的冲突。

当前，私募资产管理产品普遍没有评价管理，这可能与其私募特征有关，但这并不代表私募行业不能设置产品评价。我们建议应当设置这一制度，投资者可以根据情况，自行决定是否要求管理人出具可信第三方的评价报告。

在《证券投资基金评价业务管理暂行办法》中明确规定，"基金管理人、基金销售机构及符合中国证监会规定条件的媒体不得引用不具备中国证券投资基金业协会会员资格的机构提供的基金评价结果"，这一规定实质上大大限定了公募基金行业供给。10家机构的行业供给，远远不能满足行业数十万只产品和数亿投资者的评价需要。实际上，在一些评价机构的内部系统里，被评价的产品更新频率较低，且还有不少产品可以评价而没有评价，部分评价机构有近47%的产品未发表评价意见（见表8-3）。

表8-3 某评价机构对市场上基金的评级分布情况

序号	A	B	C
1	××证券-星级	计数项：简称1	计数项：简称2
2	（空白）		0.00%
3	暂无评级	3 505	46.89%
4	5	470	6.29%
5	4	1 030	13.78%
6	3	2 366	31.65%
7	2	62	0.83%
8	1	42	0.56%
9	总计	7 475	100%

资料来源：《中国基金投资者调查白皮书——投资者盈利体验调查（2022）》。

一般而言，专业机构的评价报告要优于投资者自己的研究，对投资决策存在较大价值。此外，产品评价也反映了行业的价值导向，评价缺失或供给不足，使行业缺少符合未来发展方向的明确指引。评价管理覆盖不全是一个普遍且需要优先解决的问题。

二是对产品评价的行政干预较多。以公募基金评价为例，在《证券投资基金评价业务管理暂行办法》中规定，"基金评价机构应当将基金评价标准、评价方法和程序报中国证监会、中国证券投资基金业协会备案，并通过中国证券投资基金业协会网站、本机构网站及至少一家符合中国证监会规定条件的媒体向社会公告"，政策中的备案在实操中变成了行政许可和审批。当前有数家评价机构在开展相关工作，评价的时间频率覆盖年度、月度、周度和日报，评价的指标相对常规，且受监管部门约束较大，仅能在规定指标内进行评价。对于一些基金表现不如大盘的情况，评价机构不能及时地向市场发出信号，不能及时向投资者预警，这离有效市场和投资者的投资决策需求尚有不小差距。

三是缺少对批评类评价的政策支持。从政策层面来看，无论是《证券投资基金销售管理办法》《销售管理办法》，还是《证券投资基金评价业务管理暂行办法》，其中都提到了"不得诋毁其他基金管理人、基金托管人或者基金销售机构，或者其他基金管理人募集或者管理的基金"。这样的规定是有必要的，但同时也带来了一些负面影响，即市场机构因为害怕被认定为诋毁，而不敢发表一些与金融机构和产品相关的负面信息。从市场实际情况来看，也较少有关于相关产品的负面信息在早期向市场传递，基金评价机构和相关机构在向市场和投资者传递高价值信号方面还存在改进空间。

四是缺少投资者视角的产品评价指标。以公募基金为例，除常规产品（净值、区间的涨跌幅、夏普比率等）和管理人信息展示外，评价本身主要指评级结果，表现为 1~5 级星级，细化展开后也是用星级表示的子指标，如盈利能力、抗风险能力、选股能力（对于股票型基金）等。这些指标能够反映产品的重要特性，但对于投资者而言，难以凭这些指标进行投资决策。如果评价的目标是帮助投资者更好地选择产品，那么还应当增加最能反映基金管理人或基金经理本身专业能力的指标，即过往产品中全部投资者的盈亏比例分布情况，这个指标也能够给投资者未来的盈亏带来参考。然而，当前的基金评价结果非常简略，没有包含这些指标，难以形成对投资者的有力支撑，难以对市场形成以投资者为本、专业取胜的行业文化。

（三）改进建议

基于前述问题，我们认为应当以帮助投资者做出价值判断和投资决策为总体目标，从如下几个方面进行改进和优化。

一是要增加行业供给，减少行政干预。当前，产品评价领域行业供给量不足、质量不高的现象非常明显，究其原因是具备资质的机构太少，很多不具备资质的机构也在开展相关活动。因此，监管部门应当从提高行业供给的目的出发，审视当前已经在开展产品评价活动的相关主体的业务水平，赋予符合要求或整改后符合要求的机构评价资质，增加行业供给，形成行业百花齐放的格局。

建议首先从基金投资顾问机构开始。基金投资顾问机构天然是为买方服务的机构，符合基金评价办法中的相关理念和原则。基金投资顾问机构在向投资者推荐产品时，首先须满足适当性这一基本要求,然后在此基础上应当基于它们对投资者的了解,向投资者推荐符合其自身情况和偏好的、绩效好的产品组合,这就涉及产品评价了。另外,由于基金投资顾问机构日常需要研究大量基金,对基金相对了解,开展产品评价也存在相关基础,因此可以开展此类试点,也有利于进一步强化投顾行业投资者利益至上的良好文化氛围和价值导向。

此外,在对产品评价进行监管时,应当改变现有的名为备案实为审批的情况,产品评价应当以投资者的投资决策需求为出发点,以更好地满足这些需求为主要考量因素,因此要尊重这些主体的能动空间,允许他们发出不一样的声音,使市场上的声音更加丰富和多元,从而使投资者做出更全面的判断和选择。

二是要允许和鼓励批评类评价。所谓批评类评价,就是对产品业绩、管理人经营水平等方面的负面评价,我们应当允许和鼓励评价机构和相关机构基于客观公允的原则向市场传递相关信息,让投资者更好地进行投资决策,让市场建立和强化优胜劣汰的健康机制。

三是要基于过往投资者盈亏情况分布和变化情况增加相关评价指标。在产品评价时,应当基于过往投资者盈亏情况分布这个基础信息,增加相关评价指标或表述,如盈利概率高且保持稳定、盈利概率低但概率在提升、盈利概率低且一直不见提升等。这样能够非常全面客观地反映该产品为投资者创造盈利的概率和变化趋势,也有望成为投资者选择产品的核心指标,从而使我们的产品评价工作真正做到位,也有利于推动行业优胜劣汰。

四是要补齐银行理财领域相关短板。当前,银行理财领域缺少产品评价相关规定和指引,行业实操也做得不够规范。建议参考公募基金领域，尽快制定银行理财相关规定和指引，并要求管理人尽快落实，将理财领域的产品评价工作做到位。

考虑到理财产品和债券类公募基金的相似性，也可以考虑将公募基金评价相关规定套用在理财产品上，同时将理财产品的评价资质开放给公募基金的评价机构。

五是可以将评价结果应用在管理人牌照持续监管上。前文提及的评价以产品评价为主，如果某个管理人所管理的产品能够长期获得行业的好评，那么基本可以反映出该管理人在投资专业水平方面的胜任能力，如果再将其扩展到管理人自身的合规和道德经营评价，那么结合在一起就是一个比较完整的管理人信义义务落实情况评价体系了。我们建议在该体系运行一段时间后，逐渐将体系的评价结果运用在管理人的牌照监管上。对于持续获得市场好评的管理人，在相关监管政策上给予便利；对于持续被负面评价的管理人，监管部门可以要求管理人限期整改，整改后仍不达标的，可以收回其管理人牌照。通过这样的措施，可实现市场机构市场化监管，促进市场主体的优胜劣汰，有利于建设一个更加健康和富有活力的资产管理市场。

四、信息披露和产品评价补充指标的设计建议

资产管理市场或财富市场是直接投融资的市场。这里的"直接"是指投资者直接承担投资风险。中间虽然有金融机构开展服务，但金融机构更多的是输出专业投资服务，不承担投资风险。因此，如何全面、客观、真实、准确地将融资方的情况告诉投资者尤为关键。有了资产管理产品，投资者的直接投资标的就是这

些产品,如何把资产管理产品全面、准确、客观地告诉投资者,同样特别关键。

投资者在投资资产管理产品前,会受以管理人、销售机构为主导的宣传推介材料以及评价机构评价材料的影响;在购买之后,会受以管理人为主导的信息披露的影响。信息披露是一项义务,但这几类信息都能够给投资者的投资决策带来比较直接和主要的影响,因此从某种程度上来说,推介材料/信息披露/产品评价同时也是一项权利。如何让权利受到规制,使其在合理范围内发挥公允积极的作用,取信于投资者,这是制定这些指标的基本思路。建议对这三类信息做出相关规制和要求,以帮助投资者全面客观地了解产品,行使投资决策权利,减少后续纠纷,同时可以防止管理人等相关机构将信息披露变为牟利的工具。

现行的推介材料、信息披露材料,以及产品评价材料等,主要从产品层面进行设计,内容也以产品本身为主。例如,在公募基金的定期报告中,主要包括基金过去这段时间的运行情况,产品的净值表现情况、财务情况、管理人履职情况等。这些信息显然是有助于投资者了解这些产品的,但只披露这些信息是不够的,因为在投资者决定是否投入时,最重要的考虑因素是,这个产品能否给他带来收益以及能带来多少。根据《公募权益类基金投资者盈利洞察报告》等相关报告,投资者投资某产品的收益=产品本身的损益+投资者行为带来的损益(基民投基收益=基金损益+基民行为损益),由此也可以看出,现行的各类信息仅披露产品层面的情况,不足以支撑和反映在该产品上投资者收益情况。

投资者行为损益取决于投资者的行为,而投资者行为取决于其通过推介材料、信息披露、产品评价、公开资讯等方面接收到的信息，具体表现为买入产品的动机和时机、持有期长短、申赎频率等。这些信息在当前情况下属于较少有人收集、较难收集、较难统计分析的状况，因此建议直接朝着目标出发，直接在相关材料里增加该产品投资者收益分布及变化情况这个指标，以反映该产品过往给投资者创造价值的情况，从而为投资者当下和未来的决策提供重要依据。增加过往投资者收益分布情况，反映的只是过往，无法反映未来，虽然过去不能代表未来，但未来不会总在推翻过去，较大概率还会沿着之前的大致轨迹前行，因此产品过去的表现情况对投资者的投资决策具有非常重要甚至是最重要的参考价值。一个过去曾持续性给投资者带来回报的产品，投资者有理由相信在他买入后，也会大概率获得收益；同理，一个持续给投资者带来亏损的产品，投资者如果期望他在投入后能马上获得盈利，也是不切实际的。也就是说，我们可以通过过去推测未来比较可能的情况，如果投资者期望在未来赚钱，那么他应当或有理由要求或选择过去曾经给投资者带来较好收益的产品，同样也有理由回避那些过去表现不好的产品。

此外，从资产管理市场存在的意义来看，投资者之所以选择管理人管理的资产管理产品，而非直接去投股票、债券等底层资产，是因为有一个隐含的前提条件，即通过管理人投资，能够取得比自己直接投资更好的收益。收益分为两种，一是绝对收益，二是相对收益，二者的差别在于收益比较基准的不同，前者的比较基准是0，后者通常选用和产品投资底层资产比较关联的指数，如沪深300/医药指数等。因此，在反映该产品投资者收益分布时，最好能同步增加同期间比较基准的投资者收益情况。如果投资者获得的收益超过了比较基准，则说明该产品体现了管理人的价值，值得投资；反之，则投资者有理由考虑是否要选择该产品投资。如果比较基准的投资者收益分布情况不易获得，则也可以退一步以产品本身的净值表现来代替。

投资者收益分布情况很难用一个词或一个数字来表达清楚，因为产品有多个投资者，每个投资者的情况都有所不同。有些投资者在很早就投入了，有些最近才投入；有些投资者持有周期较长，有些较短；有些已经退出，有些还在持有。怎样才能全面、客观、真实地反映投资者过去在这只基金产品上的收益情况？数学上的概率与统计指明了很好的方向，我们可以用概率和统计的思维来反映这只产品全部投资者的盈利分布情况。

某产品投资者收益分布具体含义包括，截至观察点时，该产品过往和现存所有投资者的收益所属区间投资者人数占比的分布情况，以及该分布情况随着观察点的移动而变动的情况。

以某权益类公募基金为例，其运行历史相对长久，与大盘对比情况如图 8-9 所示。

能够看出，该产品在 2010—2022 年这 12 年多的时间里，总体可以分为三段，中间以 2015 年 12 月 17 日和 2021 年 2 月 10 日为分界线。第一段时间为 5 年多，产品表现与大盘不相上下，二者净值差的平均值仅为万分之 1.9（大盘净值平均高于基金净值万分之 1.9）；第二段也是 5 年多，其间产品逐渐取得了相对大盘更优异的表现，直至到达 4.13 的极值；第三段时间不到 2 年，其间产品表现和大盘差距逐渐缩小，直至区间结尾的 2.39。值得注意的是，该基金的基金经理更换时间和前述分界线有一定重合之处，分别是 2015 年 1 月和 2021 年 1 月。

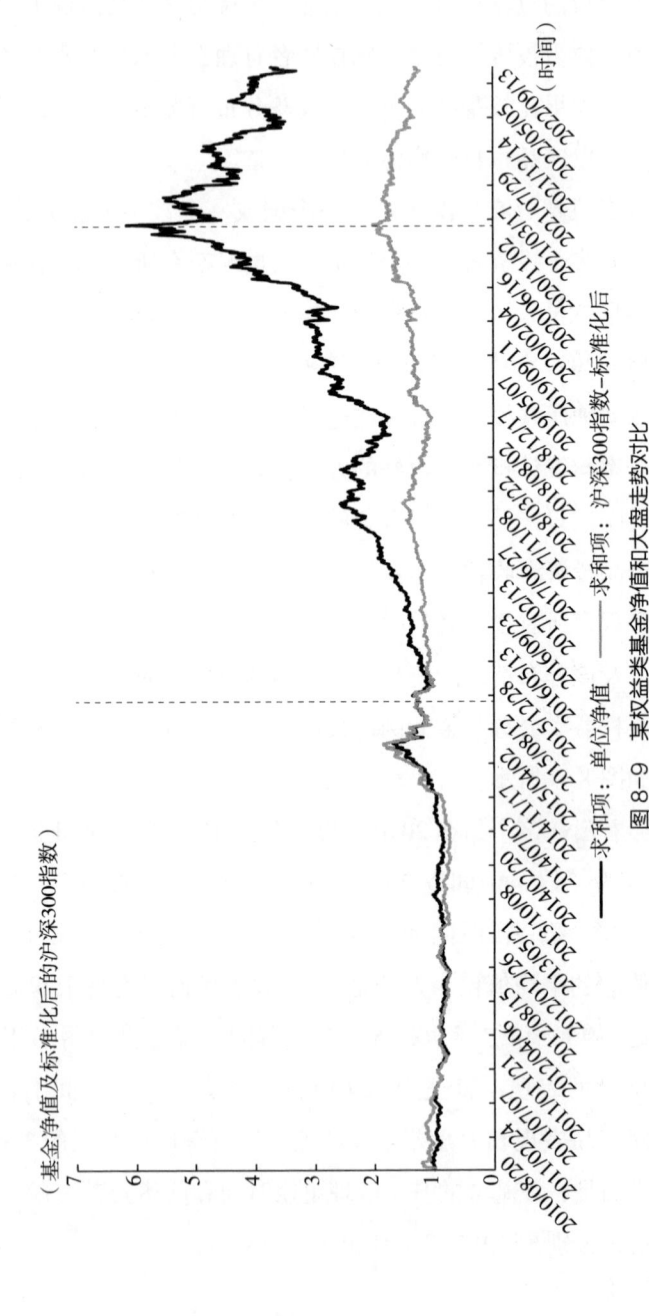

图 8-9 某权益类基金净值和大盘走势对比

注：浅色曲线为大盘每日收盘价的走势，已进行标准化处理，以第一天为 1；深色曲线为该基金净值情况。

图 8-9 是仅产品层面的图，从中不难得出结论，只有第二个区间的投资者才有较大概率享受超过基准的收益，第一个区间基本持平，第三个区间产品表现还不如基准。如果以时间为概率分布，则投资者获得超额收益的概率是 42.11%，获得与基准持平收益的概率是 43.52%，获得不如基准收益的概率是 14.37%。如果考虑到投资者持有时长须包括在区间内，则投资者获得超额收益的概率将下降 8.55%~33.56%。

若从投资者的视角来看，如图 8-10 所示，假定投资者持有期为 382 天（382 天是基金平均持有天数），计算该基金投资者的盈亏区间分布情况。横坐标是投资者的盈亏区间（总体收益而非年化），最大亏损是 -35.68%，最大盈利是 116.26%，中间共分为 51 个区间，每个区间步长为 3%。其中，盈亏平衡点为盈利大于 0，我们以此为基准，计算绝对收益。每根柱子的高度，反映的是该盈亏区间内的可能性占比，在一定程度上可以体现投资者人数占比。该图能够直观地反映该产品过往给投资者创造价值的情况，即约 1/3 的投资者在投资该基金时已经亏损或处于浮亏状态，另外 2/3 的投资者收益为正，最多的投资者（即众数）的收益区间是 0~3%，投资者人数占比为 5.83%。

如果要对图 8-10 进行量化描述，则为对于全部投资者，收益率均值为 15.61%，方差为 8.21%。其中，收益率为正（即盈利）的投资者数量占比为 64.19%，收益均值为 31.17%，标准差为 24.02%，即收益范围相对分散。收益率为负（即亏损）的投资者数量占比为 35.81%，收益率均值为 -12.06%，标准差为 7.77%，即亏损范围相对集中。

如果要对以上指标随时间变化情况进行描述，则见图 8-11。

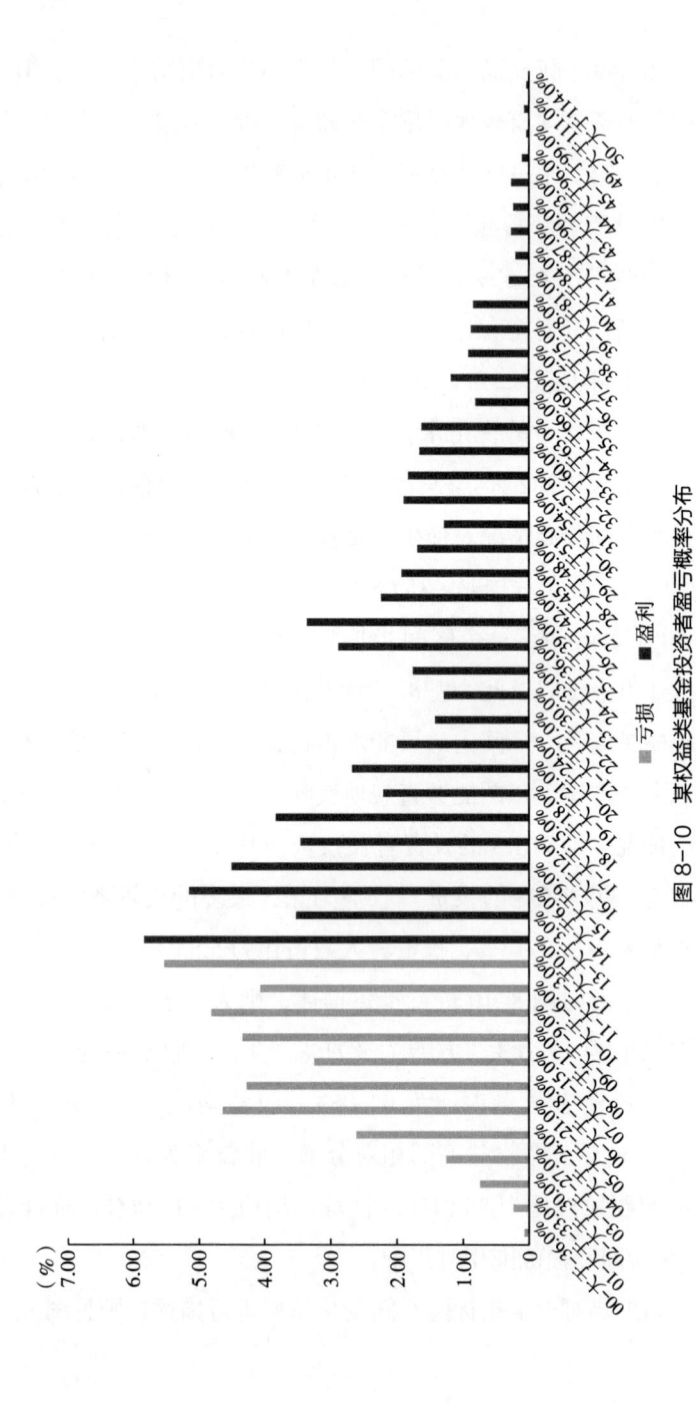

图 8-10 某权益类基金投资者盈亏概率分布

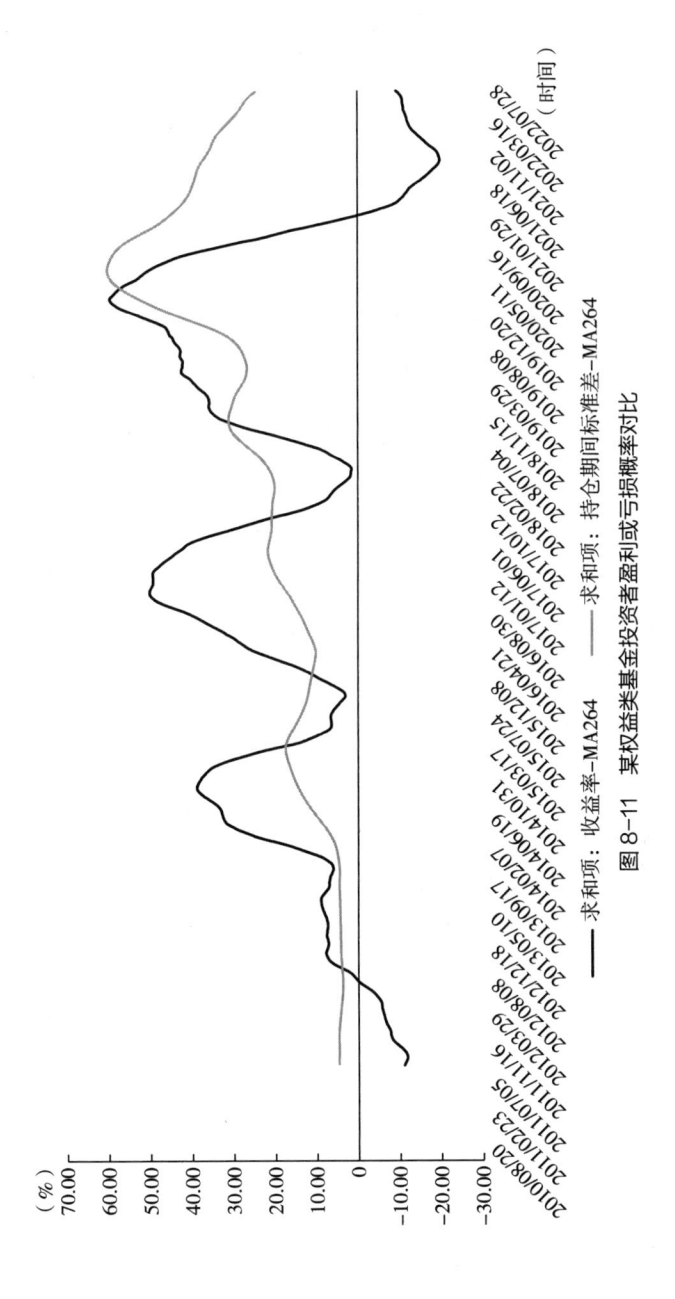

图8-11 某权益类基金投资者盈利或亏损概率对比

如果以过去 264 个交易日（对应平均持有期的 382 个自然日）投资者收益均值的移动平均值为研究对象，则能看出该产品从一开始到 2012 年 10 月 17 日的两年多时间里，投资者大概率是亏损的。随后该产品进入了周期性状态，约以 2 年为一个周期，在周期内经历了收益率移动平均值先持续上升，到达顶峰后持续下降，但最低点一般都在 0 以上的情况，在周期内总体收益显然是正的。该产品已经经历了 3 个这样的周期，目前处于第 3 个周期的尾部，虽然此次收益率变为负值，但自 2022 年 2 月以来处于持续上升阶段，投资者有理由相信未来该产品收益率将转正，迎来第 4 个周期。尽管该产品当前收益率为负，但历史经验证明该产品具有周期性，因此投资者具备选择投资该产品的理由。

值得注意的是，图中的浅色曲线体现的是投资者持有产品期间，产品收益率的标准差，可以近似认为是投资者持有期间内心所受的诱惑或冲击力的大小，也就是投资者真正承担的风险。从中能够看出该产品前期的风险控制水平较好，标准差处于相对低位，但自 2020 年初开始，标准差显著上升，这可能与新冠肺炎疫情冲击带来的资产波动加剧有关，也可能与管理人自身发挥水平有关。

如果以盈亏概率作为趋势研究对象，则该产品的历史表现如图 8-12 所示（深色为盈利概率，浅色为亏损概率）。相对应的盈亏期望值如图 8-13 所示。

对于市场中经常争论的问题，即基金持有期是否越长越好，同样可以在历史数据中得到统计和参考（见图 8-14）。

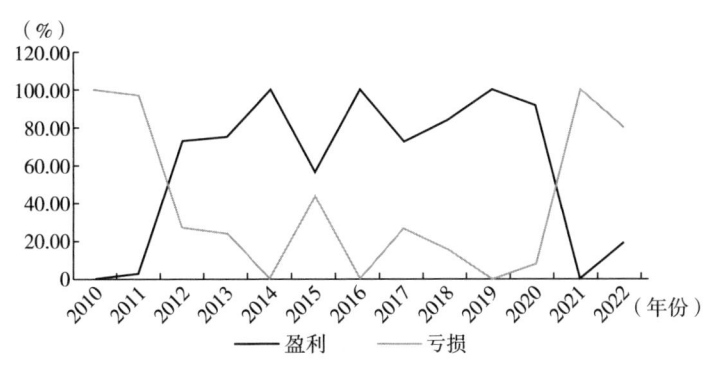

图 8-12 某权益类基金投资者盈亏概率随时间变化情况

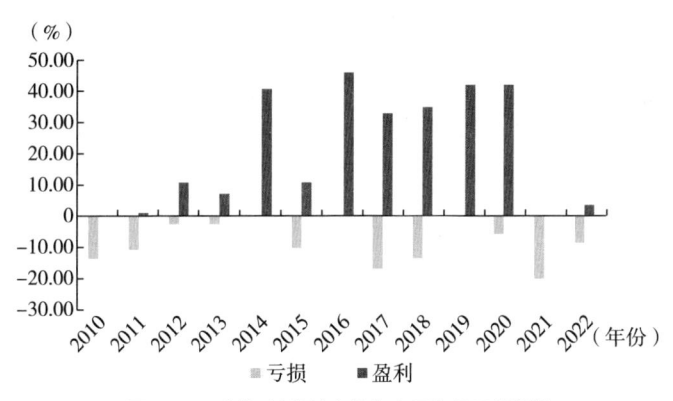

图 8-13 某权益类基金投资者历年盈亏期望值

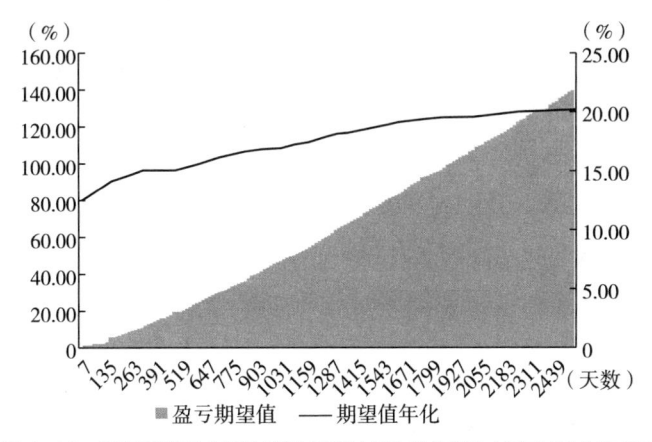

图 8-14 某权益类基金投资者盈亏累计值和边际值与持有时长分布关系

图 8-14 是测算的该产品盈利与持有期长短之间的关系，能够看出，该产品持有期越长，盈利期望值越高（阴影面积，左轴），即便年化之后，也能看到年化收益率随着持有期的拉长而逐渐抬升（深色曲线，右轴）。不过，4 年是一个分界线，持有期不足 4 年的，持有期越长越好；持有期超过 4 年的，更长的持有期并不能继续带来年化收益的提高。

图 8-15 是基于另一个产品的测算。能够看出，该产品在持有期低于 757 天时存在微弱的赚钱概率，但在持有期超过 757 天后，盈利概率扭头向下，且没有任何好转的趋势。历史数据表明，该产品已经导致了很多投资者亏损，且不会因为持有期更长而减少亏损或扭亏为盈，因此对于此类产品，投资者完全有理由放弃长期持有的思维，趁早卖出。

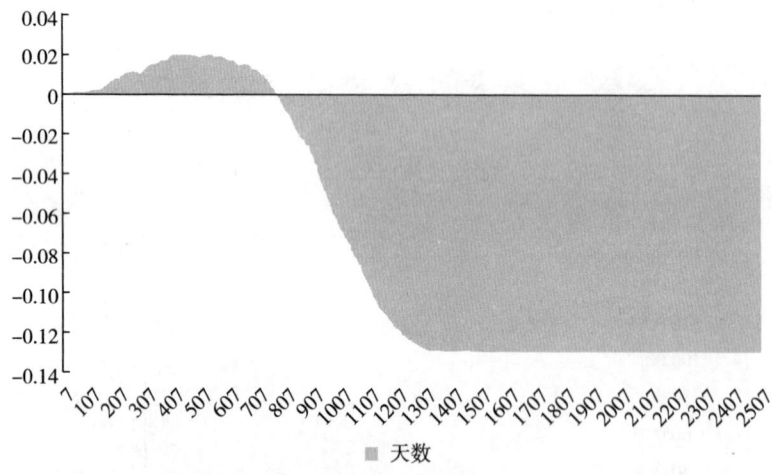

图 8-15　另一权益类基金投资者盈亏累计值和边际值与持有时长分布关系

前述指标作为对现有指标的补充，能够全面客观地反映这个产品在过去给投资者带来收益的分布情况和发展变化情况。然而，目前包括公募基金在内的很多产品及相关评价机构都没有做这方面的信息披露。这些信息也是最能反映管理人专业水平的信息，除了管理人本身，其他人都不容易得知，而这正是后来投资者最需要了解的信息。因此可以基于概率统计思维，改进现在的产品推介、信息披露、产品评价内容，要求基金管理人本着对投资者认真负责的原则，将前述相关指标用概率和统计的方式做一个全面客观的披露。

如果对产品的信息披露机制进行改进，相信未来投资者在投资基金的时候，它的参考性会更强。那些在历史上给投资者带来普遍盈利的基金会脱颖而出，获得更多投资者的喜爱，能够给投资者创造更多的价值。反之，历史上很少给投资者创造收益的基金也能够得到充分的暴露，从而被市场淘汰。这样市场会形成一个自然的优胜劣汰机制，最终留存下来的是真正能够为投资者创造价值的好的产品和好的管理人，整个资产管理市场会迎来一个全新的面貌，过去"产品赚钱，投资者不赚钱"的逻辑有望得到根本性的改进。

第九章

境外经验借鉴篇

一、境外资管业发展与立法实践的经验借鉴

近半个世纪以来，全球资管业迅猛发展，已成为直接金融和居民投资的主渠道。其中，美国、英国、欧盟、日本、新加坡和中国香港等经济体的资管业在全球资管业发展中起到了引领作用。本章通过历史考察和比较分析，概括出了七个方面的发展和立法经验供借鉴。

据波士顿咨询公司发布的《2022年全球资产管理报告》，到2021年底，全球资管业在管规模已增长到112.3万亿美元。从分区域看，主要分布在以美国为代表的北美、以英国和欧盟为主要构成的欧洲，以及亚洲的日本、新加坡和中国香港等境外经济体。因此，考察美国、英国、欧盟、日本、新加坡和中国香港等经济体的资管业发展和立法修法实践，对完善我国资管业法律保障体系具有重要的借鉴意义。

（一）境外资管业发展与立法实践

从总体上看，境外主要经济体的资管业发展和立法实践大致可以分为以下三大阶段。

1. 在英国起源阶段

国际资产管理行业最早起源于欧洲，随着工业革命的推进，资本积累和金融市场发展为资管业的兴起提供了土壤。最初，资管业面对的客户主要是各国政府以及少数拥有较多财富的个人，更类似于主权基金或私人银行。将多数投资者的资金汇集起来进行投资，即设立投资基金的思想，据悉，最早于1774年由荷兰商人凯特威士付诸实践，其所创信托基金的名称即包含"团结就是力量"的含义。但是，将投资基金运作模式推广开来的，是1868年在英国成立的用于投资国外及殖民地政府债券的投资基金。因其直接按照信托法律关系设立，因此被称为国外及殖民地政府债券信托。

19世纪中叶，由于工业革命极大地推动了生产力发展，英国成为最发达的资本主义国家。特别是国际新航路的开辟、欧美贸易的繁荣，以及美洲开发带来大量回报丰厚的投资机会，极大地刺激了英国国内的各类投资，新兴的中产阶级纷纷将积累的货币投资于证券市场。但是，投资者大多缺乏专业的知识和经验，还有一些泡沫公司趁机进行投机和诈骗，导致许多投资者心存畏惧。

为克服这些不利因素，国外及殖民地政府债券信托这种集合众人资金、委托专人经营和管理的投资形式应运而生。该基金在

《泰晤士报》上公开刊登招募说明书，向社会公众发售，投资美国、俄国、埃及等国的17种政府债券。其依据信托契约，专门聘请专业理财能手管理和运用财产，同时通过契约合同确保资产安全和增值，这就是早期的投资基金管理公司。在其示范下，多家投资信托管理公司成立，并发起设立了一批名为信托的投资基金。至此，资产管理业在英国站稳脚跟。

1879年，英国颁布《股份有限公司法》。此后，便出现了以公司形式运作的基金。但因为已习惯将各类基金称为信托，因此公司型基金也被称为信托，只是为了有所区别，典型信托型基金被称为单位信托，公司型基金被称为投资信托。在1870—1930年的60年间，约有200只公司型基金在英国成立。

1934年，英国成立了第一只开放式基金——外国政府债券信托。该基金除规定投资者可以随时买进或者卖出基金单位、基金公司应以净资产值赎回基金单位外，还在信托契约中明确了灵活的投资组合方式。

2. 在美国步入法治化发展阶段

20世纪20年代，包括以信托和公司等形式设立的各类投资基金在不少国家有了一定的实践。但由于未出现专门的投资基金法律，行业发展均带有自发性质，即均按照有关信托和公司的法律设立和运作。

美国投资基金业虽然较英国起步晚，但第一只开放式基金早于英国。1924年3月，在美国马萨诸塞州，哈佛大学的200名教授出资5万美元在波士顿设立马萨诸塞投资者信托。同年7月，该基金开始公开募集，投资者可以按照基金净资产随时购买和赎回基金份额，成为全球投资基金史上第一只开放式基金。此外，不同于英国开放式基金早期多采取契约型，马萨诸塞投资者信托采取公司型，开了公司型开放式基金的先河。

但是，由于投资基金运作缺乏专门法律的约束，投资运作极不规范，侵害投资者权益的行为时有发生。在1929年前后的全球经济危机中，各类投资基金还对股市波动起了推波助澜的作用。虽然美国在1933年、1934年先后颁布实施了《证券法》《证券交易法》，但这两部法律主要针对一般性证券的发行和交易，难以适应规范投资基金的需要。例如，虽然《证券法》《证券交易法》明确了信息披露制度，但仍难阻止投资基金运作中的欺诈和滥用受托人地位等行为。当时，有不少公司遭到诟病，如使基金完全脱离资金提供人的控制，管理层利益冲突，金字塔式交易法，管理费和隐性收费过高，管理层滥用控制等。就投资顾问个人的行为而言，也存在诸多备受争议的做法，例如，为一个客户买进另一个客户卖出的证券，以及将真正高质量的证券通过在不同客户账户之间挪移的方式转向自己的证券账户，等等。

为规范投资基金的设立与运作，1940年美国颁布了《投资公司法》《投资顾问法》，前者规范投资基金，后者规范基金管理机构和从业人员。这两部专门法律的颁布实施不仅使美国的投资基金业步入了法治化发展轨道，而且开启了全球投资基金规范发展的新时期。其中，最重要的举措是鼓励投资基金采取公司形式。虽然投资公司定义中的"公司"包容了法人公司、合股公司、合伙、信托等各种形式，而非强行要求只能采取公司形式，但无论采取何种形式，均须引入公司法人治理结构。为解决中小投资者缺乏参与基金内部治理积极性的问题，明确了独立董事制度，并要求其承担应有的对基金管理人进行积极监督的义务。为解决公司型基金的双重征税问题，还随后修订了相关税法，明确受监管的投资公司若将每年所得收益90%以上分配给投资者，并由投资者缴税，就不将基金作为纳税主体，而是穿透到投资者环节计税和纳税。此后，受监管的投资公司很快主要采取公司形式。

法人治理结构的引入不仅保障了各类投资基金在运作中得以较好地防范欺诈和滥用受托人地位等行为，促进基金管理人更好地履行"勤勉尽责，诚实信用"的信义义务，也为美国乃至全球投资基金的创新发展奠定了坚实基础。

3. 在全球规范化发展阶段

《投资公司法》《投资顾问法》的颁布和实施，不仅有力地保障了美国投资基金业持续健康发展，而且在全球形成了强大的示范效应。世界各国随后也陆续颁布了相应的专门法律，支撑全球投资基金业步入了规范化发展轨道。

例如，英国于1996年颁布《金融服务法》，对各类投资基金的设立与运作提供了法律规范，并推动证券与投资委员会成为英国金融市场统一的监管机构，包括行使法定的投资基金监管职责。同时，继续尊重伦敦金融城的自律传统，保留了5个分支的自我监管组织，通过英国证券与投资委员会，将证券的大部分实质性管理任务交给自律组织完成。1988年该法案实施时，投资中介机构可以由有监管权的自律组织授权设立、经营基金产品，也可以直接由证券与投资委员会授权，设立和经营基金产品。

考虑到在20世纪30年代出现开放式基金后，信托型基金在份额增减和变更上具有灵活性,而公司型基金在这方面不够灵活,为适应投资者的需求变化和基金业发展与竞争的新要求,1997年英国颁布了《开放式投资公司法》,专门为公司型开放式基金的产生确立了新的法律框架。此后,公司型开放式基金也得以具有与信托型基金一样的灵活性,进而再次迅速发展。

除英国以外的其他欧洲国家,自20世纪60年代起,在经历了20多年利率市场化进程后,迅速出现了类似货币市场基金的短期净值型共同基金和开放式信托,它们将募集的客户资金投资到收益率高于存款利率的证券产品,导致大量存款流入资产管理产品。当时,专门从事资产管理的独立机构较少,主要由银行、保险等金融机构直接从事资产管理业务。20世纪90年代,欧洲迎来银行并购潮,资产管理规模的不断扩大、管理的日趋复杂,促使欧洲各大型银行成立独立的资产管理子公司及资产管理行政服务机构,推动了资产管理行业细分化和专业化经营。此外,第三方投顾、财富管理公司、直销渠道开始出现,打破了银行在零售资金的垄断地位,也促使了独立资产管理机构的发展。特别是随着投资基金的跨境发售,1985年欧盟出台《可流通证券集合投资计划指令》,成为跨境投资基金的主要规范。该指令要求所有主要从事集合资产管理业务的机构均须取得牌照,禁止资产管理机构托管客户资产、禁止其在所管理账户和自己账户之间进行交易。这些规定进一步促使银行、保险公司投资设立独立资产管理机构。1993年,欧盟正式成立后,各国间银行、保险、投资服务机构的产品分销标准进一步得到规范,欧洲资产管理市场快速由割裂走向统一。2001年,欧盟通过《可流通证券集合投资计划指令》修订版,建立了一整套开放式基金跨境监管标准。成员国各自以立法形式认可该指引后，本国符合指令要求的基金即可在其他成员国发售。2008年，全球金融危机爆发后，各成员国积极协调，最终于2011年推出了对另类投资基金经理（即另类投资基金管理机构）给予适度监管的另类投资基金经理指令（AIFMD），并于2016年得到修订。该指令使主要以私募方式募集的资产管理产品也纳入了法治化发展轨道。

在日本，第一次世界大战以后，随着经济复苏，信托公司纷纷设立。但当时大部分信托公司资本实力偏弱，且信托滥用现象十分普遍，大量不动产中介、高利贷、股票买卖以信托名义展开，导致信托的社会信用被消耗殆尽。为促进信托业规范发展，日本大藏省开启了以立法为手段的行业整顿工作。1922年，日本颁布了《信托业法》《信托法》，将信托公司主业定位于长期融资功能。1943年，日本颁布了《关于普通银行等兼营储蓄银行业务或信托业务等的法律》，促使银行通过吸收合并信托公司兼营信托业务。1952年，颁布了《贷款信托法》，将贷款信托定位于为资源开发或其他重要产业提供长期稳定资金（信托期限2年以上）。贷款信托的高安全性、高收益性以及收益可享受税收优惠等优势，促使信托业迅速发展。20世纪60年代，信托银行开始发掘资产运用市场，证券信托、土地信托等资产运用型信托业务逐步兴起。1992年，日本大藏省对贷款证券化资产采取信托形式予以承认，通过修改《证券交易法》，将住宅贷款证券资产的受益权认定为有价证券，并制定不动产证券化的相关法律。此后，随着资产证券化信托业务的快速增长，日本信托业从"以贷款信托业务为核心，以赚取贷款利息为主要营收来源"的商业模式逐步转为"以资产管理为核心服务，通过'管理费收入＋超额收益提成'来获取收益"的商业模式。2006年，日本对金融领域的法律制度和监管体制进行全面改革，将金融领域原有的主要法律整合成统一的《金融商品交易法》，并引入了集合投资计划概念。按照《金融商品交易法》，集合投资计划可以采取包括民法上的合伙、商法上的隐名合伙、投资事业有限责任合伙、有限责任事业合伙、社团法人等多元组织形式，从而实现了集合投资计划组织形式的多元化。

20世纪70年代，中国香港随着经济稳步发展和居民财富的积累，投资者逐渐认识到基金市场的发展潜力，投资基金业开始兴起。特别是在中国香港不断修订和完善资本市场监管规则，相继颁布了《1974年证券条例》《1974年保证投资者条例》《收购及合并守则》《1976年证券规则》等法规后，投资基金市场很快发展起来。

新加坡作为新兴经济体，20世纪90年代初着手积极推动基金业发展。为了让新加坡成为亚洲的基金管理和基金设立中心，2018年，新加坡政府颁布《可变资本公司法》，并于2020年1月14日生效。可变资本公司框架是一种新的公司结构，可广泛用于投资基金，并为基金经理提供更大的运营灵活性和成本节约。该框架的推行，极大地激发了市场设立公司型投资基金的积极性，并吸引各类基金实体从海外注册到新加坡。根据新加坡金管局发布的《2021年新加坡资产管理调查》，截至2022年10月14日，在《可变资本公司法》实施仅2年9个月后，即有420家基金管理公司在新加坡设立了超过660家可变资本公司。根据瑞士资产管理协会于2021年9月发布的研究报告，就资产管理中心相对竞争力的年度排名而言，新加坡已经超越了苏黎世、纽约、日内瓦等，位居世界第一。

（二）境外实践的经验借鉴

境外各主要经济体历经一个半世纪的探索，不仅促进了资产管理行业的长足发展，而且形成了对世界各后发国家和地区具有普遍借鉴意义的七个方面的经验借鉴。

1. 适应资产管理产品的运作特点，通过特别立法，提供特别法律保护

资产管理产品虽然属于直接金融的大范畴，但既不同于股票、债券等一般证券类工具，也不局限于单纯的信托财产管理计划，而是有其自身的运行特点。因此，各国均通过特别立法，为投资基金等资产管理产品的运作提供特别法律保护，如美国。各类资产管理产品运行最早直接适用的法律是美国的《证券法》和《证券交易法》。应该说，这两部法律为包括投资基金在内的各证券发行、交易与监管提供了基本框架，但其仍难阻止资产管理行业的欺诈和滥用受托人地位的行为。因此，美国于1940年颁布了《投资公司法》，并不断修订完善。实践证明，《投资公司法》的颁布实施对于确保美国资管业持续健康发展起到了关键性作用，并对全球资管业立法起到了引领作用。

2. 适应资产管理产品的运作逻辑，在投资者适当性管理原则下，对资产管理产品的市场定位，持开放的立法和监管取向

传统的存贷款运作逻辑是"以储定贷"，即根据资金来源确定资金运用；而境外各主要经济体的资产管理逻辑是"以资金运用定资金来源"，即根据资金运用（投资端）确定资金来源（募资端）。其中，投资端的投资领域定位取决于资产管理机构的管理能力；募资端的投资者定位取决于资产管理产品能否设置有效的投资者适当性管理制度安排，而这方面的制度安排又可通过事后的权变性制度来灵活适应。随着现代资本市场风险分散、风险转化、风险缓释、风险对冲等工具的创新发展，以及投资基金可通过到证券交易所上市等途径来解决投资者持有基金份额的流动性问题，投资者适当性管理制度的弹性空间已经日益增大。所以，境外各主要经济体对具体资产管理产品在投资端、募资端的市场定位，均持开放的立法和监管取向，尊重资产管理机构和投资者的自主选择，而不人为设限。开放的立法和监管取向不仅有利于资管业开拓投资领域，还有利于开拓投资客户。

事实上，全球资产管理产品虽然在19世纪中叶起源时主要投资"低风险，高流动性"的政府债券，但随着资产管理机构管理能力的增强和投资者的不断成熟，到20世纪80年代已经几乎可以投资所有具有增值潜力的金融工具。即使是公募类资产管理产品，也可投资非标准化债券和非公开交易股权。

例如，美国通过修订《投资公司法》，允许企业发展公司这种通过资本支持和管理服务促进小企业发展的创业投资基金，可以通过公募方式向公众投资者募集资金。同时，通过允许这类基金公开上市途径，有效解决投资者持有基金份额的流动性问题。

再如，英国为了鼓励社会公众投资公募创业投资基金，还专门推出"创业投资股份公司促进计划"，允许股份公司型创业投资基金公开募集，并为公众投资者提供特别的税收抵扣优惠。同时，通过允许其公开上市的途径，有效解决了流动性问题。此计划从 1995 年开始实施，目前已持续近 30 年，一方面使社会公众分享创投的高收益，另一方面有力地支持了创业创新。

3. 适应资产管理产品的投资者自担风险特点，注重内部治理和行为监管

在风险管理上，资产管理产品运作是由投资者自担风险，同时享受相对较高的风险收益。因此，如真正实行按基金分账核算和净值化管理，就不易导致系统性金融风险；但是，如管理不当，则更容易造成投资者损失。

基于资产管理产品的风险管理特点，境外各主要经济体对资管业的立法和监管虽然也强调审慎监管和必要资质，但明显宽松于对银行业的审慎监管和资质要求，更不苛求管理人的股东背景。所以，在英、美等资管发展较早的国家，涌现了大量由非金融机构设立的独立资产管理机构；而在德国等欧盟国家和日本，其资管业起步相对较晚，已有英、美经验可资借鉴，因此商业银行、保险公司等传统金融机构在发现资产管理业务新机遇后，便很快凭借自身的客户优势快速拓展资产管理业务，并在取得一定经验后纷纷成立银行系、保险系资管子公司。

但是，也正因为资产管理业务由投资者自担风险，所以从有效保护投资者权益出发，境外各主要经济体均注重投资人对管理人的内部治理，法律监管也是重在行为监管。例如，美国鼓励基金采取公司形式，并要求建立独立董事制度，就是为了强化基金的内部治理。2008 年全球金融危机爆发后，英国之所以在完善原有审慎监管机制的同时，新设金融行为监管局（FCA）负责监

管各类金融机构的行为，就是为了更好地保护金融消费者特别是各类资产管理产品投资者的权益。

4. 适应对内部治理的多元要求，支持资产管理产品采取公司形式

由于公司型基金除了信义义务约束，还可通过法人治理更好地防范管理人的道德风险，境外各主要经济体均通过立法和修法，为资产管理产品采取公司形式提供应有支持。例如，美国通过将投资基金的专门法律取名为《投资公司法》并鼓励各种组织形式投资基金引进法人治理机制等途径，有力地促进了公司型基金发展。新加坡为了鼓励发展可变资本公司形式的投资基金，金融管理局联合新加坡会计与企业管制局于 2020 年 1 月 15 日推出了《可变资本公司法》[①]，确认了可变资本公司激励计划。

据此，金融管理局会为基金管理人支付设立可变资本公司所需的注册、法律、基金行政等 70% 符合要求的服务费用，每个基金管理人每年可为一个可变资本公司申请资助，每个可变资本公司资助的上限为 15 万新加坡元。截至 2022 年 10 月 14 日，在《可变资本公司法》实施仅 2 年 9 个月后，即有 420 家基金管理公司在新加坡设立了 660 余家可变资本公司。鼓励投资基金采取公司形式这种制度安排，对于股权投资基金尤其具有特别重要的意义。股权类资产管理产品，即股权投资基金投资非公开交易的企业股权，与证券类资产管理产品投资公开交易证券相比，具有两大特点：一是投资形成的资产不具有流动性，因而要求资产管

[①] 参见 https://www.mas.gov.sg/news/media-releases/2020/mas-and-acra-launch-variable-capital-companies-framework。

理产品具有独立的法律主体地位，以方便对被投资企业行使所有权；二是股权投资具有高度的信息不对称和道德风险，因此要求资产管理产品具有更完善的内部治理结构。

5.适应集合类资产管理产品作为"投资管道"的特点，通过制定特别的所得税政策有效解决双重征税问题

公司型资产管理产品在内部治理上具有显著优点，但最大缺陷是其本身需要作为纳税主体，投资者获得收益后还要再缴纳所得税，因此面临双重征税。在一些成文法系国家，由于对合伙企业采取"实质重于形式"的所得税制，只要合伙企业引入公司的有限责任等制度，同样需要作为纳税主体。为了给各类资产管理产品创造公平的税收环境，美国等不少经济体基于各类资产管理产品均只是"投资管道"的特点，允许各类资产管理产品均可实行"税收穿透"，进而解决双重征税问题。

6.适应养老基金保值增值和拓宽资管业资金来源渠道的需要，破除养老基金投资各类资产管理产品的法律障碍

全球资管业发展实践表明，20多年来，养老基金和资管业已经形成相互促进的良性格局。一方面，养老基金为各类资产管理产品提供了源源不断的资金来源；另一方面，资产管理产品为养老基金提供了有效的保值增值工具。而促进此良性格局得以形成的重要法律措施便是破除养老基金投资各类资产管理产品的法律障碍。以美国为例，在过去相当长的历史时期，受"谨慎人"规则约束，养老基金必须基于作为谨慎人的判断，将投资风险控制在一定范围内，因此不能投资新兴企业或创业投资公司。1978

年9月，劳工部对"谨慎人"规则做出重新解释，只要不危及整个养老基金的投资组合，养老基金就可以投资于新兴企业和创业投资公司。新解释于1979年6月开始生效后，养老基金很快便成为创投资本的第一大资金来源。

7. 适应全球化发展潮流，提高资管业国际化水平

资产管理区别于其他经营管理活动的一大特点，是资金的趋利性和金融投资的流动性特征决定了资产管理产品运作具有跨区域性。特别是在全球资本市场日益融合的新形势下，资产管理业的国际化发展成为不可阻挡的潮流。因此，各经济体的资管立法均注重提高资管业的国际化运作水平。例如，欧洲注重促进区域资产管理市场的统一和开放，通过发布统一适用的《可转让证券集合投资计划指令》《另类投资基金管理指令》《欧洲金融工具市场指令》，允许欧盟成员国基金跨境发展，各国聚集了大量国内外资产管理机构。

二、英国公募资产管理产品的统一监管模式

在英国法下，各类金融机构可以平等地按照相同的监管规则向FCA申请公募资管牌照，各类机构都可以按照相关的监管规则选择经营特定或全部类型的公募资产管理产品。在资产管理机构牌照统一化的前提下，英国通过在监管规则上设置不同类别的"授权"来创设风险收益特征不同，且类别数量有限的公募基金产品。不同类别的基金适用不同程度的投资和借贷限制，从而为投资者鲜明地标识了每一类基金的基本风险收益特征，也就能够

更好地帮助投资者挑选适合自己的产品。这种统一监管模式的优点在于可以避免监管套利、促进公平竞争，但与我国现行监管体制冲突较大。

（一）资产管理机构牌照的统一化

英国的金融牌照被称为"受规管的行为"。就集合型的资产管理业务而言，包括银行在内的各类资产管理机构都必须从 FCA 获得授权/牌照。对于开放型公募基金的管理人，其须取得"管理 UCITS"（欧盟可转让证券集合投资计划）或"管理 AIF"（另类投资基金）的授权，取决于开放型公募基金是否属于 UCITS；对于封闭式公募基金的管理人，其须取得"管理 AIF"这一授权。就专户型的财富管理业务而言，各类机构同样须从 FCA 统一获取授权，纯投资建议型业务须取得"投资建议"这一授权，全权委托型业务须取得"管理投资"这一授权。[①]

（二）公募资产管理产品的多元化

英国的公募资产管理产品或者公募基金通常被称为"零售投资基金"，监管规则将其划分为不同类别，从而适用不同程度的限制。总体来说，英国的公募基金分为开放式与封闭式，开放式公募基金属于"经授权的集合投资计划"，而封闭式公募基金通常被称为"投资信托"。封闭式公募基金不受基金法规制，英国

---

① 参见英国《2000 年金融服务与市场法》。

的基金法和基金监管主要适用于开放式基金，但欧洲长期投资基金除外。

1. 封闭式公募基金

（1）投资信托

首先需要注意的是，投资信托虽然名为信托，但法律属性却是一般的上市公司，而非信托。投资信托在英国不适用"基金法"方面的监管规则，封闭基金的设立无须取得 FCA 的授权或许可（即属于不受监管的基金），而是被当作普通的上市公司，从而适用公司法和交易所的上市规则，而只有封闭式公募基金聘请的管理人需要从 FCA 获取另类投资基金管理人的牌照并遵守相应的规定。因此，封闭式公募基金的运作是十分自由的。

（2）欧洲长期投资基金

欧洲长期投资基金属于封闭式公募基金，也可以向普通投资者发售，但其与传统的封闭式公募基金/投资信托不同，因为前者属于"受监管的基金"或"经授权的集合投资计划"，即基金的设立须从 FCA 获得授权。简言之，这类基金的资金投向需要长期资本的实体产业（如能源、交通、通信基础设施、工业与服务设施、住房与气候变化技术等）以及教育、研究等行业。欧洲长期投资基金（ELTIF）条例对这类特殊的封闭式公募基金的投资权限与借贷权限都做了特殊规定。[①]

---

① 参见 European Long-term Investment Funds Regulations 2015（SI2015/1882）。

2. 开放式公募基金：经授权的集合投资计划

在英国监管规则下，开放式公募基金被划分为三种，即 UCITS 计划、非 UCITS 零售计划与合格投资者计划，这三种公募基金分别适用不同程度的监管干预。①

（1）UCITS 计划

货币市场基金需要受制于专门的监管规则，因此以下规则针对的是非货币市场基金。

①投资范围

- 不得投资实物财产。
- 在欧洲经济区、英国受监管的市场或其他合格市场上市交易的可转让证券或货币市场工具。
- 受监管机构发行的部分货币市场工具。
- 未上市交易的可转让证券或货币市场工具。
- 现金和现金替代物。
- 其他开放式公募基金的份额。
- 衍生品和远期交易。

②投资限制

- 原则上不得将超过 5% 的资产投资同一主体发行的可转让证券或经批准的货币市场工具。
- 不得将超过 10% 的资产投资未上市交易的证券。

---

① 参见 Neil Simmonds, Martin Shah（Simmons & Simmons LLP），UK investment funds overview, 13 March 2020. Morgan, Lewis & Bockius LLP, Q & A: managing retail funds in United Kingdom, 1 July 2022; FCA Handbook, COLL5 Investment and borrowing powers。

- 不得将超过 20% 的资产投资同一机构发行的存款。
- 场外对手方风险暴露最大值为 5%（对于经批准的银行则为 10%）。
- 不得将超过 20% 的资产投资同一公募基金（包括 UCITS 计划与非 UCITS 零售计划），投资于非 UCITS 零售计划的总金额不得超过基金资产的 30%。
- 不得将超过基金资产的 35% 投资于同一主体发行的政府或公共证券；在特定条件下，可以超过 35%：一是管理人应向托管人咨询意见；二是管理人认为其符合基金的投资目标；三是对于同一主体单次发行证券的投资不得超过基金资产的 30%；四是投资的发行项目至少有 6 个。
- 持有同一主体发行的股票不得超过股本的 10%。
- 持有同一主体发行的债券不得超过债券总金额的 10%。
- 持有同一公募基金的份额不得超过该基金份额的 25%。
- 持有同一主体发行的货币市场工具不得超过其总额的 10%。

③借贷限制

借贷只能用于临时目的，且不得超过基金资产价值的 10%。借贷不得用于投资目的，而只能用于应对投资者的赎回。

（2）非 UCITS 零售计划

①投资范围

相较于 UCITS 计划，其还可以投资不动产、黄金以及私募基金等未受监管的集合投资计划。

②投资限制

- 投资不动产的上限为基金资产的 100%。
- 原则上不得将超过 10% 的资产投资同一主体发行的可转

让证券或货币市场工具。
- 投资黄金的上限为基金资产的 10%。
- 投资未上市的可转让证券或私募基金等未受监管基金的上限为基金资产的 20%。
- 原则上不得将超过 35% 的资产投资同一基金。
- 场外对手方风险暴露最大值为 10%。

③借贷限制

可以基于长期目的进行借贷，借贷上限同样为基金资产价值的 10%。

④基金中另类投资基金

非 UCITS 零售计划有一个特殊的子类别，即基金中另类投资基金（FAIFs）。对于这类特殊的基金产品，监管规则不限制其对于未受监管基金产品的投资，因此这类基金可以把 100% 的资产用于投资私募基金等未受监管的基金。这类基金仍然可以作为非 UCITS 零售计划，面向社会不特定公众发售。

（3）合格投资者计划

最后一类公募基金仅面向合格投资者发售，因此被称为合格投资者计划，受最低程度的投资和借贷限制。

①投资范围

包括股权、债权工具、存款、投资基金、衍生品、保险、政府与公共证券、实物财产、贵金属以及商品期货合约。

②投资限制

对金融资产的投资基本不设投资集中度的要求，只是原则性地规定管理人应当基于计划的投资目标合理分散风险。不过，虽然定量投资策略（QIS）投资未受监管的基金基本不受限制，但要求被投资的基金不得将超过15%的资产投资其他基金。

对于不动产的投资规定了明确的限制。第一，所投资的不动产上的抵押不得超过不动产价值的100%。第二，不动产上不得存在可能影响赎回的购买或取得利益的期权。第三，12个月内为不动产的买入期权支付的价金不得超过基金资产的10%。

③借贷限制

借贷金额的上限为基金资产净值的100%。

三、美国银行信托业务的机构监管模式

在美国法下，银行以及银行控股公司是被排除在1940年《投资顾问法》关于投资顾问的定义之外的。换言之，银行提供资产管理或财富管理服务不适用1940年《投资顾问法》，也不受美国证监会管辖，而是由作为银行监管部门的货币监理署进行监管。因此，美国对于资产管理行业与财富管理行业的监管并没有实现彻底的功能监管。美国银行提供资产管理与财富管理的重要法律形式之一是信托，信托业在我国大资产管理行业中也属于重要组成部分。

从经营主体来看，美国从事信托业务的商业银行可以分为国民银行、特殊目的国民信托银行以及州立银行。特殊目的国民信托银行是指，业务限定为信托业务的国民银行。在面向集合投资者的资产管理业务方面，美国银行经营的"共同信托基金"或"集合投资信托"业务在本质上属于资产管理业务，但其并不适用1940年《投资公司法》，也不受美国证监会监管。但是，该类基金产品只能面向银行自身客户发行，而不得向公众发售。在面

向单一客户的财富管理业务方面，虽然银行也对客户提供投资建议，但无须按照1940年《投资顾问法》注册为美国证监会监管的投资顾问。但是，银行的子公司若从事资产管理或财富管理业务，除非满足其他豁免条件，原则上需要注册为投资顾问。

附 录

附录一：关于起草
《资产管理业务监督管理条例》的建议

中国财富管理 50 人论坛的课题研究小组在深入调查研究、广泛听取意见的基础上，研究并起草了《资产管理业务监督管理条例（草案建议）》（以下简称《草案建议》）。现就《草案建议》的有关问题说明如下。

一、制定《草案建议》的必要性

自 2018 年由中国人民银行、中国银保监会、中国证监会和国家外汇管理局联合发布资管新规以来，历经 5 年多的实施，资管新规在破刚兑、降杠杆、去通道、压非标等防范化解金融风险方面取得了明显成效，各类资产管理机构有序发展、各具特色的规范发展格局初步形成，资产管理行业应共同遵守的基本原则和共同坚守的行业底线得到确定，各监管部门按照统一原则出台配套细则并落实统一行业规则的局面得以基本建立。与此同时，由于资管新规发布于资产管理行业乱象高发之际，虽然在清理乱象、回归本源和化解风险等方面取得突出成绩，但在引导资产管理行业长期转型、充分发挥财富管理市场功能方面仍存在不足。具体而言，一是资产管理业务配套细则由各监管机构分别制定，具体执行仍以机构监管为主，统一的功能监管尚未实现，监管套利未完全消除，甚至可能形成新的风险隐患；二是资管新规着重于资产管理业务的规范，没有将私募投资基金纳入调整范围，从而存在"监管盲区"；三是由于资管新规的立法层级为部门规范性文件，监管立法和执法的随意性空间较大；四是国际国内面临新挑战，亟须提高中国金融业的竞争能力；五是资产管理行业提升服务实体经济水平及充分发挥其促进共同富裕的作用仍有待提高。

为了落实《证券法》中关于资产管理产品发行、交易的管理办法由国务院负责制定的规定，本课题组认为有必要在资管新规的基础上，把资管新规实施过程中形成的、《证券投资基金法》和《私募条例》尚未写入的共识写入《资管条例》，让资管新规的实施效果得到有效的和长久的法制保障。鉴于此，为规范资产管理业务，发挥资产管理机构的专业能力，实现居民财富的保值增值，优化社会资源配置，促进经济高质量发展和居民共同富裕，制定和实施《草案建议》是必要且急迫的。

二、起草《草案建议》的主要思路

一是持续推进功能监管，落实资管新规已确定的、关于实施功能监管的精神，统一监管规则、消除监管套利。与此同时，利用制定国务院条例的契机，完善税制，统一资产管理产品税收政策。

二是根据当前立法实践和资产管理业务的现状，在资管新规和《私募条例》的基础上，拓宽《草案建议》的调整范围，将各类公募资产管理产品和私募资产管理产品纳入规制范畴，使制定各项资产管理业务的规制有法可依。私募基金管理机构应遵守《私募条例》的规定；《私募条例》没有规定的，适用本《草案建议》的规定。

三是坚持适度监管和差别监管。为激励和满足资产管理行业市场主体的多样化、自主化发展需求，在坚守防范风险底线的前提下，应将更多业务决策空间交还给市场主体。

四是在坚持功能监管的前提下，尊重当前资产管理行业发展现状，充分发挥各监管机构的监管资源及监管经验，实现监管协调。

五是通过行政立法明确财富管理投资顾问的地位和身份，设专章对财富管理投资顾问资格准入、业务范畴、服务品类、展业要求等进行原则性规定。

六是充分肯定和保留资管新规中对于规范资产管理业务和防范化解金融风险行之有效的相关规定，通过将其提级为国务院条例，使之获得行政法规的效力保障。

三、《草案建议》的主要内容

（一）关于资产管理产品的分类

资产管理产品可以从不同维度进行不同种类的划分。按募集方式划分，可以分为公募资产管理产品和私募资产管理产品；按投资性质划分，可以分为债权类、权益类、商品及金融衍生品类和混合类产品；按投资者数量不同，可以分为集合产品和专户产品。

《草案建议》在资管新规的基础上，将公募资产管理产品进一步划分为一类公募资产管理产品和二类公募资产管理产品。一类公募资产管理产品，即根据《证券投资基金法》设立的公开募集证券投资基金；二类公募资产管理产品，是能够进行一定比例的非标准化资产投资的公募资产管理产品。《草案建议》对一类和二类公募资产管理产品在产品发行程序、投资者门槛设置、投资范围框定等方面进行差异化管理。

《草案建议》之所以增补一类和二类公募资产管理产品的分类，是因为以下两点。一是目前我国资产管理市场中的公募资产管理产品，主要包括公开募集证券投资基金以及公募理财产品，两者在投资运作、产品发行等方面均存在一定差异，且两者规模均十分庞大、投资者人数众多，《草案建议》通过设置一类和二类公募资产管理产品的方式，能够反映当前公募资产管理产品的实际情况。二是对于二类公募资产管理产品设定更高的投资者门槛、设置期限匹配等更加严格的要求，允许二类公募资产管理产品投资一定比例的非标准化资产，从而不仅能使风险承受能力较高的投资者在承担高风险的情形下追求高收益，还能为中国资本市场特别是一级市场的发展提供更多资金支持。

（二）关于资产管理产品的组织形式

《草案建议》明确指出资产管理产品的组织形式，包括契约型、公司型和合伙型。允许资产管理产品采用不同组织形式，不仅符合《证券投资基金法》的规定，还有广泛的境内外资产管理业务实践作为基础。

契约型与公司型、合伙型的差异在于，契约型资产管理产品不设立法律实体，而公司型和合伙型资产管理产品则是以投资活动为目的设立的公司或合伙企业，但这仅是公司型和合伙型资产管理产品作为投资管道的"法律外壳"，其主要目的在于借鉴公司和合伙企业的治理机制。《草案建议》关于资产管理产品组织形式的规定，一是明确资产管理产品的三种组织形式均可选择，且将资产管理产品具体选择何种组织形式的选择权交给市场主体；二是明确公司型资产管理产品和合伙型资产管理产品与契约型资产管理产品一样，在协会登记备案的法律效力；三是《草案建议》从投资者权利保护方面，对三种组织形式的资产管理产品提出了相应要求，即无论采用何种组织形式，均须保护投资者权利。此外，《草案建议》明确规定如果公司型资产管理产品90%以上的利润分配给产品份额持有人，则同样适用契约型资产管理产品的相关税收政策，从而进一步落实了公司型资产管理产品在税收待遇方面与契约型资产管理产品享有同等待遇。为了公平税负，各种类型的资产管理产品的投资者对其投资所得均应依法纳税。资产管理产品管理人应就资产管理产品投资收益分配情况与税务机关建立信息共享机制，便于税务机关进行税收核查。

（三）关于私募资产管理人的差异化监管

在本课题研究的过程中，《私募条例》公开发布并自 2023 年 9 月 1 日起实施。在《私募条例》之外，《草案建议》规定了资产管理业务规模达到国务院证券监督管理机构所规定标准的私募资产管理人，需要从资产管理行业协会提级至国务院证券监督管理机构监管，并向相应的私募资产管理人发放金融牌照。之所以设置此等提级管理机制和进行牌照管理，是因为资产管理业务规模达到一定标准的私募资产管理人的管理规模，甚至已经超过部分由国务院证券监督管理机构监管的持牌资产管理机构，对国家金融秩序、投资者利益都具有较大影响。无论是从拉平监管标准的角度，还是从防范金融风险的角度来看，均存在提级监管的合理性和必要性。与此同时，《草案建议》向资产管理业务规模达到一定标准，并提级由国务院证券监督管理机构监管的私募资产管理人发放金融牌照，可以在监管待遇方面给予激励性的认可政策，从而也有助于激励私募资产管理人做大做强。

此外，针对《私募条例》中未做明确规定的私募基金管理人风险准备金、契约型私募基金财产独立性下的显名登记问题，代理销售、私募股权基金的托管人职责等问题，《草案建议》有针对性地予以回应和规范。私募基金原则上应执行《私募条例》的规定，但对于前述《私募条例》未规定的事项，须按照《草案建议》的统一标准执行。

（四）关于强制托管的差异化规定

《证券投资基金法》要求公募基金应强制托管，私募证券投资基金则可通过基金合同约定的方式不进行托管。《草案建议》在《证券投资基金法》的基础上，对于资产管理产品是否进行强制托管也进行了差异化规定。具体来说，对于公募资产管理产品，以及由国务院证券监督管理机构提级监管的私募资产管理人发行的私募资产管理产品，均强制要求聘请资产托管人进行托管。主要原因有两点。一是公募资产管理产品，以及由国务院证券监督管理机构提级监管的私募资产管理人都可能对国家金融秩序、投资者利益产生较大影响，因此对该等机构理应提出更加严格的要求；二是资产管理产品聘请托管人，意味着资产管理人需要受资产托管人投资监督、估值复核等方面的约束，而要求强制托管意味着资产管理人为了顺利获得资产托管人关于提供托管服务的同意，资产管理人需要在产品设计方面充分考虑资产托管人从托管角度提出的需求，通过该等资产管理人与资产托管人之间的博弈，有效约束产品设计，防范投资运作等风险。另外，还提出了关于私募股权投资基金的基金合同和托管协议中与基金托管人职责相关的格式条款的建议。

需要说明的是，对部分私募资产管理产品不强制要求托管，并不意味着可以放松对该等私募资产管理产品和投资者利益的保护，《草案建议》一方面要求该等私募资产管理产品设置财产安全保障机制及纠纷解决机制，另一方面要求与投资者在产品法律文件中明确约定不托管并进行风险披露。主要原因有两点：一是不强制托管，有利于降低产品费用，从而为初创私募或规模较小私募的发展减负；二是缺少托管将会成为投资者的顾虑因素，而为了吸引投资者，将督促管理人努力提升管理业绩，并通过设置财产安全保障机制及充分信披来有效防范不进行托管的风险。总而言之，对于资产管理业务规模未达提级监管标准的私募资产管理人，将是否聘请托管的选择权交给市场主体，这有利于优化市场竞争，实现优胜劣汰。

（五）关于财富管理投资顾问的创设性规定

资管新规侧重于对资产管理业务中的产品管理进行规范，未将财富管理投资顾问纳入规范范畴。《草案建议》设专章对财富管理投资顾问进行原则性规定，目的在于通过行政立法明确财富管理投资顾问的地位和身份，形成资产管理业务产品管理与投资顾问双向赋能、双轮驱动的格局。

《草案建议》明确财富管理投资顾问为买方顾问。与此相对，资产管理产品的销售活动由金融监管部门单独发放牌照，作为资产管理机构的代理人为其提供销售服务。在立法上将买方顾问和卖方顾问进行分离能进一步厘清财富管理投资顾问与资产管理产品代销机构的法律地位，为财富管理投资顾问的发展奠定法律基础。

财富管理投资顾问业务范畴包括提供建议型和管理型的资产配置顾问服务。财富管理投资顾问向投资者提供全品类资产的配置建议服务，包括股票、债券、股权、债权、资产管理产品、保险及各类本外币的金融衍生产品的配置。财富管理投资顾问从业人员应具备一定的资质；财富管理投资顾问也应履行适当性管理义务，根据客户的投资目标、投资期限、风险承受能力等，提供适当的服务。

（六）设定行政处罚须遵守的基本原则

第一，行政法规可设定除限制人身自由以外的行政处罚。

第二，如果法律对违法行为已经做出行政处罚规定，且行政法规需要做出进一步具体规定的，则行政法规必须在法律规定的行政处罚行为、种类和幅度的范围内规定。

第三，如果法律对违法行为未做出行政处罚规定，行政法规为实施法律，可以补充设定行政处罚。

第四，行政机关可以在法定权限内书面委托符合规定条件的组织实施行政处罚，但委托行政机关对受委托组织实施行政处罚的行为应当负责监督，并对该行为的后果承担法律责任，受委托组织在委托范围内，以委托行政机关名义实施行政处罚。

（七）关于法律责任的起草思路

《草案建议》的法律责任部分遵循了以下起草思路和原则。

第一，视实际情况吸收《证券投资基金法》的概括性行政处罚设定，并将相关行政处罚扩展运用到私募资产管理机构。

第二，吸收采纳《证券投资基金法》中就具体违法行为设定的行政处罚，并将相关行政处罚扩展运用到私募资产管理机构。

第三，对于各类开展私募资产管理业务的资产管理机构均须重视的禁止"老鼠仓"行为，以及建立投资申报等防范利益输送、利益冲突的重点行为，《草案建议》的法律责任部分侧重覆盖。

第四，新出台的《私募条例》有近1/3的篇幅系法律责任相关内容，体现了国务院对于资产管理机构最新的监管动向。本《草案建议》可以适当参考和借鉴。

第五，对于行政处罚责任的设定，重点是违法行为本身，而不是违法行为所造成的不良后果，这样可以更有效地打击违法行为，保护投资者利益。

第六，2006 年《中华人民共和国刑法修正案（六）》新增了背信运用受托财产罪[①]。该罪是与资产管理机构履行受托职责最相关的罪名，为资产管理机构履行受托职责提供刑法约束。《草案建议》明确要求所有类型资产管理机构均不得背信运用受托财产，构成刑事责任的，移交司法，追究刑事责任。

（八）关于监管机构之间的监管协调

2019 年修改的《证券法》明确了资产管理产品的证券属性，根据银证分业经营的法律要求，应在《资管条例》中规定，将所有资产管理机构（包括由中国银保监会监管的信托公司、理财子公司、保险资管公司等）以及相关的资产管理产品统一交由国务院证券监督管理机构进行监管，从而实现"统一规则、统一发牌、统一监管"的"三统一"，避免间接融资的监管理念和职责影响直接融资业务的发展，推动资产管理业务彻底转型。

中国的资产管理业务由于历史发展路径和现实利益格局等问题交织，"三统一"难以一步到位，直接实施还可能产生意外的风险。在资管新规实现监管规则趋同的基础上，监管部门对统一监管规则的接受程度较高，对统一发放牌照和统一监管则存在不同看法。因此，可以明确由中国证监会负责梳理现有各类资产管理产品的业务规则和差异，吸收合并已经制定的有效的监管规则，实现同类资产管理业务统一法定名称、统一业务标

---

① 背信运用受托财产罪，是指银行或者其他金融机构违背受托义务，擅自运用客户资金或者其他委托、信托的财产，情节严重的行为。

准、统一业务待遇。各类机构和产品都使用"资产管理"或"基金管理"字样,在名称中不再体现各自的背景,不再出现"银行""保险""信托""证券""期货"等字样。中国证监会和国家金融监督管理总局按照统一的规则和条件,继续按现有分工各自批设所辖新的资产管理机构,继续对所批设的资产管理机构实施监管。统一规则制定可以为后续实现统一发牌和统一监管奠定基础。《资管条例》的制定周期较长,待其出台和实施时也就水到渠成了。

(九)关于存量机构与业务的处理

为确保平稳过渡,《草案建议》按照"新老划断"原则,对"新增"与"存量"机构和业务进行差异化处理。

对于《草案建议》实施后新设立的资产管理机构及新发行的资产管理产品,需要严格执行《草案建议》所规定的程序及其他相关要求。

附录二：关于私募股权投资基金的基金合同和托管协议中与基金托管人职责相关的建议格式条款

一、关于基金托管人在基金运作中履责起止时间的建议条款

基金托管人自基金成立日起开始履行托管职责，至基金终止清算，基金托管人完成现金类清算资产划付以及注销托管账户止。

二、关于基金财产安全保管的建议条款

基金托管人根据基金合同的约定安全保管基金财产。基金托管人对存放于托管账户中，且基金托管人可以控制的基金财产承担保管职责；对基金托管人无法控制，或者对存放、存管在托管账户以外的基金资产及其收益，基金托管人不承担保管责任。

公平对待所托管的不同基金财产，不得从事任何有损基金财产及其他当事人利益的活动；依据法律、行政法规规定及基金合同约定，不得为基金托管人及任何第三人谋取利益，不得委托第三人托管基金财产。

对所托管的不同基金财产分别设置账户，确保基金财产的完整与独立；基金管理人、基金托管人以其固有财产承担法律责任，其债权人不得对基金财产行使请求冻结、扣押和其他权利。基金管理人、基金托管人出于被依法解散、撤销或者宣告破产等原因进行清算的，基金财产不属于其清算财产。

基金财产产生的债权不得与不属于基金财产本身的债务相互抵销。非因基金财产本身承担的债务，基金管理人、基金托管人不得主张其债权人对基金财产强制执行。上述债权人对基金财产主张权利时，基金管理人、基金托管人应明确告知基金财产的独立性。

基金托管人按规定开设和注销基金财产的托管账户，协助基金管理人开立和注销基金财产的证券账户（若有）等投资所需账户；基金托管人按照基金合同约定，根据基金管理人或其授权人的资金划拨指令，及时办理清算、交割事宜，明确约定资金划拨指令的授权、内容、发送、确认和执行等基金托管人和基金管理人在资金划拨指令上职责划分的相关内容。

基金托管人依据法律法规要求的保存期限，保存基金投资业务活动的全部会计资料，并妥善保存有关的合同、协议、凭证、交易记录及其他相关资料。

保守商业秘密，除法律法规规定及基金合同约定外，不得向他人泄露基金的有关信息。

三、关于基金财产估值复核的建议条款

基金的会计责任方由基金管理人担任，与基金有关的会计问题，如经基金管理人和基金托管人在平等基础上充分讨论后，尚不能达成一致时，按照基金管理人的建议执行，由此给基金委托人和基金财产造成的损失，由基金管理人负责；若基金管理人和基金托管人核对一致的估值结果出现估值错误，给基金委托人造成损失的，由基金管理人与基金托管人按照过错程度各自承担相应的责任。

基金托管人根据基金合同约定的估值方法和估值程序，对基金管理人核算的基金估值结果进行复核，基金合同应明确约定基金的估值方法、估值时间、估值程序、估值错误处理等相关内容。

基金托管人根据法律法规及基金合同约定复核基金管理人编制的基金定期报告中的财务数据，并定期出具书面意见；基金托管人按照基金合同约定制作相关账册并与基金管理人核对。

四、关于基金的投资监督的建议条款

基金托管人根据法律、行政法规及基金合同约定监督基金管理人的投资运作，发现基金管理人的投资指令违反法律、行政法规规定或者违反基金合同约定的，应当拒绝执行，并立即通知基金管理人，并向中国证监会和基金业协会报告；基金托管人发现基金管理人依据交易程序已经生效的投资指令违反法律法规规定，或者违反基金合同约定的，应当立即通知基金管理人，并有

权向监管部门报告。

在投资前，基金管理人应确保投资行为已经完全满足所涉及的所有适用的投资前置条件，包括但不限于该等投资属于法律、行政法规及监管机构所允许范围内的投资，符合投资交易文件的约定，并且满足所需履行的内外部审批、表决、备案等所有相关程序或要求均已取得或完成；同时确保向基金托管人所提供材料的合法、真实、完整和有效。基金托管人在依据基金合同约定的投资范围、投资限制，以及划款指令审查程序，以表面形式一致性的方式审核通过后，方可进行资金划拨。

在投资后，基金管理人应督促所投标的及时办理确权登记手续，并将办理登记证明提交至基金托管人，同时向基金委托人进行披露。

在投资变现时，基金管理人应确保相关款项，包括投资本金及收益等，划回到基金托管人为基金开立的托管账户。

明确基金托管人投资监督范围并不涵盖基金管理人全部投资管理行为，基金托管人仅根据基金合同中对投资范围、投资限制的约定进行监督，其中，对于投资范围和投资限制中明确由基金管理人负责监督（或控制）的条款，托管人不承担监督职责。另外，基金托管人投资监督的及时性、准确性和完整性受限于基金管理人、经纪商以及其他中介机构提供的数据和信息，基金托管人不对前述机构所提供信息的及时性、准确性和完整性做任何担保、暗示或表示，也不对因前述机构提供信息的瑕疵而引发的损失承担任何责任。

基金托管人不对基金管理人的投资行为承担责任，也不因提供投资监督而承担任何因基金管理人违规投资所产生的有关责任。

五、关于基金终止清算的建议条款

基金管理人自基金终止后及时发起基金清算程序,并负责发起组建清算小组。清算小组由基金管理人和基金托管人组成,清算小组可以聘请必要的工作人员。基金清算程序由基金管理人负责发起,如因基金管理人未及时发起基金清算程序而给基金资产造成损失的,由基金管理人承担相关责任。

清算小组负责基金财产的保管、清理、估价、变现和分配,清算小组可以依法进行必要的民事活动。基金管理人和基金托管人在清算小组中按照以下约定分别履行各自职责。基金管理人的职责包括负责发起组建清算小组;聘请必要的工作人员;对基金资产进行清理和确认;对基金资产进行估价;对基金资产进行变现;编制清算报告;对基金财产进行分配,并及时向基金托管人出具与基金清算相关的划款指令;按照规定将清算报告报送金融监管部门或自律组织;及时向基金委托人履行与基金清算相关的信息披露事宜;组织和参加与基金财产相关的民事诉讼或仲裁(如涉及);本合同约定的与基金管理人义务相关的其他职责。

基金托管人的职责包括:参与清算小组;保管托管账户中的(且基金托管人可以控制的)基金财产;复核基金管理人编制的清算报告中的财务数据;在对基金管理人出具的划款指令进行审核后,根据划款指令进行清算资金的划付;本合同约定的与基金托管人义务相关的其他职责。

若基金终止清算时发生非现金分配(如以股权现状方式分配)的,非现金分配由基金管理人负责,且基金管理人应向基金委托人提供其所分配取得资产的权属证明（如该等资产的权属可登记），并办理所需的转让、登记手续。只要基金托管人完成了对基金管理人编制清算报告的复核，并按照基金管理人指令完成托管账户内的剩余现金资产及清算费用支付后，即视为履行了托管职责。基金托管人不对非现金财产的作价金额进行复核，也不对非现金财产的权属变更登记过程及结果进行监督，且不承担非现金分配导致的任何责任。

在基金财产清算完毕后，基金托管人按照规定注销基金财产的托管账户，基金管理人按照规定注销证券账户等投资所需账户。

六、关于基金不进行托管时的财产安全保障措施和纠纷解决机制的建议条款

明确约定全体投资人一致同意基金不进行托管，并充分揭示风险。基金管理人承诺已建立健全、完善、高效的基金财产安全保障措施，确保基金财产安全、与基金管理人自有资产相互独立；如出于基金管理人的原因，对基金财产造成损失的，基金管理人应承担全部赔偿责任。

明确约定基金不进行托管所引发的所有纠纷，应按照基金合同中约定的争议解决机制处理。

中国财富管理 50 人论坛、清华大学五道口金融学院
联合课题组

课题牵头人
  吴晓灵 中国人民银行原副行长

课题组成员
  周学东 中国人民银行研究局巡视员
  张旭阳 中国光大银行董事会秘书
  邓寰乐 中国财富管理 50 人论坛特邀研究员
  刘健钧 湖南大学金融与统计学院教授
  刘　燕 北京大学法学院教授
  吕　红 通力律所合伙人
  郭新忠 中国财富管理 50 人论坛特邀研究员
  单　福 海南君顾数科研究院院长
  蒋健蓉 申万宏源证券研究所副所长
  龚　芳 申万宏源证券政策研究室主任
  谢　欣 申万宏源证券研究所研究员
  吴俊文 中信证券托管部行政负责人
  李　文 中信证券托管部董事总经理
  孙学卿 中信证券托管部研究员
  杨　宇 华宝证券首席财富官
  蔡梦苑 华宝证券首席宏观分析师
  付　伟 华宝证券研究员
  肖　雯 盈米基金 CEO
  黎　明 通力律所合伙人
  邹星光 北京大学法学院博士
  周晓松 学术秘书